El estilo del mundo

Vicente Verdú

El estilo del mundo

La vida en el capitalismo de ficción

EDITORIAL ANAGRAMA
BARCELONA

Diseño de la colección:
Julio Vivas
Ilustración de Soledad Verdú

© EDITORIAL ANAGRAMA, S.A., 2003
Pedró de la Creu, 58
08034 Barcelona

ISBN: 84-339-6189-6
Depósito Legal: B. 8790-2003

Printed in Spain

Liberduplex, S.L., Constitució, 19, 08014 Barcelona

Para Alejandra

CAPITALISMO DE FICCIÓN

Este libro fue desde su principio un producto rizomático, escrito en horizontal mientras los Hermanos Jiménez, S.L., empresa de jardinería, plantaban el césped en el chalet de Santa Pola y de cuyo lento y accidentado crecimiento mejor es no hablar. Luego, a partir del momento en que ese pasto logró un verdor elocuente, el texto empezó a comportarse como un animal parlante, más que como una mata. Nunca los libros me hablaron tanto ni con tan animada progresión; probablemente porque a falta de otros enlaces más carnales aumenta la conversación. Desde el comienzo quise llamar a este trabajo «el estilo del mundo» sin que todavía hubiera encontrado la onda y la justificación completas. Podría haberlo llamado el espíritu del tiempo o el aire del tiempo al modo de Nina Ricci, pero supuse pronto que el estilo evocaba mejor la sinuosa apariencia a la que trataba de referirme. El estilo, además, que suele asociarse a una forma más ligera o venial, acaba siendo tan decisivo y moral como la sangre. Sin estilo no hay encantamientos; siendo él, a menudo, el modo más femenino de presentarse, según el espíritu del tiempo.

Efectivamente, la experiencia diaria de escribir algún

libro se confunde con una obsesión o compota cerebral que acompaña noche y día. Nadie puede establecer la proporción de vida que se pierde en nombre de esa dedicación que no siempre paga con la misma moneda afectiva. Esta vez, no obstante, el cariño interior y exterior, así como el trabajo agradecido, han estado muy cerca de la escritura. Tan cerca que, como se verá, cada capítulo nace y se acuesta sobre el siguiente, y el siguiente sobre otros más, hacia delante y hacia atrás, de manera que interaccionan con sus vecinos y amantes. Resulta así, desde luego, porque las diversas intuiciones diagonales han bebido algún sorbo del mismo compuesto esencial y, en los cruces, copulan y se colorean. Como consecuencia, el producto copia, puede decirse, la sonora arborescencia de una música. No en balde el nombre de «capitalismo de ficción» lo obtuve durante la boda de Francis y Rita en los salones del Casino de La Vila Joiosa y cuando la orquesta atacaba la melodía de un vals.

Después de esa fiesta, semana tras semana, la idea del capitalismo de ficción, heredera de las etapas de capitalismo de producción y de consumo que había descrito Jesús Ibáñez hace más de una década, fue alzándose como un diccionario de los más diversos aspectos. El capitalismo de producción definiría el período, desde finales del siglo XVIII hasta la Segunda Guerra Mundial, en cuyo transcurso lo principal eran las mercancías. A continuación, el capitalismo de consumo, desde la Segunda Guerra Mundial hasta la caída del Muro de Berlín, destacaría la trascendencia de los signos, la significación de los artículos envueltos en el habla de la publicidad. Finalmente, el capitalismo de ficción, surgido a comienzos de los años noventa del siglo XX, vendría a cargar el énfasis en la importancia teatral de las personas.

Los dos primeros capitalismos se ocuparían ante todo

de los bienes, del bienestar material; el tercero se encargaría de las sensaciones, del bienestar psíquico. La oferta de los dos anteriores era abastecer la realidad de artículos y servicios mientras la del tercero es articular y servir la misma realidad; producir una nueva realidad como máxima entrega. Es decir, una segunda realidad o realidad de ficción con la apariencia de una auténtica naturaleza mejorada, purificada, puerilizada. Esta segunda realidad gestada como un doble es la última prestación del sistema, tan definitiva que el mismo capitalismo desaparece como organización social y económica concreta para transformarse en civilización y se esfuma como artefacto de explotación para convertirse en mundo a secas. ¿El mejor de los mundos? Todo cuanto pueda ser mejor se encuentra incluido en sus potencialidades globalizadas, absorbentes, porque incluso la aventura extrema, la cara de la Revolución o el terrorismo, son asumidos como estímulos de su espectáculo.

La guerra santa, la responsabilidad moral de las empresas, el comercio justo, el marketing con causa, la transparencia de la política, la estética de los injertos, la orgía futbolística y los *reality show*, la videovigilancia universal, la cultura del shopping, la ciudad como parque temático, la copia global, la democracia a granel, la clonación, la *customización*, los virus misteriosos o el gen suicida, son fenómenos del capitalismo de ficción, dentro de una esfera donde la representación ha ganado la batalla y lo real se convalida por la realidad del espectáculo. Para este cambio ha sido necesario, primero, convertir al ciudadano en espectador y, segundo, vender las entradas a todo un planeta homogeneizado, cada vez más susceptible de ser tratado como un territorio sin tropiezos. ¿Choque de civilizaciones? ¿Países por democratizar? ¿Pueblos por liberar? ¿Clientes por occidentalizar? ¿Basuras por reciclar? Estos obstáculos se disuelven progresivamente en el capitalismo de ficción tan irresistible como un gas y tan fatal como el ímpetu de la naturaleza. Una naturaleza que ha ingresado también, desde el ecologismo empresarial a los derechos humanos de los animales, en la misma música de la ficción. Un universo, en fin, donde se puede ser destructor y reconstructor al mismo tiempo, criminal y humanitario a la vez, obrero y capitalista, católico y budista, hombre y mujer. Todo ello sin que a nadie le importe si estás vivo o muerto. O, incluso, si la de-función posee sentido en medio de la incesante función continua, veinticuatro horas sobre veinticuatro, siete días sobre siete, que ha inaugurado el omnipresente sistema de ficción.

1. El mundo

AMBIENTACIÓN PLANETARIA

Lo peculiar de nuestro mundo no es su diversidad. La diversidad ha existido siempre. Lo característico de nuestro mundo es la tendencia a la homologación, a despecho de los movimientos nacionalistas, tribales y folkloristas. La metáfora del mundo es hoy la fertilización de las comunicaciones, el mercado de intercambios, los nexos y cópulas, los 700 millones de turistas que contaminan los paisajes, la propagación de melodías y modas, las réplicas de sistemas políticos y financieros, la reproducción de los sistemas de perversión, estafa y placer, la desaparición de 6.000 especies animales cada año, entre ellas 780 clases de pájaros y sus cantos.

Mientras tanto, un conjunto de música rap puede ser entendido en casi cualquier lugar del mundo, un cocinero chino encuentra trabajo en no importa qué pueblo de Francia, las fragancias de Donna Karan se venden en San Petersburgo, los pelos teñidos de fucsia coronan las cabezas adolescentes desde San Francisco hasta Kuala Lumpur y las Coca-Colas se beben mundialmente a razón de un millón de botellas por hora.

Hay franquicias en decenas de países que se propagan como bacterias para vestirnos igual, para reformar las casas con el mismo modelo, para arreglar jardines, alimentar mascotas, revelar fotos, darnos de comer o vendernos servicios funerarios bajo el mismo patrón. Franquicias con marca que invaden región tras región formando una especie de papilla planetaria cuyo mayor componente es la cultura occidental y especialmente la norteamericana. Hasta hace poco, un país categórico como la India se había resistido a los *malls* de inspiración estadounidense; lugares como Tailandia o Malasia habían asumido los megacentros abarrotados de artículos occidentales, pero la India había permanecido como una isla, protegida por el precepto gandhiano que ordena evitar el consumo y la exhibición de riquezas. Ahora, desde 2002, han emergido en la India tres pequeños *malls* –y existen planes para construir otros cincuenta–, que se abastecen básicamente con productos importados. En la India se han establecido las cadenas Domino's Pizza y Pizza Hut. Los *fast foods* norteamericanos no han desplazado a los ubicuos *dhabawalas* que sirven comidas con curry cuatro veces más baratas que un Subway, pero los consumidores piensan que en estos últimos se sirve más limpio y el producto engorda menos. Firmas como Danone, Samsung, Honda, Coca-Cola o Philips han fijado su atención también en las áreas rurales indias, donde se encuentra el 70 % de la población, y centros como Jadagri, una polvorienta ciudad al norte del estado de Haryana, fueron el escenario de una espectacular batalla entre Pepsi y Coca-Cola en la primavera de 2002.

En la difusión de lo mismo, los distribuidores no olvidan, sin embargo, ciertas particularidades locales con el fin de introducirse mejor. Carrefour, la segunda empresa mundial de hipermercados tras Wal-Mart, respeta la fiesta del sacrificio musulmán del cordero en sus diez establecimientos de Turquía y allí venden, junto a los patés y los vinos franceses, el anisete *raki* o los pasteles con *kadaïf*. McDonald's, arquetipo de marca global capaz de atender diariamente a 45 millones de personas en 30.000 establecimientos de 120 países, sirve siempre el Big Mac pero a su lado emplaza la ensalada *niçoise* en Francia, el feta en Grecia, el pollo frito en Singapur, el pollo al curry en Gran Bretaña y la comida kosher en Israel. O transcorporeiza su unidad de culto en el McLaks de Noruega a base de salmón en vez de carne o en el Maharaja Mac de la India con cordero y no buey para respetar a los hindúes. «Nos hemos convertido en una empresa multilocal», afirmaba su director general Jack Greenberg en 2000. Una empresa multilocal que se despliega en lo que la misma firma llama un McWorld, el símbolo del compartido sabor del mundo.

En Japón, donde hay más de 3.500 McDonald's, la marca ha calado tanto en la escenografía nacional que la gran mayoría de los niños creen que los Big Mac son un invento de su patria. La «mcdonalización» del mundo se refleja, desde 1986, en el índice que utiliza la revista *The Economist* para conocer si el tipo de cambio de las diferentes monedas internacionales se encuentra apropiadamente establecido, pero lo mismo puede suceder pronto con la taza de café en Starbucks, una empresa que empezó en Seattle a finales de los ochenta, y que los norteamericanos consideran hoy una insignia del «capitalismo del buen gusto», con cerca de 6.000 establecimientos en 28 países.

Los turcos, los españoles, los italianos, los austriacos o los franceses creyeron que sus cafés les distinguían como una seña de identidad, pero los locales prefabricados de Starbucks (pseudointelectuales, chics, barnizados de música clásica) son ahora miles en el planeta en detrimento de las instituciones locales. Hasta China contaba ya en 2002 con 40 locales, uno de ellos situado en el interior de la Ciudad Prohibida.

¿Los juguetes? Las muñecas Barbie eran, en su inicio, rubias y de piel blanca, después nacieron con rasgos afroamericanos y asioamericanos, pero a comienzos de 2002, para saldar de una vez las diferencias, apareció Kayla, la Barbie multiétnica, con características trabadas de media docena de razas. Cada año Mattel fabrica 150 modelos diferentes y diseña 120 nuevos vestidos con el fin de complacer a los clientes más diversos, pero sin dejar nunca de ser Barbie, la chica desenfadada que surge en Occidente «abriendo nuevas ilusiones femeninas» en los años de la contracultura de los sesenta. Barbie ha aparecido vestida de astronauta, cirujana, atleta olímpica, esquiadora, instructora de aeróbic, reportera de televisión, artista de rock, oficial del ejército, piloto, rapera, candidata presidencial, buceadora, ingeniera, dentista, y ha adoptado caracteres latinos, africanos o asiáticos, aunque siempre en su alma siga siendo blanca, rubia y de ojos azules. Y norteamericana. Porque la demanda, desde distintos centros, ha sido a menudo que el producto comportara algo «auténticamente americano», un trozo de su mitificada contemporaneidad.

En Riad se encuentran los lujosos almacenes Saks Fifth Avenue donde se juntan los artículos de Cartier, Dior, La Perla, Guerlain, Gucci o Moschino. Los hombres no pueden entrar en la sección de cosméticos ni tampoco en la planta de señoras, mientras que las mujeres tienen a su vez prohibido cambiarse de ropa en un local donde acudan hombres. Ante estas dificultades el centro Saks de Riad ha ideado un artilugio arquitectónico que permite a las señoras usar un probador interior, de tal manera que, por primera vez en la historia, esta artimaña, patrocinada por la influencia política del príncipe Alwaleed Bin Talal Bin Abdulaziz, propietario del 2 % de Saks, ha burlado las normas religiosas. Zara en Oriente Medio interrumpe la música ambiental cinco veces al día para escuchar la llamada a la oración, pero todas las prendas que se venden son de corte occidental sin importar que las compradoras acudan al mostrador envueltas en túnicas negras.

Recientemente, con el resurgir del islamismo ha podido crearse la impresión de que el mundo sofrenaba su occidentalización, pero nada ha cambiado profundamente. Cerca de 5.000 príncipes de Arabia Saudí tienen invertidos 600.000 millones de dólares en Estados Unidos y el mayor país islámico, Indonesia, siguió diligentemente, hasta su crisis de 1997, los dictados de Washington para ordenar su economía y su sociedad. En los países árabes, donde principalmente se encuentra el islam más activo, la mitad de los adolescentes declara su deseo de emigrar a Occidente y abandonar así unas regiones que, tras el África subsahariana, son las de menor crecimiento en los últimos veinte años. Ni el confucianismo ni el hinduismo ni el islamismo ni el orientalismo son culturas alternativas a la cultura occidental. No importa lo que digan los insurgentes islámicos o el Partido Comunista de China, todo lo que aspira a cobrar valor internacional respeta el modelo que ha difundido como un bautizo homologador el Imperio occidental y, sobre todo, el norteamericano. Incluso cuando en Arabia Saudí e Irán se lanzó, en el verano de 2002, el refresco «islámico» llamado Zam Zam Cola, contra el invasor americano, se trataba de un producto basado en lo norteamericano. En Egipto, otro artículo beneficiado por el levantamiento islámico fue la cerveza de Al Ahram Beverages, que se vendió mucho en sustitución de las marcas con designaciones occidentales. La ironía, sin embargo, consistía en que Al Ahram Beverages pertenecía sigilosamente a Heineken.

Efectivamente, en 1950 sólo 58 países componían las Naciones Unidas, y actualmente son 190. John Naisbitt predecía, en su libro *Global Paradox,* que para estas fechas habría más de 300 y pensaba que la fragmentación de la antigua Unión Soviética, la gradual disgregación de China, la partición procedente de los 3.000 grupos étnicos de Indonesia, las miles de tribus africanas y la adición de cien comunidades latinoamericanas con diferentes idiomas compondrían para 2050 hasta 1.000 Estados distintos. ¿Distintos? La cuestión es que si la globalización desencadena reacciones, los efectos no tienen porvenir. Desde la Unión Europea al Tratado de Libre Comercio de América del Norte (NAFTA), la Cooperación Económica Asia Pacífico (APEC), la Asociación de Naciones del Sudeste Asiático (ASEAN) o Mercosur, las pertenencias a un espacio compartido acercan los estilos de vida, los códigos civiles y el ritmo de las discotecas.

¿El euskera, el aymara, el hindi, el mayurá, el suruí, el yanomami? ¿Un renacer de lenguas en nuestros días? La realidad es que mientras algunas son insufladas con vida artificial, otras, incomparablemente muchas más, se paralizan. Todavía se hablan unas 6.000 lenguas en el mundo, pero poco más de 300 cuentan con más de un millón de hablantes.

Durante el siglo XX el inglés se ha comido 15 lenguas en Australia y 140 han entrado en coma. Se calcula que ahora mismo hay más de mil millones de seres humanos matriculados para aprender inglés y alrededor de una tercera parte de la población española se halla expuesta a este calvario. Mientras tanto, sólo nueve estudiantes universitarios norteamericanos se graduaron en árabe en el curso 1999-2000 (*The Economist*, 22 de diciembre de 2001).

En definitiva, del mismo modo que disminuye la diversidad vegetal y no existe más que un pequeño surtido de las doscientas mil variedades de arroz que había en la India, las siete mil variedades de manzanas que se conocían en Estados Unidos o las tres mil variedades de patatas que cultivaban los andinos hace cien años, así también se mimetizan los muestrarios culturales.

A la globalización corresponden las grandes exposiciones de «arte internacional», pero a ellas son convocados aquellos fenómenos y productos artísticos a los que los centros occidentales adjudican valor, y lo autóctono necesita ser revalidado siempre por la Documenta de Kassel, la Bienal de Venecia o la Carnegie International de Pittsburgh. La Documenta de Kassel, el mayor show de arte del mundo, tuvo como director, en 2002, al norteamericano de origen nigeriano Okwui Enwezor, que decidió mostrar al millón de visitantes de la exposición un buen arte no occidental. ¿Resultado? Una abrumadora mayoría de los autores del Tercer Mundo seleccionados para Kassel residían en Europa o en Estados Unidos, y más de la mitad en Nueva York. Los chinos, los iraníes, los indios hacen películas que sólo obtienen verdadero reconocimiento internacional cuando las premian en los festivales internacionales de Occidente y todos buscan el León de Oro de Venecia, el Oso de Oro de Berlín, la Palma de Oro de Cannes o, definitivamente, un Oscar.

La llamada *world music* no hace referencia, como en los años cincuenta, a la música étnica de cualquier parte, sino que alude a aquellos productos de éxito dentro de la industrialización global de la música que se halla bajo el control de seis grandes compañías, todas occidentales u occidentalizadas (Sony, PolyGram, Warner, BMG, EMI y MCA), y que se reducen a dos iniciativas de peso en el caso de Internet: PressPlay (Vivendi, MP3.com y Sony) y MusicNet (BMG, Time Warner y EMI).

Una gran compañía japonesa como Sony compró, a finales de los años ochenta, firmas norteamericanas importantes como la Columbia Pictures y la CBS Records; y Matsushita Electric Industrial Co. adquirió el grupo americano MCA, dueño de la discográfica MCA y los estudios Universal. Otros japoneses coparon enormes paquetes de acciones en varias industrias audiovisuales estadounidenses, pero nunca, según escribe Román Gubern (2000), aprovecharon esos medios para producir películas de geishas o de samuráis, sino filmes de gángsters, de vampiresas y de cowboys que consume todo el mundo.

«Yo no digo que me guste la globalización o que no me guste la globalización –declaraba Tom Ford, el director creativo de Gucci–, pero creo que la generación que sigue a la mía no conoce otra cosa. Ellos se encuentran expuestos a las mismas cosas al mismo tiempo y esto crea una nueva cultura en la cual, a lo ancho de todo el mundo, la gente desea las mismas cosas y vive al mismo tiempo» *(The New York Times Magazine,* 2 de diciembre de 2001). «Claro –dice Félix Tena, presidente de la cadena española Imaginarium, presente en varios países– que no vendemos en las cestas de la compra mortadela en los países árabes, pero, salvo matices culturales, el 95 % de los productos (1.400) son iguales para todos» *(El País,* 11 de agosto de 2002).

Una excepción al dominio occidental en los medios de comunicación es la emisora STAR TV (Satellite Television Asian Region), cuyo dueño es el americanizado Rupert Murdoch, que emite desde Hong Kong a 38 países con una audiencia potencial de 2.700 millones de personas, pero ni siquiera así sustituye a las oleadas mediáticas de Occidente. En China, en abril de 2002, uno de los programas favoritos era *Expediente X* y otro *Teletubbies*. El *Survivor* norteamericano y el español *Supervivientes*, se llama en China *Acercándose a Shangri La*. La MTV Asia es una prolongación de la MTV Europa y los telefilmes mandarines de Taiwan se programan seguidos del último capítulo de *Sensación de vivir*.

El gran éxito de MTV se debe, en primer lugar, a que en el mundo, en 2000, había 2.700 millones de personas entre los diez y los treinta y cuatro años; y en segundo lugar, a que el rock es un lenguaje común que comparte el planeta de los jóvenes. ¿Gustos locales? En atención a ellos MTV programa un 30 % de música internacional y un 70 % de producciones locales. De esta manera la emisora es «nuestra» e internacional a la vez, se está en el mundo y en la canción de la playa. En la India escuchan a su ídolo Sami mientras en Colombia a Shakira, en Taiwan a Jolin Tsai y en Rusia al dúo Tatu. Todos, juntos, se mueven con Eminem. En cuanto a la cadena Al Yazira («La Isla»), nacida en 1996 en Al Qatar, posee, según declaraciones de su jefe de redacción Ibrahim Helal, «... una cierta mentalidad occidental como base de nuestra política editorial» *(La Jornada,* México, 19 de noviembre de 2001). El propietario de Al Yazira es el Banco Islámico de Qatar, propiedad a su vez del emir Hamad Bsin Jalifa Al-Than. La cadena se financia con anuncios de General Motors, Procter & Gamble y otras marcas multinacionales y norteamericanas. Su máximo reconocimiento internacional lo recibió de la fundación holandesa Prince Claus, que le otorgó un galardón por sus «logros excepcionales en el campo de la cultura y el desarrollo», y como muestra de su modernidad e independencia le gusta ser conocida como «la CNN árabe». Su difusión global depende además de la empresa Echo Star Communications y de su satélite Disk Network. ¿Cómo eludir, por tanto, la occidentalización?

En los años noventa el 45 % de los productos del grupo Louis Vuitton se vendían en Asia y la moda occidental era, por antonomasia, «la moda». Desde Moscú a Taipei, *Vogue,* con 15 redacciones, o *Elle,* con 20, transmiten lo que se debe llevar o no llevar si se desea ser contemporáneo. El resultado es, por ejemplo, que en China la mayor cadena de prendas de moda, Layefe Street, con 167 establecimientos en 54 ciudades, es copia de Occidente. Este negocio, que cuenta con sede en Nueva York, lo fundó en Shangai, en 1998, Chen Yifei, el pintor más famoso y comercial del país en los comienzos de los años noventa. Chen Yifei es totalmente chino, pero crea ropa totalmente occidental («Yifei Fashion») en locales decorados a lo occidental.

El capitalismo de ficción borra las distancias doblemente: a través del efecto del tiempo instantáneo y por abolición de los espacios distintos. Todo está enseguida y aquí para favorecer la circulación y la velocidad del intercambio, y cada vez menos hay un más allá exótico que nos amenace.

El arquitecto Rem Koolhaas habla de «ciudades genéricas» (iguales en sus aeropuertos, sus centros comerciales, sus hospitales, sus oficinas) frente a «ciudades históricas» convertidas ahora en centros o parques temáticos para su explotación. Pudong, un distrito de Shangai situado en la orilla oriental del río Huangpu con edificios calcados de Estados Unidos, está deliberadamnente orientado, según dijo el primer ministro Zhu Rongji, «a transformarse en un Manhattan oriental». De otra parte, no es fácil saber, desde las edificaciones de Shenzen, si se contempla Caracas, Houston o los *docks* de Londres. El desmantelamiento (o la demolición) de viejos distritos para dejar paso a autopistas y rascacielos forma parte de un vaciado nemotécnico para vivir en la estricta actualidad y en el «lugar común». Lugares de ninguna parte y de todas partes, apartados del mundo para componer otro mundo «producido». Espacios que repelen las adherencias y la radicación, decolorados y homologados para fomentar los intercambios y el comercio fácil. ¿Qué otra cosa, de otra parte, significa la campaña norteamericana para «democratizar» países con la máxima celeridad militar?

A mediados de los años noventa algunos locales de Nueva York ganaron reputación gracias a una melodía ambiental que anulaba la distinción entre el exterior y el interior, el aquí y el más allá, para convertir el ambiente en una unidad sin lindes. Dentro de esos recintos de moda (Lalandia, The Abstract Lunch, Electric Loung Machine, Molecular...) se oían pasos de peatones, murmullos de conversaciones, alarmas de despertador, rumores de impresoras, portazos, fragores del metro, disparos, sonsonetes de la radio o de la televisión. La humanidad se representaba amalgamada y confundida en sus huellas acústicas iguales. Los asistentes tendían a perder su identidad en una esquizofrenia donde, extraviada la barrera del sentido, se ingresaba en una inacabable transparencia. ¿Un delirio? ¿Una fatalidad? La globalización, escribía Pierre Bourdieu en *Contrafuegos 2* (2001), no es un efecto mecánico de las leyes de la técnica o de la economía, sino «una creación política». Una lenta creación del capitalismo, universal y desarrollado, dirigida a establecer las mejores condiciones para su funcionamiento y dominación. Una dominación blanda y cautivadora, tan eficiente, que no encuentra inconveniente en disfrazarse de chino en Suzhou ni de mexicano en Cuernavaca. Como al revés: no pone objeciones en importar *chinoisseries* para los jardines de París ni serpientes emplumadas para decorar los restaurantes de Portland. Siempre, desde luego, que el resultado sea, al cabo, una desnaturalización de las diferencias y la globalidad del mundo se ofrezca como una misma cultura propensa al desarrollo del negocio, la transparencia, el aroma indistinto y un mejor control.

AMERICAN FLAVOUR

Estados Unidos ha sido a lo largo de los últimos cincuenta años el máximo ambientador mundial. A finales del siglo XX, lo norteamericano había dejado de ser definitivamente esto o aquello: el Pentágono, la Barbie, los Simpson, Walt Disney, Madonna, Ralph Lauren o Wall Street. Cada elemento de ese surtido trascendía su significación particular, y conjuntamente su industria cultural había logrado transformarse en la cultura popular del mundo. Primero empezó la fascinación por sus industrias, por la cremallera, el chicle, el cine, la música, el teléfono, los coches, la televisión, pero junto a ello sobrevino la influencia social y moral: los divorcios, la competencia feroz, los derechos civiles, el feminismo, el superindividualismo, el estrés, el ecologismo, el neoliberalismo, el voluntariado, lo gay, el *shopping*. Estados Unidos logró su destello de país mágico a comienzos del siglo XX, alcanzó el estatuto de primera potencia económica en los años veinte, logró un glamour humano en la década de los treinta, su apoteosis en los cincuenta, arrasó en el mundo financiero durante los ochenta y se hizo Imperio mundial tras la caída del Muro de Berlín, en 1989. Nunca antes en la historia de la humanidad un país reunió tanto poder:

alguna vez dominaron el mundo dos o tres grandes naciones, pero hoy nadie discute su hegemonía global. En el siglo XVI el mando imperial estaba en manos de España y Portugal; en el siglo XVII y XVIII predominaban Francia e Inglaterra; en el siglo XIX se imponían las escuadras inglesa y alemana; tras la Segunda Guerra Mundial sobrevino un mundo bipolar con Estados Unidos y la Unión Soviética. Desde la caída del Muro de Berlín, sin embargo, un solo gobierno decide sobre la marcha del mundo y no hay rival oteable en el horizonte. «El futuro del mundo depende de nosotros», dijo el vicepresidente Dick Cheney cuando su Gobierno había decidido, en marzo de 2002, no descartar el empleo de armas nucleares contra el terrorismo y quién sabe contra qué objetivos más. Luego llegó Trak.

Ningún otro país posee flota en más de dos océanos, pero ellos están presentes en los cinco y según los presupuestos para 2004, en ese año gastarán tanto en defensa como la suma del resto de los 191 países del globo. China, a la que se contempla como la nación susceptible de disputarle alguna influencia en el futuro, puede ser una bomba demográfica, pero es sólo un enano en armamento. Aunque sus gastos de defensa siguieran creciendo a un ritmo del 20 % anual, tardaría más de cincuenta años en alcanzar la fuerza estadounidense de ahora. Tal superpoder trufado de arrogancia patológica ha hecho que Estados Unidos, tanto en lo militar como en lo financiero, se sienta legitimado a eludir sus obligaciones económicas en los organismos internacionales e incumplir tratados tan decisivos como el protocolo ecológico de Kioto, el convenio de minas antipersonas, la aceptación del Tribunal Penal Internacional, etcétera. Este desequilibrio ha derivado en distintas formas de perversión y su imagen ante el mundo ha venido a deteriorarse al punto de que, incluso antes de la guerra de Irak, la Administración estadounidense decidió crear diferentes grupos de estudio y actuación para mejorar la apreciación de Estados Unidos, desde Europa a Australia, incluido el pago a influyentes periodistas internacionales. Los últimos casos de corrupciones contables (Enron, WorldCom, Xerox, etcétera) han erosionado, sobre todo, el prestigio empresarial norteamericano y, desde el 11-S, la drástica reducción de derechos civiles compromete su fama de primera nación democrática y libre. Si a eso se suma la frecuente aplicación de la pena de muerte y sus espasmos reaccionarios en política social y fiscal, el resultado es un fuerte descenso de su cotización popular. Un reciente sondeo del *Herald Tribune* confirmaba que tanto en Alemania, en Italia o en Gran Bretaña, tradicionalmente los mejores amantes de Estados Unidos en Europa, el entusiasmo había desfallecido. Pero incluso en Rusia, el último enamorado de Estados Unidos, la pasión se enfría, y en los países árabes o en las regiones donde predomina el islam, el odio ha crecido espectacularmente. ¿Cesará esta tendencia? Probablemente, porque Estados Unidos, rey de la comunicación y del marketing, no puede esperar un dominio total sin el poder del *look*, la atracción a partir de su influencia cultural en todos los aspectos.

En 1994, cuando en Kuwait City McDonald's empezó a dispensar hamburguesas en un McAuto, hasta 15.000 clientes formaron una cola de más de 12 kilómetros para recibir el sacramento de la democracia y la modernidad. Ahora, sin embargo, los símbolos de McDonald's son apedreados por las manifestaciones «antiglobalización» o por el odio al Imperio. El dato es circunstancial y leve pero ha alertado sobre la conveniencia de diversificarse en nuevas representaciones y otros productos afectivos.

El poder de Estados Unidos es incombatible, pero la fuerza no basta para vender más. El dólar es usado en el 83 % de las transacciones mundiales y las empresas con esa patria controlan más de la mitad de las riquezas terrenales, pero es necesario un nuevo rostro norteamericano para continuar. ¿Cuál? Probablemente el rostro que llegue a hacer confundir lo norteamericano con el mejor ambiente «general», su poder con el poder de lo natural y su atractivo con los encantos de una oferta identificada con la máxima actualidad. Hay un Estados Unidos bronco, simplista y agresivo que se representa en el Gobierno de George W. Bush, intoxicado además por las convulsiones patrióticas que hizo segregar el 11-S. Como dijo el director de cine Michael Moore al recibir el Oscar por su documental *Bowling for Columbine*, en marzo de 2003: «Vivimos en un tiempo de resultados electorales ficticios que deciden un presidente ficticio que nos manda a la guerra por razones ficticias.» Tras personajes como Bush, sin embargo, hay un ancho Estados Unidos que sólo puede prosperar a través de la interconexión y el contagio de Europa, principalmente, y la interacción con otras culturas que su territorio ya ha sabido recibir. Como el cuerpo de Dios, la hegemonía norteamericana no muere sino que se transforma para hacerse presente en todas partes sin que se la vea nítidamente en ninguna. Porque lo nuevo, al fin, de Estados Unidos será su aparente desaparición en cuanto marca norteamericana y su presencia en un «no logo», inspirado sin embargo en su imago. De esta manera, su prosperidad no se medirá en altura sino en anchura y, también, en una suave y decisiva profundidad. Efectivamente, nunca como ahora a Estados Unidos le ha convenido tanto vivificar su imagen y lograr influencia por contagio interior. El máximo desafío de Estados Unidos como del nuevo capitalismo en general es no hacerse notar en cuanto tales y trasmutarse en una atmósfera ineludible y «natural».

Habrá productos norteamericanos. Pero si se detecta animadversión a lo norteamericano se ofrecerán artículos europeizados, orientalizados, afrancesados, españolizados, el pan Bimbo como si procediera del barrio o las galletas como si llegaran de Aguilar de Campoo. A fin de cuentas el nuevo capitalismo no está aquí para avasallar sino para hacer amigos. No espera obtener los mejores beneficios de ser temido sino de ser encantador. Bush es la excrecencia de un capitalismo wilsoniano, un residuo anacrónico que se encargarán de barrer los mismos Estados Unidos y especialmente a través de una cultura/mujer que ya estuvo cerca de llegar con Al Gore. El personaje *Time* para 2002 fue precisamente no una sino «tres mujeres»: Cynthia Cooper, Coleen Rowley y Sherron Watkins, quienes denunciaron la corrupción o la incompetencia de sus jefes varones en los escándalos que sacudieron a WorldCom, el FBI y Enron, respectivamente.

El proceso de cambio ha empezado antes incluso de la guerra de Irak, que no fue sino el peor síndrome de lo que en Bolsa se conoce como «rebrote del gato negro». McDonald's, la empresa insignia del capitalismo anterior, sigue el modelo «macho». La hamburguesa es mejor cuanto más procede del músculo, y pretende atraer al consumidor con un Big Mac gigante. Pero esta fórmula significa hoy rechazos, querellas en los tribunales, condena social. McDonald's ha tenido recientemente en contra al mismo bufete de abogados que ganó una indemnización multimillonaria contra las grandes compañías de tabaco. Ante esta ofensiva, McDonald's está buscando reconvertirse en otra cosa, reencarnarse en algo menos carnoso cuando la moda hoy es la anorexia. Hacerse menos norteamericana cuando Estados Unidos pasa por momentos críticos en su estimación. Frente a la obesa presencia americana que propiciaba la McDonald's antigua nace la cafeína que roba el apetito en Starbucks. En contraste con McDonald's, que nació en 1955 en Des Plaines, Illinois, un estado industrial, la cadena de cafés Starbucks surge en 1987, dentro de una ciudad como Seattle, signo de la innovación, la antiglobalización y la «nueva economía». Ray Croc, el fundador de McDonald's, era un viajante de comercio de cincuenta y cuatro años, pero Howard Schultz, el creador de Starbucks, resultó ser un empresario de treinta y tres años que empezó a atacar con 17 locales a la vez. El primero fue un hombre de negocios, el segundo se tiene, junto a Bill Gates (Microsoft) o Jeff Bezos (Amazon.com), por un creador. El primero presentaba una oferta pragmática, el segundo una experiencia chic. La base del primero es la *sustancia*, la del segundo consiste en la *apariencia*. Con una apariencia «internacional», «intelectual», de estilo blando y a la europea, Starbucks es la empresa más dinámica de Estados Unidos en los últimos diez años, la del máximo crecimiento en Bolsa (2.200 %), por delante de IBM, Microsoft, Coca-Cola, General Electric y Wal-Mart, y con 6.000 establecimientos repartidos en 40 países, Líbano, Kuwait, Omán, Qatar y Arabia Saudí entre ellos. Si McDonald's es *fast food*, Starbucks es del orden de la *slow food* o las *slow cities*, entornos serenos que se presentan como *«arty, eco friendly, homely appeal»* (artísticos, amistosamente ecológicos, atractivamente hogareños).

«Starbucks se ha convertido en uno de los grandes

éxitos norteamericanos del siglo XXI», declaraba Robert J. Thompson, un catedrático de cultura popular de la Universidad de Siracusa (*Business Week* 9 de septiembre de 2002). Un éxito norteamericano que, a diferencia de los clásicos triunfos norteamericanos, no obedece a un producto de traza norteamericana. Aunque mejor dicho: es ahora lo más norteamericano que se pueda imaginar. El invento más genuinamente norteamericano de hoy.

Porque lo característico del capitalismo de ficción que lideran notablemente los norteamericanos es la conversión del artículo en gran artificio, la réplica de lo real en lo «fantástico». El café de Starbucks no es el verdadero café de los tradicionales cafés. Pero curiosamente Starbucks desbanca, incluso en Viena, al buen café tradicional. El café vienés posee mayor valor de uso pero no puede compararse a Starbucks en su valor de cambio. El café tradicional arrastra el peso de la historia, mientras que el de Starbucks, siendo un café aparentemente igual, puede beberse sin molestos vestigios. Los viejos cafés son tan auténticos que llevan incluso los bajos precios de antaño mientras los de Starbucks son excitantemente caros, superverdaderos artículos de moda.

El capitalismo de ficción trata con la realidad para desprenderla de la peste de lo real, compone –como se dice en la tele– una «realidad formateada», una realidad controlada y chic, desprovista del olor de la edad, libre del pringue histórico. Helmut Spudich, responsable empresarial del diario austriaco *Der Spander*, predecía en septiembre de 2002 que los Starbucks atraerían a una gran mayoría de gentes porque «*The coffehouses in Viena are nice, but they are old. Starbucks is considered hip*» (Los cafés en Viena son bonitos pero son viejos. Starbucks se considera de moda). Con eso se dice todo. Lo que pudiera parecer insufrible artificio puede ejercer todavía, en nuestra posmodernidad o modernidad líquida, una rara atracción. La realidad se dobla en la irrealidad o viceversa, como forma de defenderse del pasado en bruto, del sabor sin fascinación.

Tanto McDonald's como Starbucks han sido denunciados por la precariedad de sus remuneraciones y las abusivas jornadas laborales. Ambos han recibido denuncias populares por perjudicar el medio ambiente y perjudicar la vida. Tratando de maquillar su pérdida de consideración por la opinión pública, McDonald's envía fondos para los niños discapacitados, declara defender las especies amenazadas y canaliza donaciones para obras benéficas. Entretanto, Starbucks ha creado las elegantes *stock options* para sus (explotados) camareros en señal de que también deben considerarse «del negocio». O que son también ellos, en la ficción, empresarios. O creadores, artistas, aventureros.

El gran potencial, en fin, de Estados Unidos, antes y ahora, no se encuentra en sus armas, con ser tan demoledoras. La mayor facultad de Estados Unidos no reside en vencer sino en vender. Con el 5 % de la población mundial su producción equivale al 43 % de la economía del mundo, cuyo estilo marca, a despecho de las aparentes resistencias, el nuevo capitalismo de ficción y en coincidencia con la nueva época del estilo posmoderno.

A mediados del siglo XIX, Alexis de Tocqueville confesaba que había visto en América «la imagen misma de la democracia», pero ahora esa imagen es la cara de la posmodernidad, y de sus ademanes. La modernidad, el mundo racional que se fundó en el siglo XVIII, fue una construcción europea, pero la posmodernidad es un fruto especialmente norteamericano. En la modernidad predominaba la razón universal, pero la posmodernidad, acabado el mundo bipolar, globalizados los mercados, es el reino del multiculturalismo. Y, precisamente, los norteamericanos encarnan a los grandes gestores y amantes de la mezcla de estilos, del kitsch, del zapping, los *snacks*, los links de Internet, los videoclips y los cambios rápidos: en la empresa, en la casa, en la pareja, en el *look*.

Frente a la importancia del rito y la categoría, la posmodernidad enfatiza el valor del momento; la historia se aligera de peso en la identidad de los objetos o las personas; la tradición se fragiliza, el linaje es un ropaje gaseoso y el presente viene a ser prácticamente lo único sólido. Así, en Estados Unidos, nadie pregunta por el pasado de nadie sino por su inminente actualidad, ya sea a la hora del empleo, de la residencia o de la boda.

La posmodernidad, propia de la extensión de la democracia y su cultura de masas, llega acompañada de un descenso de nivel, una tendencia a la puerilización y un gusto creciente por lo más simple, como saben explotar especialmente los norteamericanos. La cultura moderna era compleja y elitista, pero la cultura posmoderna es inmediata y vulgar. La meditación, la filosofía fueron europeas, pero el entretenimiento, el cine, la televisión, son típicamente norteamericanos. «Quienes están contra la televisión son los mismos que están contra Estados Unidos», decía Silvio Berlusconi en su campaña electoral a la presidencia italiana.

La posmodernidad ha abatido las fronteras y ha creado un espacio general, cada vez más homogéneo en su mixtura. Estados Unidos representa de antemano este mundo formado por la juntura de decenas de etnias y religiones, como desde hace años se observa en las escuelas públicas de Los Ángeles o de Nueva York. En Europa se apela todavía a las viejas señas nacionales, religiosas o étnicas, hay odios y guerras por estas causas, pero el mundo posmoderno viene a ser lo contrario a este fanatismo de la identidad. La posmodernidad, como el capitalismo de ficción, tiende a la combinación, la superposición, el *collage,* y esto es justamente el mejor Estados Unidos. No importa que Bush hiciera creer en la cara más cruel de su país. No hay nada que juegue más alegremente con las ideas, la gestión del dinero, las culturas, las modas, que la superindustria de la comunicación y el entretenimiento norteamericana. Una industria que llegó unida a un talante optimista basado no sólo en las pantallas, sino en el espíritu de colaboración y alianzas que desde 1945, principalmente, extendieron Franklin Delano Roosevelt y Harry Truman. ¿Ha concluido esta corriente de simpatía? George W. Bush y su administración abandonarán el poder y el mundo reconocerá otro Estados Unidos; precisamente la más sutil prolongación del *american flavour* que a lo largo de los últimos cien años ha recubierto progresivamente la realidad del mundo como un efecto de su propia modernización.

APRENDIENDO DE LAS VEGAS

En «El Aleph», Borges habla de un lugar («una pequeña esfera tornasolada, de casi intolerable fulgor») que permite ver los demás lugares desde todas las perspectivas. Las Vegas es también, bajo otros puntos de vista, ese espacio cósmico desde el que pueden reconocerse algunos aspectos del nuevo capitalismo de ficción y entender, a través de la propia evolución de la ciudad, la última metamorfosis del sistema.

Las Vegas, simbólicamente, no se encuentra en ningún lugar determinado. Carece del arraigo que la trabaría a un entorno marcado o de la pesantez documental que la sujetaría a la historia. Nació como un artificio en el área desmarcada de un desierto y se comporta, desde entonces, con la liviandad de un espejismo. Parece no pertenecer a este mundo, constituyendo a la vez lo más mundano; y es lo más evanescente siendo lo más proteico que se pueda dar.

En Las Vegas se mezcla prácticamente todo: hay fragmentos del pasado y del supuesto porvenir, muestras de Oriente y de Occidente, murales kitsch y cuadros de Van Gogh, una edificación del Guggenheim y otra del Bazar de Estambul, una figuración de los canales de Venecia y el Empire State, el Etna en erupción, el templo de Luxor y la bahía de Mandalat. Cualquier motivo prende en Las Vegas gracias a que su emplazamiento se halla desterritorializado, libre de cualquier esclavitud geográfica, histórica o cultural. Es la libertad *X-treme*, la orgía de la agnosia y la victoria impecable de la falsificación.

Cualquier ciudad desearía ser copiada en Las Vegas y acceder, en virtud de esa clonación, a la categoría de lo irreal para, en consecuencia, no morir nunca. Las Vegas ha calcado el París inmortal, El Cairo, Hollywood, la Grecia clásica, para transformarlos en «pasatiempos», más allá de la penalidad del tiempo, pero para que el efecto sea completo, para conceder certificado a la ficción, Las Vegas se calca incluso a sí misma. Las Vegas también se clona en Las Vegas y el gran hotel-casino MGM Grand, el mayor del mundo con más de 5.000 habitaciones, tiene suites donde se copian los estilos orientales y bahamianos de la desaparecida ciudad de los años cincuenta, cuando el *rat pack* (Sammy Davis, Frank Sinatra, Dean Martin, Joe Bishop y Peter Lawford) creó la mitología de la verdadera Las Vegas. Así, como si una espiral enlazara la realidad y su réplica, el mito y el timo, la ciudad se ha ilusionado de sí y desde su delirio es posible pervivir sin término.

Su ejemplo, en plena era turística, se sigue ahora en muchas otras grandes ciudades del mundo altamente interesadas en su emancipación de lo real, volcadas en la floreciente explotación de lo ficticio.

Nadie duda hoy de que el libro *Aprendiendo de Las Vegas* (1972), de Robert Venturi, fundador del *postmodern*, constituye algo más que una propuesta estética en la arquitectura. Parodias de la ciudad de Nueva York se han repetido en los espacios comerciales de las ciudades Heron de todo el mundo, en el American Dream Park de Shangai, en Berlín, en Sidney, pero también dentro de la misma Nueva York, en los *shopping centers* del extrarradio. El arquitecto Jon Jerde –conocido como el Ralph Lauren de la arquitectura– se ha especializado precisamente en la creación de espacios «doblados». Espacios que mimetizan un modelo calificado de «fantástico» para hacerlo fantasía de verdad al alcance de todo el mundo.

En el centro comercial que este arquitecto de moda ha concebido en las afueras de Nueva York, puede pasearse por una falsa Madison Avenue, una falsa Fifth Avenue, una falsa Third Avenue y una falsa Canal Street. Los originales se encuentran disponibles a poca distancia de ese *mall*, pero presentan el inconveniente de ser demasiado reales, vulgarmente reales. Para vencer ese fastidio de lo real, nace la oportuna figura del doble, con una doble función: de una parte enaltece al original con su remedo; de otra, produce una imagen por donde se puede circular sin el penoso obstáculo de lo temporal. Porque lo replicado, como lo liofilizado, lo congelado, envasado al vacío, perdura liberado del tiempo, impulsado libremente hacia la inmortalidad.

La filosofía clásica consideró la ficción una versión devaluada de la verdad, pero la ficción cuenta hoy con su propia verdad, más cara incluso e incomparablemente más productiva. De la realidad a secas no crece apenas nada, pero de la realidad doblada, de su *recreación*, se obtiene un espacio *recreativo*. El mundo tal como es vale menos que su copia, de la misma manera que, como enseñó Marcel Duchamp, los objetos aumentan su cotización estética cuando se descontextualizan y pierden la pena de su función, los límites de su lógica. Así, el proyecto para la Zona Cero de Nueva York que diseñó Daniel

Libeskind es ya menos arquitectura que escenografía, menos funcionalidad que retórica. Por añadidura, ese diseño podría valer para cualquier lugar del mundo y nace como un objeto descontextualizado con el fin de potenciarse en cuanto símbolo delirante, generador de espectáculo y oportunidad secreacional.

La Tate Modern inauguró en la primavera de 2001 una exposición, «Century City», dedicada a examinar las metrópolis modernas. En un primer estadio, en el capitalismo de producción, la urbe hizo las veces de un campamento donde habitaba el ejército laboral de reserva. Más tarde, en el capitalismo de consumo, la ciudad fue el lugar donde brillaban los objetos del deseo. Ahora, en el capitalismo de ficción, la ciudad deja de ser contenedor para ser ella misma, en cuanto objeto, la que ingresa en el proceso de producción.

Hoy no bastan los escaparates o los anuncios luminosos, los restaurantes y los sex shops, como una oferta de la urbe. Ahora, la misma urbe se ha convertido en objeto «encantado», versión soñada de sí misma que transporta hacia una segunda y encarecida realidad. Ciudades enteras que se autoexaltan en forma de parques temáticos, ferias de nueva planta como la Potsdamerplatz de Berlín con obras de arquitectos estrella (Renzo Piano, Helmut Jahn, Arata Isozaki, Rafael Moneo o Richard Rogers), demarcaciones de ocio que copan barrios enteros, *waterfronts,* continuos remedos multicolores de Disneylandia.

Efectivamente, las ciudades históricas se emplean ya poco para residir. Son hoteles y locales de copas, restaurantes, museos, cines, pasajes comerciales, oficinas e iglesias antiguas, todo dentro de un *pack.* La ciudad ha demostrado su repertorio de fantasía interminable: lonjas convertidas en videotecas, mataderos acondicionados como teatros de ópera, cárceles y hospitales volcados en museos, palacios convertidos en paradores, catedrales iluminadas como grandes milagros. La ciudad se reconstruye como espacio teatral y se autocontempla como un tinglado donde los visitantes son actores, protagonistas de un concurso televisivo o turistas-fotógrafos que se afanan por captar la visión de la visión, la foto que aparece en la postal, el acta ilustrada de su visita.

En el capitalismo de producción, las ciudades se situaban cerca de los lugares donde abundaban las materias primas para la producción industrial. En el capitalismo de consumo, las ciudades crecieron como centros de comercio y servicios. Ahora, en el capitalismo de ficción, sin eludir atributos de otras épocas, la condensación urbana se ofrece como un artilugio recreativo o aventurero, dispuesto para el entretenimiento. Como Las Vegas, las ciudades se surten de juegos, atracciones, rincones divertidos; se iluminan, se maquillan, se rehabilitan, se hacen arquitectónicamente vistosas y estimulantes. Su materia de explotación son los turistas y su negocio capital el show.

No importa que la ciudad sea funcional, lo que cuenta sobre todas las cosas es que alcance categoría de espectáculo. Así, dentro del *show business*, junto a las top models, las actrices, los cracks del deporte, los cantantes pop, las princesas, se encuentran las ciudades estrella. No importa la vida que todavía subsista en la ciudad y en algunos de sus barrios, porque incluso estos núcleos de residentes, supuestamente «salvados» del cambio urbano, adquieren el productivo papel de extras en la película que presencia la remesa turística. Una marea tan poderosa que derrama múltiples puntos de vista contaminantes y a partir de los cuales la ciudad, antes o después, trastorna su aspecto para atender a sus visitas.

No es, pues, siempre la ciudad la que llama al turista, sino que es el turista quien pide a la ciudad que se desprenda de su naturaleza real y responda a la fantasía. Responda doblemente: convirtiéndose en una urbe simbólica y transformándose en un centro útil para el tiempo libre. De ambos movimientos cruzados nace la nueva ciudad producida. Una segunda ciudad hecha ficción para agradar de acuerdo con la demanda de la clientela. Un producto destinado, en fin, a ser degustado en la superficie del *entertainment*.

Pero si éste es el proceso de desrealización que han seguido las ciudades con alguna densidad histórica, en el otro extremo se encuentran las *sprawl cities* (ciudades reptantes) que se esparcen como la grama en torno al dibujo de los aeropuertos y los recintos tecnológicos.

En el pasado, el lugar estratégico de la ciudad era, por encima de todos, la puerta. Más tarde, ese punto clave fue el puerto y luego, en el auge industrial, apareció la estación de ferrocarril. En el inmediato futuro, la ciudad bullirá alrededor de los aeropuertos y los grandes cruces que permitan las conexiones entre los trenes de alta velocidad, los aviones y los complejos de autopistas. Estas urbes apaisadas y sin confines crecen ya sin otro diseño que el instinto del negocio y la velocidad de la especulación. ¿Planificación?: «La corrupción desempeña un importante papel de planificación», dice el célebre arquitecto Rem Koolhaas.

La ciudad tradicional se «tematiza» para atraer turistas y, paralelamente, la computerización genera una ciudad multicelular, aceleradamente expandida. «Hay algo detestable y espantoso en la idea de una extensión amorfa, en la figura de ameba abriéndose paso en el campo, porque ésta es la antítesis de la idea tradicional de ciudad, cercada, abarcable y ordenada», decía Emrys Jones en *Metrópolis* (1992), pero así se conforma la residencia del capitalismo de ficción, deducida del contagio que genera el patrón norteamericano.

Los urbanistas hablan de posciudad para referirse a estas extensas megalópolis cuya proporción supera todas las escalas conocidas y donde la historia ya no cuenta. En estos años, en el Río del Perla, la megalópoli formada por Hong-Kong-Shenzhen-Cantón-Macao-Xhuhai está tejiendo una de las principales configuraciones financieras y comerciales el mundo, dotada con 5 aeropuertos y compuesta por 50 millones de personas. El centro, Shenzhen, fue una ciudad de pescadores con 30.000 habitantes hace quince años, pero ahora su población rebasa los siete millones. ¿Irracionalidad? ¿Superrealidad?

«El país del futuro se irá transformando poco a poco en una red de extensas áreas suburbanas separadas entre sí por territorios despoblados», escribe Robert Kaplan (1999). De hecho, de las 25 grandes ciudades que había en 1950 en Estados Unidos, 18 han registrado un descenso en su número de habitantes mientras que la población de las áreas periféricas ha aumentando en más de 75 millones. Dentro de este contexto, el condado de Orange, en California, una de las regiones más ricas y famosas de la nación, no puede definirse ni como ciudad ni tampoco como zona suburbana. Se trata de un monótono entramado de 2.000 kilómetros cuadrados de calles residenciales, complejos comerciales y bloques de oficinas desprovistas de centralidad. A este fenómeno, los especialistas lo han llamado *technoburbs* (Robert Fishman), *urban villages* (Kenneth Jackson), *middle landscape* (Peter Rowe), *edge cities* (Joel Garreau) o, sencillamente, modelo «posurbano». Un modelo formado por anchas regiones sin cabeza, dotadas de alta tecnología empresarial, radiantes centros comerciales, restaurantes de todas las etnias y dependencia absoluta del automóvil. Sus habitantes no sólo sienten hallarse en un lugar indeterminable del planeta, sino que, por extensión, el mundo aparece como un lugar sin localizaciones de referencia, como un espacio único y sin identidad, despojado de nombre. ¿Cómo no comprender por tanto el éxito de las nuevas ciudades privadas, nominadas y producidas para conseguir definición?

Las CID *(Common-Interest-Developments)*, urbanizaciones de interés común nacidas hace tres décadas, son el ejemplo de la reacción contra la fantasmagoría de la *sprawl city.* Actualmente, más de 30 millones de norteamericanos y una decena de millones de europeos viven en CID o en versiones similares de estas comunidades que representan el máximo grado de la privatización referida al hábitat.

Una CID, o *gated community*, está formada por viviendas, piscina y jardín, pistas de tenis, pero también por zonas de oficinas, escuelas, comercios o cualquier otro elemento del que dispondría una urbe tradicional. La única diferencia, sin embargo, respecto al arquetipo del pasado es que en estas CID no existirá nada público: ni una plaza, ni un banco, ni una farola. El propietario posee su propia vivienda, pero ostenta también el título de copropiedad sobre todo aquello que compone la parcela.

La CID se encuentra custodiada por guardas privados, dispone de videocámaras y barreras, tiene el derecho exclusivamente restringido a sus dueños y sólo bajo determinadas condiciones admite visitas. En general, el polígono se rige mediante un protocolo de normas llamadas «servidumbres», orientadas a procurar el bienestar de los residentes y a evitar la probabilidad de un conflicto. Por ejemplo, pueden prohibirse las visitas a los hogares después de determinadas horas para no alterar el sueño de los vecinos, puede regularse la altura de los árboles para no obstaculizar las vistas, cabe ordenar el peso máximo de los perros para no provocar alarma, dictar la forma de los muebles de las terrazas, el color de las paredes interiores visibles desde el exterior. En Fort Lauderdale, Florida, la dirección de un condominio prescribió, por ejemplo, a una pareja que dejara de entrar y salir de su vivienda por la puerta de atrás porque estaban abriendo un camino no planeado sobre la hierba, y en Monroe, Nueva Jersey, la dirección de una CID demandó a un propietario porque su esposa, de cuarenta y cinco años, tenía tres años menos de la edad mínima necesaria para ser admitida, de modo que los tribunales requirieron a este hombre para que vendiera, alquilase la casa o viviera en ella sin su esposa (Jeremy Rifkin, 2000).

Dentro de las diferentes modalidades de las CID hay urbanizaciones destinadas a parejas sin niños que deberán abandonarse en caso de alumbramiento o de adopción, hay CID para solteros, CID para matrimonios en los que ambos trabajan, CID para jubilados, CID para gentes que disfrutan un determinado nivel de renta, CID sólo para cristianos. Los habitantes de tales unidades adquieren el acceso a la supuesta ciudad ideal, tan terminante en su identidad como extirpada de amenazas, libre de basuras, ruidos, olores pestilentes, contactos con pobres. La CID es como la naturaleza desinfectada, la vida barrida de bazofias, filtrada, aromatizada y barnizada. Una ciudad cuyo modelo pionero fue, significativamente, Celebration, una urbanización concebida con la felicidad de Disney.

Celebration, que se erigió en 1994 a menos de dos kilómetros de Disney World, fue diseñada en su totalidad por arquitectos famosos: la oficina de correos fue proyectada por Michael Graves, el ayuntamiento es de Philip Johnson y la oficina del SunTrust Bank corresponde a Robert Venturi y Denise Scott Brown. Otros grandes profesionales como Cesar Pelli y Robert A. M. Stern, urbanista-jefe de Disney, plasmaron su marca en algunos apartamentos y hasta en un hospital.

Dentro de esa ciudad ideal no deben existir, claro está, ni McDonald's ni Burger King. Y, de la misma manera, ninguno de sus habitantes desea tropezarse con supermercados baratos como Sears o Wal-Mart. En sustitución de esas birrias, los vecinos compran en Chambers Jewelers, L'Occitane, Village Merchantile o Wyland Galleries.

Hay siete tamaños de viviendas en Celebration, elegibles cada una en seis estilos diferentes *(Colonial Revival, Victorian, Classical, Coastal, French y Mediterranean)*. Cada residencia cuesta un 20 % más de lo que se pide por una similar en los alrededores, pero cuenta con el valor añadido de su exclusividad aderezada por la marca que procura la firma de los arquitectos. Actualmente, el 90 % de los 15.000 habitantes seleccionados posee ordenador personal de última generación; hay Intranet y correo electrónico gratuito, 800 PC para una escuela de 940 estudiantes, 450 conexiones de cable coaxial de doble dirección, unidad de urgencias y parque de bomberos.

Como corresponde a su naturaleza ideal, dentro de la ciudad no hay necesidad de protegerse, las ventanas no tienen rejas, los niños juegan en los jardines, los ancianos pueden pasear y reposar conspicuamente. Incluso la arquitectura elegida imita el estilo de final del siglo XIX, como una maniobra para escapar de los rigores contemporáneos y domiciliarse en las páginas de un cuento. «Fundado en 1905», puede leerse sobre algún dintel cuando la ciudad se inauguró hace menos de veinte años, pero todo es, en fin, al estilo aprendido de Las Vegas.

De hecho, en Celebration, un hilo musical ameniza las plazas y las calles como si se ingresara ciertamente en una típica especialidad de Disney, siendo Disney la felicidad terrena adonde es posible huir. «*We sell happiness*» (Vendemos felicidad) es el eslogan de Disney. Porque «Felicidad es el mejor producto del mundo», aclara Tony Altobelly, ejecutivo de Walt Disney Attractions. El mejor artículo de la industria urbana y global del entretenimiento.

Significativamente, la película *El show de Truman,* de Peter Weir, no está rodada en el interior de unos decorados idílicos sino en el «idílico pueblo real» que diseñó el equipo de nuevos urbanistas llamado Seaside. Este pueblo de casas de madera y vallas blancas en evocación del mundo feliz de las pinturas de Norman Rockwell se llama Seahaven y fue proyectado en la costa de Florida por los arquitectos Andreas Duany y Elizabeth Plater-Zyberk en la década de los ochenta. Truman es, en inglés, *true man,* el hombre verdadero, y su apellido «Burbank» hace mención a una zona de Los Ángeles donde se concentran la mayor parte de los grandes estudios cinematográficos y de televisión, desde la NBC hasta Universal o Disney. Truman Burbank se ofrece, pues, como el cara a cara entre verdad y artificio, entre falsificaciones y verdades como puños, entre puñados de realidad y di-versiones sin límites.

DIVERTIRSE HASTA MORIR

Erich Fromm sostenía hace medio siglo que el Estado estaba interesado en crear individuos deprimidos porque gobernar a unos ciudadanos mustios sería siempre más fácil a efectos de su manipulación. Al ciudadano decaído o macilento se le suponía menos dispuesto a protestar, pero ¿qué decir de aquellos otros que se sientan divertidos y alegres? ¿No protestarán todavía menos? El desiderátum del capitalismo de ficción es entretenernos, divertirnos, *«amusing ourselves to death»*, según dice el libro de Postman (1986). Gracias a estar entretenidos somos buenos clientes, ciudadanos tan felices e hiperactivos como niños.

De 1940 a 1950 la industria de Defensa fue motor clave en el desarrollo de Estados Unidos, pero desde hace poco el primer lugar lo ocupa ventajosamente el sector del entretenimiento. En Gran Bretaña trabaja actualmente más gente para generar entretenimiento (películas, música, videojuegos, televisión, software, teatro) que para explotar las minas de carbón en los tiempos del imperio británico. El mundo sigue, ciertamente, afrontando calamidades, guerras, hambrunas, paro y crisis financieras, el planeta no cesa de recalentarse, pero incluso en la adversidad, como demostró Argentina en 2002, crece la demanda de entretenimiento.

Los efectos de la globalización han resultado trágicos para millones de personas, pero en Barcelona las manifestaciones antiglobalización plantearon los enfrentamientos ante el Consejo de Europa (15 de marzo de 2002) con el siguiente programa de actos: 9 h: «Pedalada intergaláctica.» 9.30 h: «Caza *lobbies* (contra los grupos de presión).» 11 h: «Pintada de un mural zapatista.» 16.30 h: «Reparto de palomitas transgénicas.» 18 h: «Circo para denunciar el circo gris y criminal del imperio global.» Los rebeldes se conducían como niños y se expresaban como párvulos, desfilaban disfrazados de piratas o de payasos y tocaban los timbales, bailaban o cantaban en una atmósfera que recordaba un cumpleaños escolar. ¿Los anarquistas? Los autoproclamados de la CNT se habían pintado la cara de blanco y negro, y a su lado desfilaba otro grupo en defensa de la clase oprimida que se autodenominaba «Fiambrera Obrera».

Ni siquiera las manifestaciones contra el hambre o la guerra de Irak debían ser completamente malhumoradas. La gente no las soportaría. La lucha contra la situación de los más débiles puede realizarse sólo a base de maratones y de vigorosos conciertos de rock, mientras la batalla en pro de los desharrapados se apoya permanentemente en la subasta de abrigos de actrices. Lo de verdad rentable es aquello que pasa por el expediente de la mejor distracción.

En Gran Bretaña, un estudio del Henley Centre ha constatado que los desembolsos en ocio y diversiones han sobrepasado, incluso en los últimos tiempos de crisis, a los de comida y bebida en el presupuesto familiar, y datos del informe Communications Industry Forecast 2000 apuntan que la tasa de crecimiento en los dividendos obtenidos por películas, música y juegos interactivos en Occidente sólo es comparable al espectacular desarrollo de la informática hace diez años. El historiador y analista mediático Neal Gabler (1998) sostiene que la revolución del entretenimiento representa la más poderosa fuerza social y económica de nuestro tiempo, y Michael J. Wolf (1999) o Jeremy Rifkin (2000) auguran que el sector alcanzará un 50 % del PIB norteamericano en 2015, lo que decidirá en buena medida la economía del futuro.

Daniel Bell pronosticaba en *Las contradicciones culturales del capitalismo* (1977) que el sistema, a estas alturas del siglo XXI, padecería la incompatibilidad entre su origen calvinista, austero y puritano y el hedonismo del consumo. No se comprueba, sin embargo, que esta antítesis provoque por ahora ningún desarreglo, sino más bien ganancias de diferentes géneros. Tan altas para el sistema que, según R. McCraken, antiguo presidente de Silicon Graphics, Inc., la supremacía estadounidense no se basaría tanto en su industria armamentística como en la potencia de su producción de entretenimiento e información *(Business Week,* 14 de marzo de 1994).

Y no se trata sólo de Estados Unidos. En España, en los últimos años se han construido hasta 60 parques de ocio –entre temáticos, acuáticos, de atracciones y zoológicos– que recibieron, en 1999, más de 21 millones de visitantes. Desde Port Aventura a Isla Mágica, desde Terra Mítica a San Martín de la Vega, se han abierto las puertas al legendario mundo de Universal Studios, Paramount o Warner Bros. E incluso Teruel, «el lugar inexistente», cuenta con Dinópolis, un parque dedicado a los dinosaurios.

Antes, los magnates eran los Carnegie, los Rockefeller, los Krupp, los Vanderbilt, mientras hoy se habla de Rupert Murdoch, de Ted Turner, de Michael Eisner, que han presidido o presiden grupos multimedia orientados a generar una omnipresente melaza de divertimentos. Más aún: las fronteras entre entretenimiento y casi cualquier cosa se confunden cada vez más. Nike ha desplegado en los últimos diez años una cadena de locales, los Nike-Towns, donde no sólo se trata de vender artículos deportivos sino de teatralizar, con juegos, sonidos y grandes pantallas, la excitante atmósfera del cosmos deportivo. The Planet Reebok y la supertienda Adidas de Berlín, capaz de convertirse además en discoteca al anochecer, son algunas de las réplicas de la competencia que, en general, ha introducido en sus establecimientos lo que los libros de empresa han bautizado como el *e-factor*, factor entretenimiento.

Un enorme centro comercial con *e-factor* es, por ejemplo, el superparque Xanadu, de 125.000 metros cuadrados, propiedad de Mills Corporation, que ha explotado con éxito este concepto en 12 localidades de Estados Unidos y ahora planea propagarse por Europa desde su emplazamiento en Madrid. En Alabama, la Riverside Galleria, un centro comercial semejante a Xanadu, es desde hace unos años el principal foco turístico del estado, y lo mismo ocurre con el centro comercial McCane en Arkansas y con el Potomac Mills en Virginia. De otro lado, varios megacentros comerciales como el Easton Town Center en Columbus (Ohio), el Bluewater Mall en Londres o el Mall of America en Bloomington (Minnesota) se han convertido en lugares de resonancia internacional al punto que este último, con más de 12.000 empleados, 520 comercios, decenas de restaurantes y discotecas, fue definido en 1995 por la revista *Life* como el «más importante centro familiar para las vacaciones». Ni el Pentágono proyectó un aparcamiento más amplio que el de este cuartel del ocio, donde estacionan 30.000 coches. En el mundo, sólo otros pocos *malls* consiguen superarlo: el West Edmon de Canadá, con una superficie equivalente a unos 100 campos de fútbol, y el gigantesco Crow Resort en Melbourne, con casi 2 millones de metros cuadrados, un hotel de 500 habitaciones, 40 bares, 25 restaurantes y el segundo casino mayor del planeta.

«El entretenimiento trasladado a los locales comerciales será el más significativo fenómeno del nuevo siglo», decía el director de la *Fashion Network Report* en 1998. No exageraba: Sam Good, Tower Records, Musicland, Virgin Megastore han capitalizado en formidables espacios el gozo de la música, y tanto Turner Entertainment, Warner Bros o MGM como los almacenes Wal-Mart han dotado sus centros del llamado *entertailing*, contracción entre *entertainment* (entretenimiento) y *retailing* (venta al por menor).

Buscando diversión infantil, McDonald's y Disney han juntado las hamburguesas con *La Bella y la Bestia, El Rey León, 101 Dálmatas o Pocahontas,* y, para los adultos, la diseñadora Amaya Arzuaga mezcla en su tienda la ropa con la cata de vinos y aceites, Carolina Herrera invita a vino o zumos en la planta baja y el Templo del Café en Madrid es un local donde «se vende todo», incluidas sus sillas, mesas, lámparas o esculturas.

Los modelos de la cadena Planet Hollywood, Harley Davidson Café, Hard Rock Café y Dive componen la amplia lista de establecimientos dentro de la cual el Rainforest Café es, según su propaganda, «un lugar salvaje para comprar y para comer». En ese local pueden adquirirse toda clase de objetos para acceder a la selva (cremas, camisetas, brújulas, ventiladores, machetes) o para vivir ecológicamente a la puerta de casa. Al fondo de las instalaciones se encuentra un restaurante envuelto en un bosque con palmeras, pájaros, peces y cascadas, sillas tapizadas de piel de cebra y mesas de cocotero. «¡Nuestro restaurante es un concepto exclusivo y una aventura a través del más realista interior de la selva que nunca se ha creado!», dicen. Allí se sirve, sin transición, comida de México, de Asia o de California, pero comer es lo de menos. «*Your Adventure is About to Begin!*»

¿La calidad de la cocina? Un restaurante inaugurado en Colonia en mayo de 2001, el Unsicht-Bar (Bar Invisible), posee la peculiaridad de estar completamente a oscuras. Desde que se traspasa el umbral se ingresa en las espesas tinieblas y un servicio formado por discapacitados visuales o ciegos absolutos guía a la clientela hasta las mesas. Por razones prácticas, la carta no incluye guisantes ni espaguetis, sino más bien alimentos que puedan despacharse con los dedos o sopas para beber en tazones de doble asa. Los comensales, que tampoco logran verse entre sí, experimentan una desazón que no podrá siquiera aliviarse con el reflejo fluorescente de relojes o móviles, rigurosamente prohibidos. Como efecto de todo ello, el restaurante confiere al comensal un plus experimental que enlaza con los juegos practicados en los años veinte por las vanguardias artísticas en sus «cenas táctiles», aunque a otro precio. ¿Cenar? ¿Comer? Lo principal es probar algo más que el sabor. Ninguno de los platos del Unsicht-Bar se denomina obviamente de una manera tradicional o refiriendo su contenido, sino que reciben nombres como «oleadas de mar verde sobre el acantilado», «recreo de la amatista en el ocaso», «perlas sobre el cuerpo amado» y otros versos por el estilo.

En Estados Unidos, algunas cadenas comerciales como Pottery Barn, Restoration Hardware, Williams Sonoma o Victoria's Secret han llegado a captar más compradores gracias a sus sorpresas complementarias que a sus artículos. Victoria's Secret ha conquistado tanto público con su hilo musical que ha pasado a vender hasta 15 millones de CD en dos años y medio, tal como si se tratara de la banda sonora de una película: la película o el vídeo fantástico en que se ha transformado el comercio. En Roma se abrió un bar, Bar Parfum, donde los clientes olfatean y consumen fragancias francesas servidas en cálices de cristal sentados detrás de una barra, y en Nueva York los almacenes japoneses Felissimo son como templos de intimidad espiritual donde se aúna el minimalismo formal y el *feng shui,* la antigua filosofía china y la «arquitectura de la tierra». La estructura de este establecimiento se organiza a partir de una rotonda central denominada Dreamgrounds (sueños terrenos), con macetas, juguetes y revistas al lado de productos para el baño, inciensos y aceites. En el cuarto piso hay dispuesta una sala con menú de fusión y en la última planta, denominada Higher Ground, puede practicarse la meditación como corolario.

¿Se prefiere una mayor agitación? En Seattle, los almacenes Recreational Equipment, Inc. (REI) de material deportivo se han provisto de montañas y cascadas artificiales y, entre sus aportaciones, destaca un montículo escarpado donde pueden probarse bicicletas de montaña y una habitación acondicionada con duchas de diferentes tipos para verificar la resistencia de los impermeables y las parkas. La tienda ha logrado que sus atracciones figuren en las guías turísticas y así la cifra de visitantes rebasa el millón y medio cada año. También en Estados Unidos, existe la cadena Sharp Image, con objetos de diseño, adminículos de oficina y artilugios de decoración cuya mimosa fantasía induce a pasar felizmente el rato. ¿Cómo asombrarse de que en negocios como éste cobren pronto la entrada? Efectivamente, hay ya complejos que cobran por entrar: se paga en el Minnesota Renaissance Festival, en el Gilroy Garlic Festival en California o en el Kitchener-Waterloo Oktoberfest en Ontario, autocalificados como «lugares de pasatiempo» y no de ningún modo como «centros comerciales», un concepto demasiado simple.

De esta manera, como ha sugerido Jeremy Rifkin (2000), los espacios donde compramos, a donde viajamos, donde vivimos van camino de convertirse en un teatro donde somos ya actores y espectadores, clientes y artistas. El mundo tiende en fin, una y otra vez, a doblarse sobre la escenografía que va alzando el capitalismo de ficción porque, como afirma el famoso consultor internacional, Tom Peters (1992), «todo el mundo está ya en el negocio del espectáculo».

Las técnicas del ilusionismo, la simulación o la dramaturgia se han incorporado a la religión, a la educación o a la guerra, y ninguna actividad deberá quedar excluida del *show business* porque, en el capitalismo de ficción, las marcas mercantiles se transforman en motivo de experiencia y los ciudadanos aspiran a no aburrirse nunca y no morir en consecuencia jamás, porque mientras nos divertimos logramos mediante la atracción del espectáculo escapar a la atracción del tiempo a su peso y su extrema gravedad.

CULTURA PARA NIÑOS

El término que la agencia de publicidad Saatchi & Saatchi emplea para calificar a los nuevos adultos progresivamente aniñados es AABKA, que corresponde a las iniciales de «Adults Are Becoming Kids Again» (Los adultos están volviéndose niños de nuevo).

Renuentes a los sacrificios y la espera, exigentes del bienestar a corto plazo, familiarizados con las drogas, la nueva generación profesa lo que Lipovetsky llama una «ética sin dolor», un quehacer que reclama satisfacciones sin entregar nada importante a cambio y menos todavía por adelantado. Comer y beber caprichosamente y a deshoras, comprar compulsivamente son rasgos de una cultura contemporánea en la que el yo interior se alza ansiosamente como la primera mascota. Porque quererse a sí mismo por encima de todo, amar al niño que llevamos dentro, perdonar sus errores, reforzar sus logros, no permitir que bostece tristemente, es la base del discurso en los omnipresentes libros de autoayuda, tanto que el Henley Center llama a la tendencia *Vice is Nice* (El vicio es hermoso), aludiendo a la inclinación infantil de procurarse satisfacciones continuas y urgentes.

¿Los adultos están volviendo, en fin, a hacerse niños?

Ciertamente cada vez juegan más: al tenis, al voleibol, al pádel, al golf. Pero también se venden más unidades de trivials, parchís, juegos de rol, etcétera. En Madrid, el Carlos Sainz Center es un lugar de convenciones donde además de las salas de reuniones, la cafetería, las cabinas de traducción simultánea y los comedores reservados se ofrecen «las mejores pistas de karts de Europa» para que los ejecutivos puedan hacer carreras durante los descansos. En diferentes corporaciones norteamericanas y europeas de informática dejan llevar las mascotas al trabajo, y en algunas el correo lo reparte alguien disfrazado de Pato Donald. Las oficinas de la «nueva economía» están repletas de motivos infantiles: muñecos, estampas, balones, bicicletas, globos que recuerdan las habitaciones de las guarderías, y los empleados reproducen con las *paintballs* las luchas entre las pandillas «militarizadas» de su infancia.

Contra la creencia general de que el videojuego es una afición reservada a niños y adolescentes, las investigaciones han proporcionado abundantes datos para alterar las orientaciones del marketing y considerar, como nunca antes, su influencia sobre jóvenes con capacidad de compra. En estos años, según relata la revista *Newsweek* (10 de marzo de 2003) los fabricantes de automóviles se inspiran en los modelos de los videojuegos para sus nuevas producciones. El Concept S de Suzuki o el *concept car* Dodge Avenger se han basado ya en morfologías de videojuegos y el productor del videojuego GT3, Kazumori Yamauchi, fue contratado por Toyota. En la actualidad, el arte de la automoción imita la vida virtual e, inversamente, ciertos coches reales son estrellas gracias a los videojuegos.

Un estudio de Trend Letter para Interactive Digital Software Association concluyó, en 2001, que la media de edad de los usuarios es ahora superior a los veintiocho años, de modo que un videojuego moderno no puede ser ya una simpleza: fácilmente posee un archivo de 5.000 sonidos, 100 melodías y unas 10.000 voces que se oyen en tiempo real. La última entrega de la saga Myst (Myst III: Exile) en 2001 requirió un equipo de 25 profesionales, entre artistas, programadores y músicos, que invirtieron dos años y medio de trabajo. Galerías de alta tecnología, como Game Works, han creado complejos con gran afluencia de adultos donde se alinean cientos de máquinas sofisticadas conectadas en más de cien puntos geográficos distintos con realidad virtual, mientras la misma Sony ha declarado que su PlayStation no es tan sólo un juego sino una *«totally new experience»*, una experiencia totalmente nueva, e incluso un modo de vida *(«a way of life for teens and youngs adults»)* que ha procurado unas ventas de casi 100 millones de unidades a finales de 2002. *«Do not underestimate the power of PlayStation!»*

No hay que subestimar este poder de la infantilización: En todos los campos, la cultura avanza hacia una extraordinaria complacencia de la figura del niño o la adoración a la mentalidad del niño. Desde las religiones a la política, desde el arte minimalista a la literatura premiada, todo es cada vez más simple. Tan sencillo que un niño podrá entenderlo y disfrutarlo como un adulto, o al revés.

Bajo el reino del psicoanálisis la infancia era un pozo de conflictos, pero hoy la puerilización general es el atajo democrático hacia la felicidad en masa. Nunca como en estos años se han publicado tantos libros de psicología sobre la regresión a la infancia, ni se han registrado tantos fenómenos de jóvenes que se resisten a ser adultos

(Verdú, 2001). La escasez de compromiso político, la sustitución de la crítica social por el «conservadurismo compasivo», la transformación de los ritos religiosos en fiestas cantoras, el éxito de libros con el lenguaje de los cuentos, la máxima audiencia de programas con el nivel de secundaria, el aplauso entre todos los públicos de cintas parvularias, el retorno de los superhéroes del cómic, el aumento del consumo de golosinas, mochilas, gorritos o camisetas estampadas entre señoras y señores, han compuesto un fenómeno de actualidad social.

En realidad no sólo el paso de los años ha querido ser borrado de la apariencia: ha tratado de borrarse también de la conciencia. Sin Dios, sin compromisos fuertes, los adultos más jóvenes se doblan o huyen hacia escenarios donde disfrazarse de otros personajes, como a menudo hace el niño. Ser como un niño se ha hecho equivalente a estar facultado para disfrutar con las pequeñas cosas, aprestarse a vivir el quehacer como un juego y a confundir los juegos con la experiencia de la vida. Porque ¿qué otra cosa explica mejor que el infantilismo la actual gran pasión que despierta el espectáculo deportivo, el fútbol, sobre todo?

Las ciudades ya no se inmovilizan con una huelga general, las paralizan los grandes partidos de fútbol. Los consejos de administración y los consejos de ministros, las conferencias, las convenciones se interrumpen cuando se juega un encuentro decisivo. Los juegos deportivos eran hace poco más de medio siglo prácticas y eventos casi de élite, pero actualmente son el más ruidoso fenómeno de masas. El deporte, hasta el período entre las dos guerras mundiales, constituía una actividad marginal y se promovía con el objetivo explícito de la formación física y moral, pero hoy viene a ser una fuente de expresividad y desahogo que recuerda a las agitaciones de la infancia. Saltamos, aullamos, peleamos como si fuéramos niños y como si la vida hubiera adquirido, dentro del estadio o ante el televisor, una composición que retrotrae a los episodios de la escuela.

O bien: el hincha es sucesivamente un niño y un adulto. Un niño que se implica en el drama del encuentro tal y como si fuera lo más real y un adulto que emerge después, deshaciendo o mitigando el simulacro. La derrota del equipo es nuestra derrota, pero, de inmediato, de ese perdedor escapa otro personaje cabal, un doble que contempla benévolamente la escena y puede distanciarla en uno u otro grado. ¿Será por tanto el partido sólo apariencia de lo real? ¿Sólo simulación? No exactamente. Se trata más bien de lo que Ehrenberg (1991) llama *ficciones realísticas*. Ficciones «realísticas» porque traducen el mundo de lo real en otra realidad, aunque de orden más leve.

El fútbol brinda al hincha la ocasión de jugar con ediciones miniaturizadas de la vida; representa el miedo, la aventura, la injusticia, la amenaza, pero sin la gravedad de verse arrollado por ellas. De hecho, la gran aportación del espectáculo deportivo no es la burda imitación de la vida sino su infantilizada reelaboración. Los espectadores son afectados por el suceso del campo, pero el suceso es infectado a su vez por los espectadores-niños. El suceso conmueve a los espectadores, pero los espectadores devuelven esa emoción convertida en una fiesta.

El fútbol se afianza, pues, como venial trasunto de la vida gracias sobre todo a que transforma sus remedos de la existencia en materia de entretenimiento y, con ello, neutraliza su perfil mortal. El show puede repetirse, pero la vida claro que no. La vida necesita de nosotros al completo para ser real, pero el show, en cuanto ficción, sólo necesita del pulso infantil. Un yo en miniatura.

El azar, la desigualdad, la adversidad, el individualismo, la cooperación, el arbitrio se proyectan dentro del campo de fútbol, y de ahí obtenemos la prueba de su verosimilitud. Su ventaja, sin embargo, es que no es la dura verdad. Sabe a verdad pero sólo como una prueba de que no nos engañamos totalmente. Lo recreativo no suplanta por completo a la realidad pero viene a hacerse un hueco en la experiencia. Así, en un partido de fútbol sentimos miedo o alborozo reales, aunque siempre dentro del ámbito del pasatiempo; del tiempo que pasa sin llevarnos irremediablemente con él. Se trata, en definitiva, de una ocasión perfecta para experimentar una vida que hiere pero que no mata, que produce dolor y no destruye, que inocula una solución y pueriliza. Se trata en fin de vivir como una clonación *realística* que recuerda el papel que cumplían los dobles de Sadam Husein. Una figura que puede morir en un magnicidio, pero que realmente no muere puesto que no es él. Es decir, el otro. Es decir, nadie.

La importancia económica del espectáculo deportivo se hizo posible con la llegada del capitalismo de ficción y primeramente en Estados Unidos. El modelo norteamericano contaba con la larga experiencia de Hollywood y de la televisión, la perspicacia infantil y la habilidad en la gestión del espectáculo, pero el deporte tiene a su favor, a diferencia del telefilme o el cine, que su drama se desarrolla sin guión previo, con procesos y desenlaces sin programación segura, como la vida misma. Este factor de «realidad» que lo acerca tanto al género de los *reality shows* no supo explotarse antes, pero hoy es su patrimonio supremo.

La NBA fue la primera organización que descubrió la gran fuente de energía económica del espectáculo deportivo, y el Manchester United –club de una ciudad industrial y protestante–, el primero que incorporó su marca al circuito del fútbol espectáculo. El Manchester United se convirtió en el club más valorado del mundo (con ingresos de 32.000 millones de pesetas en el año 2000, el doble que el Real Madrid) no siendo necesariamente el número uno en la escala deportiva. Comenzó su mística a partir del accidente aéreo de 1958 que costó la vida a sus jugadores más emblemáticos y logró la mitología romántica de los años sesenta gracias a George Best, el primer futbolista que cruzó la línea del césped para llegar a la cultura pop.

Actualmente la marca Man U (Manchester United) se ha extendido a un ketchup, ha bautizado osos de peluche, radios, ropa y hasta cafés con todo su *merchandising*. Lo nuevo precisamente ahora en el Real Madrid es que desde 2002, coincidiendo con su centenario, pasó decididamente a la economía del espectáculo. Hasta entonces el Real Madrid fue deudor de su historia, pero después ha pasado a presentarse como acreedor. Consecuentemente, el Real Madrid no juega sólo con su equipo, sino con la explotación de «la leyenda». Para ello necesita aprovisionarse de jugadores mito que realimenten la rentabilidad de la fantasía. Un Madrid que ganara sin jugadores mito podría agradar a la afición local pero es dudoso que mantuviera su cotización en el globo. Más bien, en competencia con otros grandes clubes, podría ir desgastando su rentabilidad al mismo compás que su leyenda. Su marca se resentiría y como efecto empezaría a vender menos o no vender lo suficiente para sobrevivir en el *show business*. El Bayern, el Milan, el Manchester, el Barcelona, el Real Madrid son marcas mundiales. «El Real Madrid es como Walt Disney pero todavía sin explotar», declaró Florentino Pérez a finales de 2001, y esta clase de explotación se manifestó desde la operación de Figo a la de Zidane y de Zidane a Ronaldo. La marca Real Madrid es ahora la primera del fútbol y la marca viene a ser capital en el valor de una empresa.

Efectivamente, un club de fútbol no se comporta de la misma manera que una sociedad estándar. Un club de fútbol es mucho más que una empresa cualquiera: es precisamente el sueño de cualquier firma que aspire a la máxima fidelización de su clientela. Así, el banco de inversiones Salomon Brothers, que en 1997 estudió la incorporación del espectáculo deportivo al mundo de los negocios, advirtió sobre la importante «relación irracional» que mantiene el hincha con su equipo, porque, asombrosamente para el mundo de la empresa, los resultados deportivos, a diferencia de los resultados financieros, no llegan a ser resolutorios en la lealtad de los socios. El Madrid, incluso en sus peores momentos, se ha mantenido líder de audiencia en la radio o en la televisión; Ferrari estuvo veintiún años sin ganar un título mundial, pero durante esta pobre travesía continuó siendo considerada entre los aficionados como la número uno.

Algunos estudios presentados en Londres con motivo de la asamblea sobre Corporate Governance of Professional Football (febrero de 1999) acuñaron la denominación de *fanequity* (acción-hincha) que sube o baja no sólo en función de los ingresos del club, por poderoso que sea, sino impulsado por variables como la pasión, la fe, la fabulación. La marca de un equipo es rigurosamente lo que Kevin Roberts, presidente mundial de Saatchi & Saatchi, llama *lovemark* (marca de amor), a cuya condición aspira la totalidad de los fabricantes. Significativamente un libro aparecido en Estados Unidos y dirigido a los empresarios audaces, *Peak Performance. Inspirational Business*

Lessons from the World's Top Sport Organization (2000), exponía los casos de clubes como los Bulls o el New York Yankees, el San Francisco 49ers o el Bayern de Munich como ejemplos de excelencia empresarial y faustos proveedores de vida. ¿Ficticia? El fútbol espectáculo es, en efecto, no solamente un espectáculo, sino una extraordinaria oportunidad para vivir «de mentira», fantasiosamente, en el tiempo marcado para sobrevivir. El hincha-niño se nutre de la gloria o las penas del club y el club toma en sus brazos el destino infantil del hincha. ¿Puede imaginarse una regresión más digna de ser televisada? ¿Más asimilable al *reality show?*

Justamente, la otra cara de esta alienación televisiva de sexo masculino son los *talk shows* y *reality shows* de interés especialmente femenino y que han proliferado en la televisión al compás de las transmisiones futbolísticas y deportivas en general. Mientras los hombres se trasladan a la realidad del partido, las mujeres cambian su realidad por la realidad de las peripecias que exponen los personajes de la prensa del corazón. En los dos casos se trata de *encuentros*: los equipos se enfrentan entre sí para que luzcan los avatares de una alegórica batalla por la vida, mientras en el plató los «famosos» se sitúan frente a si o frente a los entrevistadores cuya misión es hacer saltar chispas del corazón. En uno y otro supuesto no hay un guión preestablecido, y en la escena aparece el llanto, la ofensa, la desesperación, como nuestra de que la realidad se está produciendo allí mismo, en directo, «está pasando, lo estás viendo», como dice CNNT. Pero, además, la atracción del espectáculo radica no ya en el puro espectáculo de lo real, sino en la realidad misma «dando el espectáculo». De esta manera, los espectadores se sientan ante la pantalla no tanto para ver un espectáculo de verdad como para ver cómo la realidad se espectaculariza ante sus ojos.

¿Infantilismo? Es necesario un despojamiento de madurez para sentir la trascendente irrelevancia de un partido y es necesario, a su vez, un abandono en la banalidad para vivir con suficiente interés el suceso sentimental del «famoseo». Unos y otros públicos formaban antes parte de un subsector donde, en general, la poca instrucción favorecía sus adhesiones, pero ahora está dejando notoriamente de ser así y los millones de espectadores que atrae el fútbol o un programa del corazón traspasan los límites de cualquier sector. Titulados y tituladas superiores han dejado de sentir rubor por entretenerse con los pormenores del fútbol o la secuencia de los cotilleos. Ahora no sólo se autoriza a ser trivial sino que, en cierto sentido, una dosis de esta trivialidad añade un punto de actualidad, a la vez posmoderna y encantadora. «Estar al día» comporta hoy hallarse también al tanto de los programas populares en la televisión, porque vivir únicamente lo más selectivo denota un elitismo muy trasnochado. Lo posmoderno es la alineación deliberada, el posible disfrute de lo más común, el gusto por la película más chusca, los dibujos animados o el filme venenosamente malo.

En general, la sociedad se abastece de estos alimentos «alienantes» en grado cada vez más alto porque toda ella sigue en el indefectible proceso de probarse con identidades promiscuas y alternando el sabor de lo real. Antes, las fugas de la realidad parecían deserciones innobles, ahora, sin embargo, la ocasión de huir (del trabajo, de los deberes, de los problemas), los ensayos de cambio de identidad, la experiencia tanto de lo hermoso como de lo feo, de la alta calidad como de las basuras, se encuentran en el centro de la oferta vivencial.

2. El doble

RESIDUO CERO

Asombrosamente, la basura ha alcanzado un estatus difícil de predecir. Respecto a la basura nadie puede sentirse hoy indiferente; no puede depositarse donde se nos ocurra ni tampoco cuando nos convenga, no debe siquiera mezclarse como si fuera toda una, indiferenciada y sin meticulosa estimación. El mandato de no desperdiciar los desperdicios ha adquirido el nivel de un precepto inseparable del sistema presente, porque si antes la basura era cosa sin rango que debía evitarse al cruzar, ahora hay que tratarla cara a cara y como a un bien indiscutible. En los entornos de las ciudades surgen a ritmo apresurado plantas de reciclaje que se convierten en el orgullo del Estado, de la alcaldía y del ciudadano común. Pero, además, pronto quien lleve un coche, un vestido o unos complementos de materiales reciclados no dejará de hacerlo saber porque lo reciclado ha ganado un valor ético semejante a «lo natural» y lo «verdadero». Un valor moral en línea con la protección de las especies amenazadas, los maratones en beneficio de los pobres, y, en general, la conciencia social de la integración.

De diversas maneras, lo excrementicio se ha metamorfoseado en un admirable botín y desarrollamos ahora, con las escorias, un vínculo que recuerda la narración freudiana de la fase anal en la que el niño que ahora somos obtiene placer en sus juegos con el excremento. «El niño –escribía Freud en 1917– no experimenta repugnancia alguna por sus excrementos, a los que considera parte de su propio cuerpo, se separa de ellos contra su voluntad y los utiliza como primer regalo con el que distingue a aquellas personas a las que aprecia particularmente.» En ese tiempo infantil, los excrementos son el niño o del niño y sacarlos del cuerpo es una donación o una muestra de amor (como la entrega del semen en el amor adulto), que sólo se ofrece a los seres elegidos. Es decir, el excremento llega a ser para el niño lo que ha venido a ser para un puñado de marcas selectas como Home & Planet, Crate & Barrel o Restoration Hardware, que ofrecen artículos elaborados con chatarra, neumáticos gastados y trapos o para los diseñadores californianos George Hansen y Susan Deputy que promocionan una carísima línea de accesorios con la certificación de ser elaborados sólo con telas viejas.

Una fascinante (y pueril) aportación de estas piezas recicladas para el comercio de lujo es que son *exclusivas,* porque ninguna puede ser igual en su composición y en sus colores a la otra. Las bolsas Freitag de Suiza, confeccionadas con harapos y restos de lona, se venden muy bien gracias a que todas se diferencian claramente entre sí. La palabra *freitag* significa «viernes» en alemán, y unos grandes almacenes que vendieron otras de imitación fabricadas en China las llamaron Donnerstag (jueves) sin conseguir desbancar a las originales sencillamente porque no poseían la espontánea verdad del residuo. Las Freitag se venden actualmente incluso en las boutiques de los museos, como en el Museum of Contemporary Art (MOCA) de Los Ángeles, y su colección ha dado origen a un libro y a un pasmoso desarrollo en Internet (www.freitag.ch).

Un país, una moda, una empresa, una exposición de arte no parecen actuales si no se toman en serio la inmundicia. El diseñador belga Van Beirendonck, ahora en la cima, ha bautizado su segunda línea de ropa como Wild and Lethal Trash (Salvaje y Letal Basura), signo de que su pretensión vanguardista se encuentra justificada. Pero, también, cualquier empresa que pretenda ser respetada no pasará por alto las rebabas. Las campañas a favor del Tercer Mundo patrocinadas por las tabacaleras, las petroleras o las compañías electrónicas se corresponden, en términos estrictamente humanos, con la atención general dispensada hoy a la mierda. Igualmente, a escala municipal, pocas inspiraciones de cooperación ciudadana han obtenido mejor acogida que la ola de cuidado y respeto para lo que hasta hace poco era conceptuado como nauseabundo. La fe en el valor (material y espiritual) de la porquería y el detritus constituye una inédita y secreta edición de lo religioso, y el «caritarismo» es acaso una rama ideológica del mismo fenómeno.

En general, el presente vive una compulsión con el reciclaje como no se ha conocido nunca. Reciclaje del sexo en sus travestismos, reciclaje del conocimiento en la formación profesional, reciclaje de la diferencia en la igualación cultural, reciclaje de los márgenes para su adhesión al sistema. El cuerpo se recicla en los trasplantes o en la cirugía plástica, rehace sus defectos en las aplicaciones de las células madre, se reinvierte en la clonación total.

El reciclaje redime, neutraliza el hedor, deshace la mala vista, acaba con la fermentación revolucionaria o no. Gracias al reciclaje todo, lo bueno y lo nocivo, queda dentro del sistema y el sistema se encarga de hacer productiva hasta la repugnancia. Todo lo regurgita en su favor: las zonas del mundo donde se apila la basura humana se someten, a través de los medios de comunicación, las donaciones espectaculares de un magnate o la visita de una actriz, a un proceso que transforma la cochambre en cosecha. Cuando la hambruna llega y se desborda insoportablemente, acude enseguida la CNN, y, poco a poco, las escenas pasan desde las cadenas informativas a la MTV convertidas ya en materia apta para ilustrar los vídeos.

Gracias a lugares como Somalia, Ruanda, Burundi, Liberia o Etiopía, ricos en desdicha, el continente africano se ha revelado una inagotable cantera para el reciclaje, y así, de la misma manera que algunos centros del mundo se han hecho famosos paraísos para blanquear dinero negro, el continente negro constituye un formidable paraíso para blanquear el alma blanca. Ciertamente, todavía existen productos nacionales e individuales que no han podido ser reciclados por completo, pero lo acabarán siendo en cuanto la extensión del capitalismo global lo absorba. Es decir, cuando, de acuerdo con las recetas del Fondo Monetario Internacional y la OMC, asuman sus normas de limpieza y se sometan a los correspondientes tratamientos especializados. Si los cartones, las botellas o las latas ya no se abandonan a su suerte, ¿cómo no iban a rescatarse compuestos de carne y hueso, virtualmente más ricos en casi todo?

Tras haberse acumulado durante las dos últimas décadas un granel de males y fraudes inasumibles, nos hallamos ante una mugre inmensa que es preciso depurar.

Blanqueo, pues, urgente de los desfalcos políticos y financieros, del dinero negro y de la corrupción. El siglo que, antes de Irak, empezó con el ataque terrorista a Estados Unidos y las superestafas de Enron o WorldCom, autoproclama la necesidad de una extraordinaria operación para el lavado de cara, tanto mediante los nuevos códigos éticos sobre la responsabilidad social de las empresas como a través de las diversas metáforas de la limpieza productiva en el capitalismo de ficción, la guerra con la ONU como tintorería legal incluida.

En sectores de la alta tecnología, adalid de la redención humana, se trabaja hoy en la llamada «ecología industrial», implantada de forma pionera en algunos parques tecnológicos de Dinamarca o Alemania. En estos recintos, se agrupan empresas que valoran recíproca y meticulosamente sus restos de manera que los desechos de una factoría son la materia prima de la otra y, más tarde, de la otra; así hasta la eliminación total. Un anuncio en los periódicos europeos de la firma BASF (artículos químicos, plásticos y fibras, colorantes y productos de acabado, salud y alimentación, petróleo y gas) en mayo de 2001 mostraba a dos ejecutivos con corbata y maletín hundiendo sus cabezas en un cubo de basura. «¿Tú crees que los residuos pueden convertirse en oro?», interrogaba uno. Y el colega contestaba: «Pregúntale a BASF. Ellos utilizan los suyos como si fuesen una valiosa materia prima... Así es como funciona el Centro Integrado de Producción de nuestra central de Ludwigshafen. Allí, los residuos de cada una de nuestras 350 plantas sirven a las otras como materias primas y vuelven así al circuito de producción.»

Es decir, se alimentan con sus heces, metabolizan sus

deposiciones, retienen sus excrementos. Dentro de su Centro Integrado de Producción, donde se atiende, bajo el mismo emblema, el Gas y la Salud, la Alimentación y los Plásticos, culmina la indistinción entre el bien y el mal, lo nutriente y lo tóxico, lo hecho y el desecho. Así se comporta, precisamente, la naturaleza en cuyo funcionamiento no hay residuo alguno, puesto que todo se transforma y obtiene valor. Actuar empresarialmente de este modo, a imagen y semejanza de la madre naturaleza, es el supremo exponente de la nueva legitimación capitalista en los tiempos de máxima corrupción. *What We Learned in the Rainforest: Business Lesson from Nature* (1997), bestseller en Estados Unidos, es un libro de Tachi Kiuchi (director de Mitsubishi Electric) y Bill Shireman (ecologista, presidente de Future 500) en el que se deja claro que la economía del siglo XXI deberá inspirarse en las mismas estrategias empresariales que el planeta Tierra. Coca-Cola, Intel, Nike, Ford, DuPont, 3M o Hewlett-Packard –dicen los autores– han seguido ya las pautas de la naturaleza en sus producciones. Doug Daft, directivo de Coca-Cola, por ejemplo, comprendió la riqueza de la biodiversidad en la Amazonia y decidió lanzar hasta 150 clases de refrescos. Los de Intel entendieron que el ahorro de energía era condición esencial en los mamíferos y han venido reduciendo el tamaño de sus procesadores; los Dow Chemical o DuPont interpretaron el secreto radical de la biosfera y ensayaron la utopía del desecho cero. Contra la idea de que lo natural limita y las normas ecológicas contradicen los beneficios de las sociedades, nace este sistema de producción numénico. Gracias a él, la empresa no se distingue de un crustáceo, la productividad no se diferencia de la energía del agua, la especulación recuerda la estrategia de los movimientos geológicos, el capitalismo no discrepa del proceder natural.

En este nuevo sistema, cada vez más «natural», se fabrican hoy telas que se pueden llegar a comer, edificios que generan más energía de la que consumen, fábricas antes hediondas que dispensan aguas cristalinas. ¿Una exorcización del mal, de la explotación, de las plusvalías? La inauguración de la muestra («The Next Industrial Revolution») en el Museo Guggenheim de Nueva York a principios de 2002, con obras de los profetas ecologistas Michael Braungart y William McDonough, adoptó los caracteres de una religión zen porque la próxima revolución industrial se hará según ese parecer místico, una vez que el capitalismo, ahora invisible, siente las bases de la pulcritud y la transparencia extremas.

En La Coruña funciona desde enero de 2002 una planta de tratamiento que convierte los residuos en electricidad y, además, sin quemarlos. Las horruras se transforman en luz, lo fosco en claridad, lo más lóbrego en alumbrado. Las 22.000 farolas de la ciudad de La Coruña brindan la pureza de su encendido y no dejan nada atrás. Gracias al reciclaje ningún producto se fabrica para el despilfarro. Incluso la guerra de Irak se presentó como una acción de purificación que transformaría la execrable dictadura de Sadam Husein en una democracia soleada.

Mediante la ideología del reciclaje, todos los pecados se lavan, toda la putrefacción se convierte en abono, todo progresa al modo de la destrucción/construcción shumpeteriana. Frente al capitalismo que llenaba el mundo de zurullos humanos y no humanos, este capitalismo actúa y no deja manchas. Gracias a las nuevas técnicas desaparece la lacra de la explotación y el remordimiento también del consumismo despilfarrador. Todo lo producido podrá volver por fin a la producción, reproducirse sin fin.

El mundo no se malgasta, ni se perjudica: no va supuestamente desfalleciendo en un proceso de entropía sino que cumple, gracias al capitalismo de ficción, con la orden de una eternidad diáfana, una humanidad sin pestilencias. Todo lo que produce sirve para producir más, todo lo que se deposita en las manos del sistema mejora lo preexistente. El capitalismo de ficción viene a cuajar el aparente milagro de la otra humanidad posible. ¿Cómo no amar, en suma, un sistema que tras haber sido criminal, contaminador, devastador, viene a transformar la escoria en decoración, las heces en luces, la historia en un presente sin las sombras de la muerte?

RETROVISIÓN, RESURRECCIÓN

El revival en la ropa o en los coches, la rehabilitación de edificios, la recuperación de perfumes y sabores son una continuación del reciclaje. Los comienzos del siglo XX se mostraron entusiasmados y ansiosos por abrazarse al porvenir, pero el inicio del siglo XXI ha coincidido con el terror y nadie quiere viajar más lejos. La entrada al siglo XX fue optimista y proyectiva, poblada de motores de explosión y sones revolucionarios, artistas subversivos y especialistas del superego, todo ello animado por las luces eléctricas, las radios y el cine de auténtico estreno. La idea del progreso, nacida a finales del siglo XVII, adquirió entonces, en el cruce al siglo XX, una de sus cimas hasta que, décadas después, en los años setenta del siglo XX, sobrevenida la crisis del petróleo y los límites del crecimiento del Club de Roma, Occidente temió al futuro.

¿Deseos de vivir más allá? Más bien, los últimos años se han comportado como si la historia se hubiera atascado entre sus grandes sucesos y hubiera empezado a revivir los acontecimientos pasados: el nacionalismo, el racismo, las luchas étnico-religiosas, la amenaza nuclear, el virus del Nilo, los anarquistas, la guerra de Irak, han regresado en forma de secuencias ya vistas. El conflicto en la antigua Yugoslavia brotó como una vieja cepa de la Segunda Guerra Mundial y el resurgir de grupos y partidos nacionalistas vino a esbozar una retrospectiva hacia el corazón del siglo XX. El pasado ha sido también recurrente en Sudáfrica tras el fin del apartheid con la Truth and Reconciliation Commission, se ha hecho presente en Ruanda y Nigeria, ha dinamizado los debates australianos en torno a la «generación perdida», se ha entrometido en las relaciones entre Japón, China y Corea, ha marcado el discurso sobre los «desaparecidos» en sociedades posdictatoriales y ha regresado en forma de populismo en Italia, Venezuela, Francia o Estados Unidos. Finalmente, la guerra de Irak de 2003, donde algunos han querido ver una típica guerra colonial, generó en el camino hacia Bagdad circunstancias que evocaban el asedio nazi a Stalingrado, así como la feroz resistencia de los fedayines recordaba la ofensiva Tet del vietcong. Pero incluso las protestas antiglobalización de Seattle, Washington, Praga o Florencia se encuentran en manos de agitadores (Silvia Hart, John Zerzan, Paul Dresdan, José Bové) que proceden de los tiempos de Jack Kerouac, Allen Ginsberg o Malcolm Lowry y en sus manifestaciones ondean banderas con la estampa del Che y música de John Lenon.

Mucho de lo que presenciamos tiende a ser un *déjà-vu*, una siniestra reedición de lo mismo una vez que no parece alzarse un horizonte superador. De hecho, en lugar de los anteriores «ismos» que hacían alusión a movimientos o deslizamientos progresivos desde una matriz, vivimos la época de los «posts», el punto crítico donde la capacidad de evolución parece haber cesado y lo imperante no es un producto nuevo sino una extraña duplicación de lo antiguo o un enfermo aplazamiento de la defunción.

El presente se hace presente a través del pasado y el pasado se hace presente en una cacofonía, tal como si una posible novedad nos acercara al abismo y cualquier amago de fractura pudiera acabar con la fragilidad de nuestra condición. El nexo que nos une a nuestra circunstancia es tan débil o poco comprometido que apenas nos arraigamos, atemorizados por el terrorismo de lo desconocido. Secuela de películas, restauración de edificios, recomposición quirúrgica, implantes, injertos, modas de hace años, *vintages*.

Las celebraciones, las conmemoraciones de aniversarios, el auge de la novela histórica, el gusto por lo clásico y lo básico, los tomos de obras completas, el renacer de las tradiciones y folklores, la revalorización de la gastronomía casera, la peregrinación, la mayor compra de antigüedades repiten la complacencia en el pretérito. Entre hombres ha crecido la venta de plumas estilográficas de modelos clásicos (Parker, Waterman, Montblanc, Dunhill, Dupont) y se ha disparado la compra de puros, mientras las mujeres han vuelto a los bolsos de Grace Kelly y ha regresado Audrey Hepburn anunciando Longines, con el pañuelo en la cabeza de *Vacaciones en Roma*.

Sin apenas excepción, las marcas han descubierto un filón resucitando sus piezas y reproduciéndolas como una oferta estelar. A la recuperación general de los zapatos de boxeador y ciclista de los años sesenta, Adidas ha añadido los viejos modelos Originals, Prajna y Kopenhagen, Puma ha recuperado el patrón King, y Nike se ha venido a aliar con las hormas cuadradas reeditando su modelo Air Jordan.

En los automóviles, los pocos intentos futuristas de Renault o Cadillac han tenido dificultades, mientras el éxito ha sido para la reelaboración del Beetle de los años cuarenta y el microbús de Volkswagen, ahora llamado Samba. También ha triunfado el nuevo Mini con BMW y el Z con Nissan, ha sido comercializado el Audi TT o el BMW Z8 con caracteres retrospectivos. Para Europa, Jaguar ha rememorado, con el S-Type, las líneas del MK-II, y con su F-Type las del modelo E, ambos con más de medio siglo encima. Por añadidura, han emergido marcas perdidas y musealizadas como el automóvil Hispano Suiza con su prototipo HS-21, el gigantesco Maybach por Mercedes (6,16 metros de longitud, 12 cilindros, 550 caballos) de hace sesenta años, más el Sixteen (1.000 caballos, 16 cilindros, 5,67 metros) de Cadillac, que rescata el Caddys de los gángsters, los presidentes y las actrices de los años treinta. En cuanto a las motocicletas, The Indian Motorcycle Company, que cerró en 1953, proyecta volver al mercado para seguir la carrera de Harley-Davidson, que de hallarse prácticamente muerta en los setenta, poseía en 2002 el 27 % del mercado mundial de motocicletas.

«Lo retro hace furor», dicen las revistas, y los hoteles de mayor categoría se revisten del glamour de la antigüedad. El Ritz Carlton (en Naples, Florida) reforzó sus vínculos con el pasado invirtiendo más de 2 millones de dólares en óleos, alfombras persas y candelabros del siglo XIX en el momento en que tuvo que «actualizarse». El legendario Raffles Hotel de Singapur gastó a comienzos de los años noventa más de 100 millones de dólares tratando de captar la atmósfera de los primeros años del siglo XX cuando fue residencia de Somerset Maugham, Rudyard Kipling o Noel Coward; el Hotel Queen Mary, ahora de Disney, ha rehecho su añeja sala de baile y los superhoteles del Savoy Group y CIGA no han dudado en solicitar a los arquitectos un ambiente de hace cien años.

El grito juvenil *Now!* de los años sesenta y setenta, reclamando la revolución ¡ahora!, la revolución política o la revolución sexual inmediatamente, denotaba apremio por dar un salto, pero hoy lo que gusta es pasear alrededor. El presente coquetea con el pasado, mezcla lo más dispar, reforma lo conocido, produce «posts». Las vanguardias del siglo XX propugnaban algo no visto, pero hoy impera un amor dulce por lo embalsamado y el aroma antecedente. Perfumes que hasta hace poco eran usados por personas de edad, como Narciso Negro de Caron o Joy de Patou o Le Dix de Balenciaga, son demandados por jóvenes en la «vanguardia» de la moda y ha renacido incluso el interés por esencias de principios del siglo XIX.

Herman Lübbe ha llamado «musealización» a la ideología temporal de nuestra época y no sólo por la manía de inaugurar museos. Alguna nostalgia del pasado ha existido en todas las épocas, pero mientras la memoración progresista suponía una consideración de la historia como proceso y fuerza creadora, hoy sólo se trata de una memoración retórica. Por un lado, la historia que se evoca suele ser una historia relativamente reciente, no la historia profunda; por otro, el uso que viene a hacerse del pasado es equivalente al que se haría de un muestrario de artículos listos para satisfacer la heterogénea demanda de la clientela. En los rescates de la arquitectura o de la pintura, por ejemplo, no se busca ensanchar la visión artística ni establecer ningún diálogo crítico con la experiencia anterior, sólo se intenta obtener elementos de aquí y de allá para brindar una miscelánea de entretenimientos. El mundo occidental está colmado de medios pero desertizado de fines. Como consecuencia, la exhumación ha dejado de ser un instrumento para cualquier subversión y vale sólo para la preservación: su objetivo no es inquietar sino amenizar. El revival es hoy, en suma, un festival a cuya luz todo, el presente y el pasado, esto o aquello, son factores sin pertenencia. Puede jugarse con ellos, manosearse, manipularse o trocearse, sin que ocurra nada. Se trata, pues, de un *entertainment,* de un *e-factor* en un momento en que ha desaparecido la gravedad del valor y su condición se esparce sin peso en un repertorio disponible para cualquier ceremonia: desde los espectáculos papales a las ferias gay, desde las procesiones de Semana Santa a los bailes funk en las favelas.

En la pupila de este frívolo revival cabe cualquier motivo como base para ser procesado en espectáculo; reciclado hasta llevar el componente de su cultura o de su tiempo a un residuo igual a cero. Con tal estrategia, la historia queda purgada de tragedia, y el devenir, eximido de proyecto, puesto que no hay, en su simulación, origen ni fin determinados. Todo son relámpagos de actualidad, tendencias o artículos de moda, desprendidos de cualquier raíz, listos para circular sin fin hacia delante y hacia atrás como enseña el lenguaje de la pasarela.

Las firmas Prada, Dell'Acqua y Miu Miu proponían en su colección de invierno 2000-2001 la silueta de la mujer fatal y masculinizada a lo Joan Crawford, pero Chanel, Celine o Ferreti se inspiraban en la figura de Kim Novak de los años cincuenta, Valentino seleccionaba la figura de Jackie Onassis de los sesenta, mientras Moschino o Bottega Veneta presentaron modelos con lentejuelas, calzadas con botas y tocadas con fedoras de los setenta. «Sofisticada ironía y extravagante superficialidad», anotaba *Marie Claire* en octubre de 2000. El presente se compone como un caleidoscopio, fragmentado y cambiante, mientras la historia resulta ser un mercadillo planetario con sus curiosidades, sus extravagancias, sus flirts. Al cabo, la «modernidad líquida» es todo esto: la desaparición de los Grandes Proyectos sociales o humanos y su reemplazo por una metralla de accidentes, réplicas e historietas.

COPIA TOTAL

A lo largo del planeta, la venta de discos pirata representaba, en 2002, casi la tercera parte del mercado, el doble que dos años antes. Si esta tasa de aumento se mantuviera, lo que no parece improbable, pronto habría más discos pirata que originales, y si prosiguieran las copias de las primeras copias, la propagación de la industria falsa y la copiada de lo falso sería tan amplia que se alzaría como la decisiva realidad. Tanto la revista *Wired,* en junio de 2002, como la Sociedad General de Autores de España, en octubre del mismo año, confirmaron la perversa paradoja de que cuantas más copias se hacen, más crece la producción discográfica, tal como si dentro del sistema discográfico se hubiera anulado la apoptosis o programa encargado de frenar la vida celular, y los discos se hubieran entregado al desvarío canceroso de anhelar ser copiados y copiados hasta la falsificación infinita. De esa manera, la copia, reproducida sin límite, confundida con el todo, ilimitadamente extendida en la red mediante *sites* fantasmas como KaZaA, perdería su sentido y los piratas de la música, sin origen ya, cubrirían un campo colmado de música «ambiental». Música sin autoría, transformada en ecología, ocupando sin ley el espacio como han comenzado a lograr las *chain gang*, copias pirata desplegadas en una cadena de bandas planetarias. Con ello desaparecerían los antiguos «espacios musicales» en las emisoras, y de la misma manera que en el revival se disipa la historia, en la copia se disiparía el original. Porque si el revival es como una copia del pasado, la copia es como un revival de su original. Ambos prolongan artificialmente la vida: resucitan el original en su forma espectral. Prolongan en el clon la vida del modelo hasta el punto en que, situados uno frente al otro, el primero y el segundo, quede anulado el tiempo, eliminada la diferencia, abolida la finalidad.

Las autoridades chinas siempre han actuado con lenidad en la persecución de la piratería sobre productos occidentales, pero ahora esa tolerancia ha revertido en la misma occidentalización de China. Es decir, no se trata ya de que la ropa o los aparatos occidentales se copien, sino de que la misma cultura capitalista se ha copiado en la organización social. ¿Un contagio anticomunista? Las autoridades son las primeras en callar, temiendo a la vez ser copiadas popularmente tal como Deng Xiaoping copió a los jerarcas occidentales o como Jiang Zemin recicló en 2002 a sus élites capitalistas en «capitalistas rojos».

Copiar o falsificar la tecnología, la moda, los libros, las páginas web, las drogas, es la constante de nuestro tiempo. Uno de cada cuatro estadounidenses mayores de doce años posee una copiadora de CD y una de cada dos personas descarga archivos musicales de la web, pero incluso Sotheby's subastó piezas falsas durante los últimos años y, como consecuencia, sembró el virus de su patraña y extendió la duda sobre la verdad de todas las cosas. Desde los Kellogg's a los lubricantes Shell, desde las Gillettes a la cerveza Budweiser, todo se fusila. Se han producido falsificaciones de fertilizantes y medicamentos con graves perjuicios y se han gestado niños indeseados con píldoras anticonceptivas falsas en una incontenible dinámica de la «reproducción».

La Unión Europea interceptó cerca de 95 millones de productos falsos en 2001 entre juguetes, alcohol, música, material deportivo, preservativos, insecticidas, ordenadores, electrodomésticos, medicamentos y softwares para diseñar misiles para la NASA. La firma Rouse & Co International, número uno en investigación y desmantelamiento de falsificadores, se ha declarado impotente para contener una proliferación que desborda a la policía, a los legisladores y a los jueces. «Las mafias –decía el informe de la Unión Europea en 2001– ya no falsifican únicamente los artículos y los productos de lujo. Ahora la falsificación afecta a cualquier sector.» Lo falso planea en un mundo donde se conjura con lo verdadero hasta deshacer la consistencia de lo real. En el colmo, dentro de la India, sin leyes que garanticen la protección del original, buena parte de los cosméticos, desde L'Oréal a Estée Lauder, son falsos. Es decir, falsifican la apariencia de la apariencia, mimetizan la cosmética en una cosmética de la cosmética, crean un *look* falso que altere, la maquinación del *look*. Pero falsifican en su extremosidad no ya las mercancías sino sus referentes de verdad formal: los estuches, los envoltorios, los códigos de barras, los certificados de garantía.

En Nueva Delhi, una de las más conocidas agencias de detectives contra falsificaciones se llama Phantom's Transworld Secret Service porque el mundo se encuentra traspasado de una fantasmagoría procedente del complot entre el ser y su doble, la imagen y su espejismo, la pandemia de una segunda realidad tan acelerada que a veces supera la velocidad de lo supuestamente auténtico. Así, el

7 de marzo de 2000 se ponía a la venta en Hanoi el Windows 2000, pero los usuarios vietnamitas contaban con él desde tres meses antes gracias a las ediciones pirata. Al original le correspondía antes, como parte de su naturaleza, el punto uno de la cadena, pero ¿qué decir cuando la falsificación lo rebasa? ¿Cómo interpretar que el poderoso sello discográfico Emi, después de años de lucha contra la marca pirata Diva –hoy Marcal Records–, optara por asociarse con ella e introducir en su catálogo de productos «originales» los productos «copiados»?

¿El original? De la misma manera que la imagen en el cine, en la fotografía o en Internet carece de original y aparece ex novo como copia, la producción general tiende a mostrarse como un fenómeno disperso donde la autenticidad de lo primario pierde sentido y se inaugura otro patrón de verdad, un magma del patrón de valor. En el arte, la fotografía y el cine fueron los primeros en alumbrar un original que resultaba inseparable de su copia, pero ahora cualquier imagen digital puede seguir con mayor razón este camino. A fin de cuentas todavía, en la fotografía o en el cine con métodos tradicionales, las copias de las copias iban perdiendo calidad, pero en el sistema digital la reproducción es indistinguible: posee el mismo lenguaje binario, nace siempre original de un lenguaje tan básico que se confunde con la dicotomía primitiva. En el *net-art* es insensato, como dice José Luis Brea, preguntarse si lo que vemos es la obra o su reproducción: la obra «está» exactamente en el lugar de su distribución, en nuestra pantalla de ordenador y en el caché de su memoria en el momento mismo en que la vemos. El *net-art* es literalmente «utópico» (lo que no acontece en lugar alguno); se da en una multiplicidad de espacios donde no se distingue la diferencia entre el «original» y la «reproducción», sino que la propia obra se gesta precisamente en su propagación binómica. Se calca en su única huella *digital;* se produce por su reproducción.

Se haría necesario hoy robar en las viejas parroquias de Checoslovaquia o de Italia, en los oscuros conventos portugueses o españoles, para llegar –nominalmente– al original-original y extraerlo así de los brazos de la falsificación. Las altas técnicas de reproducción actual pueden lograr todo el efecto de verdad en texturas, en matices, en colores, y reconvertir lo verdadero en falso tanto como lo falso en verdadero. Que una de las obras sea insigne y se tenga por cara o carísima so pretexto de que sea única pierde sentido ante la ironía de su copia fácil. Probablemente existen cuadros cuya composición o disposición matérica hagan cara su reproducción, pero nunca más cara que la compra del original, y jamás imposible. Pero, además, atendiendo a gran parte de lo que se esculpe y pinta actualmente, ¿cuántos miles de cuadros y volúmenes, desde el minimalismo al conceptualismo, no son reproducibles a bajo precio? ¿Qué significado tiene hoy hablar de cosa única cuando la creación se ha reciclado en producción? Así, el obsesivo desarrollo y multiplicación de los museos podría interpretarse como un síntoma compulsivo frente a la imposibilidad de anclar la obra a un lugar determinado.

En el capitalismo de ficción el paroxismo democrático (la reproducción de la democracia en falsas copias) ha llevado a la paradoja de que el aura de la obra de arte no proceda de su unicidad y fijación sino, por el contrario, de que se encuentre masivamente difundida. La obra gana «aura» en proporción al número de copias que se difunden, y el autor de música, cine o pintura acumula predicamento a medida que sus obras se extienden por los medios de comunicación, por las salas de conciertos, por los *shopping centers*. Su valor crece en proporción a las copias, como si cada una constituyera una unidad de cuenta, de modo que una obra de arte es hoy tanto más mítica cuanto más se introduzca en la cotidianidad, como al final ha ocurrido con los cuadros de Miró, de Velázquez, de Picasso, los Kandinsky o los Mondrian que decoran las salas de espera. El sistema de la pintura o la escultura sigue conservando, como propaganda, los cuentos de la época preindustrial y sus aromas sagrados son poco más que un oscurantista olor. De hecho, la línea divisoria que mantiene hoy al artista como un chamán no se encuentra en el arte, sino en el artificio de la idea de arte y en el latente prejuicio antiindustrial, ahora abatido en todos los frentes.

La copia, sin embargo, se erige parte sustantiva del nuevo capitalismo de ficción, donde el poder aparece difuso, tan difícil de combatir como una metástasis y salvado de la muerte mediante el recurso a la clonación; siendo la clonación, a su vez, otro tipo de cáncer, el gran expediente ideado para sobrevivir eternamente como las células del tumor.

Al capitalismo de consumo ha sucedido un nuevo capitalismo de «consuno», un capitalismo que pacta y se clona con la oposición en todos los campos. El capitalismo se ha reblandecido para sobrevivir, adopta cualquier morfología genética, proclama la ductilidad y la flexibilidad (en las inversiones, en los empleos, en los modelos) y se acopla, mediante sondeos, a los deseos orgánicos del consumidor. A la imagen de la rivalidad (simétrica) ha sucedido una faz que se expande en el espejo y prospera en el juego de la especulación.

Lo singular, lo original (el pecado original) nos mata, pero la copia, la clonación, la especulación elude la ruina. La copia no crea nada distinto y en vez de hacer crecer una nueva realidad tiende a convertir la realidad preexistente en una flotante vibración: fluctuaciones, oscilaciones, espejos de lo existente para inducir el sinfín de la dúplica, la versión pirata como la forma patológica, vírica de la democratización. Con una ventaja decisiva: el aura del original, en el capitalismo de producción, es de naturaleza heroica y, por lo tanto, muere. Pero la copia es espectral y no perece. Al *kaputt* de los tiempos disciplinarios de Foucault sucede el *copycat;* a la vieja policía sigue el *voyeur;* a la verdad la sustituye lo verosímil.

DEMOCRACIAS PIRATA

La democracia ha dejado de ser una conquista difícil de alcanzar. De los 192 países que componían el mundo en 2001, 121 fueron considerados por Freedom House «democracias electorales», mientras que diez años antes eran sólo 76. Desde la caída del Muro de Berlín, apenas hay nuevo régimen que no presuma de libertades democráticas y, por primera vez en la historia, la población que vive en países autodefinidos como democráticos supera a la mitad de la humanidad. Sin embargo, una cosa es que las recientes democracias sean «electorales» y otra que disfruten de la necesaria calidad institucional; una cosa es que sean democracias auténticas y otra que se trate de democracias pirata, elaboradas bajo la corriente mundial de homogenización y la liquidación de barreras ideológicas.

Durante los últimos quince años, la democracia ha viajado por el Este comunista, por zonas desvalorizadas del Tercer Mundo y por países que han crecido mucho en los regazos del capital internacional, pero la impresión es que esos sistemas se han revestido con meros disfraces o atuendos democráticos de usar y tirar. Ni México, ni Venezuela ni Indonesia, formalmente naciones democráticas, poseían en 2003 las necesarias condiciones de una democracia, pero existen países, además, como Haití y Zimbabue, la Rusia de Putin, la Malasia de Mahatir Mohamad, que han sido productos democráticos de pega.

Las democracias proliferan, en fin, por todo el mundo, pero, al mismo tiempo, como los ejemplares de piscifactoría, pierden buena parte de su sabor, porque de la misma manera que se blanquean los capitales corruptos para incorporarse al fluir oficial, se decoloran los regímenes políticos para ingresar en el laxo club del comercio integrado. Bajo estas debilitadas condiciones pocos son hoy los gobernantes que no aspiran a pasar por demócratas, sea esto lo que quiera que sea. En la última década, desde el Pacífico a América Latina, numerosas naciones han sido aceptadas como demócratas no porque cumplieran rigurosamente con la Declaración de los Derechos Humanos, sino con los dictámenes del Fondo Monetario Internacional y el Banco Mundial. Ahora un gobierno se regenera si cumple con el programa de lavado que dictan estas instituciones, y a menudo tal lavado consiste en recetas de política económica que se reflejan en el empobrecimiento de los más pobres y en el aumento del poder del capital. Esto sin contar con que Estados Unidos, por sí solo, se haya adjudicado el papel de instaurar «democracias» aquí y allá como si inoculara una dosis de farmacología política y a modo de las inyecciones de «Botox», la toxina botulínica, marcara el mundo a su antojo, sin importar la justicia y la equidad.

Ciertamente, los ejemplos de iniquidad capitalista no han faltado nunca, pero hasta hace treinta años el sistema democrático era lo bastante fuerte para establecer algunos frenos. Ahora, sin embargo, ya no parece que sea así. La desigualdad persiste o se acrecienta con la «nueva» democracia y, con no poca frecuencia, los representantes políticos se hacen cómplices de delitos económicos y grandes estafas. «La causa real de los fraudes contables de las corporaciones en América no es otra que la falta de acción de las instituciones democráticas», escribía Benjamin R. Barber, profesor de filosofía política en la Universidad de Maryland (*New York Times,* 20 de julio de 2002).

El arrollador protagonismo concedido al mercado por el neoliberalismo ha paralizado numerosos instrumentos de vigilancia estatal, y entre los ciudadanos ha crecido la sensación de que el sistema democrático se encuentra agujereado o poblado de trucos que permiten a los mandamases hacer y deshacer a voluntad. Como consecuencia, la emoción que despertaba la democracia hace medio siglo, tanto en Estados Unidos como en Francia o en España, ha decaído considerablemente y se trata más bien ahora de buscarse cada cual la vida dentro de una organización cada vez menos inclinada a favorecer la igualdad, la justicia y el bienestar colectivo. Los casos de corrupción de políticos, magistrados y empresarios, la colusión entre intereses políticos y económicos de las élites, han provocado una gran desconfianza en los líderes, pero también en los medios de comunicación que antes actuaban como contrapeso. Los periodistas en Estados Unidos han pasado ya a llamarse *media workers,* queriendo designar una dedicación no volcada en la información veraz sino en cualquier actividad relacionada con el negocio de los grandes grupos multimedia.

«No cabe duda –escribía el profesor Gurutz Jáuregui– de que en los últimos años se ha producido un extraordinario aumento del número de los Estados formalmente democráticos respecto a épocas anteriores. Lo que ya resulta más dudoso es que el hecho de que haya aumentado el número de Estados democráticos haya significado, en realidad, un avance de la democracia» *(Claves*, enero-febrero de 2000, n.º 99). Pero además, el más reciente colapso de los regímenes autoritarios ha venido facilitado no sólo por la superioridad de los regímenes democráticos liberales, sino también –y esto es decisivo– «por el progresivo autoritarismo en el que han caído los Estados democráticos liberales». No se trata por tanto de un viaje en una sola dirección, sino de un nuevo abrazo protervo. Porque efectivamente, los problemas actuales de la democracia no provienen sólo de los sistemas autoritarios, sino también de la propia democracia liberal incluso en los países donde lleva más años de arraigo. De hecho ¿qué pensar de Haider en Austria, de Berlusconi-Fini-Bossi en Italia, de Le Pen en Francia, de Pim Fortuny en Holanda, de George W. Bush en Estados Unidos? Pero, también, ¿dónde se encuentran los intelectuales y artistas que antes peleaban convencidos de que la democracia era el sistema de la equidad, de la justicia, de la cultura mejor? En la actualidad, la democratización cultural en forma de cultura de masas ha propagado un nivel indigno. Pero también más democratización en la enseñanza o en la política ha llevado a un punto de degradación que ha defraudado las aspiraciones de hace medio siglo. A la democratización de la cultura ha correspondido el éxito de la mediocridad, a la libertad de partidos ha sucedido el bipartidismo indiferente, a la proliferación acelerada de las universidades una calidad paupérrima. Todos, al fin, con su divulgación han pasado a convertirse en pésimas ediciones. O, en suma, la falaz extensión de la democracia, la vana democratización de la democracia, ha derivado en una inesperada enfermedad crónica de la democracia.

La démocratie contre elle-même es el título que publicó Marcel Gauchet (2002), director de estudios en la École des Hautes Études de París, en el que se expone la paradoja del régimen democrático que, precisamente cuando más triunfa en el mundo, sufre el desengaño de no atraer a la política más que a «inconscientes o cínicos completos». «Por una democracia de calidad» fue el título de un manifiesto que se publicó en *El País* (24 de enero de 1999) firmado por Manuel Gutiérrez Aragón y once intelectuales más ante las elecciones generales de 2000 y a propósito de su deterioro. ¿Fin, pues, de la democracia real?

Después de la democracia (2002) titulaba su último libro Ralf Dahrendorf, director de la London School of Economics, para expresar su propio desaliento ante las instituciones representativas, ahora depauperadas por el traslado de decisiones desde los Estados-nación a las organizaciones internacionales. «Siento una pizca de tristeza y nostalgia por un mundo que ya no existe», dice. La democracia sobrevive pero parece que no respira bien. O bien: el cuerpo se embellece formalmente pero no es la democracia sana que lo sostiene.

Hace tiempo que todos somos conscientes de que los patrones del mundo no son tanto los personajes políticos representativos como los grandes hombres de empresa. En el foro de Davos reunido en Nueva York en 2002, una de las mesas redondas llevaba por título «The CEO as a Stateman» (El consejero delegado como hombre de Estado), porque, en efecto, ellos son quienes deciden en buena medida el destino de un país o de un puñado de países como «hombres de Estado». En los años setenta, cuando se votaba, se votaba a candidatos políticos que tenían capacidad para intervenir en el ámbito financiero y monetario. Hoy, sin embargo, en el capitalismo de ficción, el perímetro de la democracia política ha disminuido y se ha ensanchado, a su alrededor, el imperio económico como una célula superior.

Entre los 50 hombres más influyentes del planeta, según *Forbes*, no aparece hoy ningún jefe de Estado o de Gobierno, sino tan sólo hombres de multiempresas que toman decisiones sin someterlas a ningún parlamento o consulta popular. El último informe del siglo XX del Programa de las Naciones Unidas para el Desarrollo (PNUD) dibujaba, a nivel mundial, un retrato sobre la actual vigencia de los emblemas de *egalité, liberté* y *fraternité*.

¿Igualdad? En los países occidentales, la desigualdad de rentas no cesa de crecer desde hace una década. Espectacularmente, la suma de las fortunas de las tres personas más ricas del planeta es superior a la producción anual de los 48 países más pobres de la Tierra y las 88 familias más acaudaladas ostentan tanto patrimonio como todos los chinos juntos.

Estos amos del mundo, estos «señores del aire» que dice Javier Echeverría, nos sobrevuelan como supermanes y nosotros somos, en la sociedad mediática, los telesúbditos de sus infofeudos. En 1999, las 200 sociedades de mayor capitalización bursátil superaban la suma del producto interior bruto de 150 naciones y las diez multinacionales más importantes, en cada sector, controlaban el 86 % de las telecomunicaciones, el 70 % de los ordenadores, el 85 % de los fertilizantes. Congruentemente, los consejos de administración de esas compañías ejercen mucho más poder que numerosos jefes de Estado, pero incluso más que sus eventuales coaliciones.

¿Libertad? No es preciso referirse a las censuras que reaparecen hasta en Francia; la reducción de las libertades y del derecho a la privacidad ha sido tan fuerte tras los atentados del 11 de septiembre en el mundo entero que naciones como Estados Unidos viven bajo lo que sería antes un auténtico estado de excepción, con autoridad policial para llevar a cabo registros domiciliarios o vigilancia electrónica sin órdenes judiciales. «Estados Unidos apunta hacia una autoabolición de la democracia», declaraba el conocido pensador alemán Peter Sloterdijk (*El País,* 2 de abril de 2003).

¿Fraternidad? En Estados Unidos, en los años ochenta, los directores generales disfrutaban de unos sueldos 40 veces más altos que la media de los empleados, pero en 2002 llegaban a ser de 400 veces más, sin que el cuidado por los desfavorecidos se manifestara más allá de las actuaciones de los voluntarios y ONG como subproductos testimoniales. Y ésta es la tendencia universal del sistema.

Instaurar una democracia fue difícil y peligroso para los ciudadanos a lo largo de casi todo el siglo XX porque esta organización siempre fue entendida no sólo como un sistema político, sino también económico. Entonces, cuando un país llegaba a la democracia, aspiraba a que el patrimonio nacional, durante siglos en manos de una minoría, se redistribuyera entre la mayoría. Pero este objetivo ha dejado de existir y, por el contrario, una de las más apremiantes tareas de los actuales gobernantes al tomar el poder es afanarse en privatizar el patrimonio público y someterse, al cabo, a los intereses de los *lobbies*. Nadie rehúye proclamar su fe en la democracia, pero lo cierto es que la fe siempre se refiere a aquello que no existe. La fe, en todos los casos, sólo es necesaria cuando la cosa no está aquí o no hay signos convincentes de que se encuentre en algún lugar.

El presupuesto de los Estados democráticos, las políticas de las organizaciones democráticas internacionales se han desembarazado de gran parte del peso humano del Tercer Mundo, y más de cuatro mil millones de personas han sido convertidas en residuo. El gasto anual en perfumes de Europa y Estados Unidos es ya equivalente a la suma necesaria para solucionar la salud y la nutrición en todo el planeta, y el gasto en helados, en Europa, desborda el presupuesto requerido para cubrir las necesidades de agua y saneamiento en la Tierra (Informe Anual de Naciones Unidas, 1998). ¿Ficción? Desde Australia hasta Togo, en más de 40 países han sido descubiertos casos de explotación humana equiparable a la esclavitud, pero «incluso la esclavitud de hace dos siglos pudo ser más respetuosa con la condición humana», según Than-Dam Truong, *senior lecturer* en el Institute of Social Studies de La Haya. Al esclavo se le valoraba su capacidad de trabajo y, como consecuencia, su cuerpo debía ser conservado, pero ahora el cuerpo se modifica o se mutila con implacables fines comerciales. Unas veces se juega con la erotización de la inocencia, llegando a inyectar hormonas y drogas en los cuerpos infantiles para transformar tanto su aspecto físico como su comportamiento en la relación sexual. Otras, se trata de estimular la lástima mediante la cercenación de los cuerpos y obtener así beneficios adicionales de la mendicidad. Que todo esto pueda realizarse con impunidad dentro de un mundo formalmente democratizado se debe a factores diferentes, pero fundamentalmente al destrozo de la democracia real y su reemplazo por copias falsas, versiones simuladas dentro del sistema general de ficciones.

DEMOCRACIA ANIMAL

La democracia ha venido a ser, en fin, una organización tan imaginaria que ahora pueden ingresar en ella hasta los monos. La zoofilia, significativamente, es una de las grandes pasiones de la posmodernidad, y propia de estos años ha sido la aplicación de la Declaración de los Derechos Humanos a distintas especies de animales. No basta, para lavar a fondo la conciencia, dar limosnas o hacerse socio de una ONG; es conveniente, además, manifestarse en favor de los bosques o las fieras. Ellos mismos lo reclaman. En el manifiesto de Olga Roesch, presidenta de Ayuda a Animales Abandonados (AAA), se decía: «¡VOLUNTARIOS! Un paso al frente. Vuestros amigos los animales os NECESITAN y CUENTAN CON VOSOTROS, y... en este camino singular no está excluido el encuentro con vosotros mismos plasmados en HOMBRES NUEVOS...» *(El País,* 28 de abril de 2002). (Las mayúsculas son del original.)

Es decir: puesto que no se espera gran cosa de una revolución política y social para los seres humanos, la exaltación de los animales promete hacernos grandes. El «hombre nuevo» del comunismo pasa por la zoología, y la batalla junto a los seres irracionales nos conducirá «al día de la liberación animal–, que TAMBIÉN será nuestra

LIBERACIÓN» (Olga Roesch). Ni los utopistas, Fourier o Saint-Simon, llegaron tan lejos.

Acaso no existe actualmente ningún fenómeno comparable al «movimiento de liberación animal», con millones de adeptos en el mundo anglosajón y miles de debates académicos en torno al estatuto metafísico y jurídico de esas criaturas que en tantos aspectos nos superan. Hay esmerados cementerios para animales; misas, rezos y reponsos para animales, centros de escáner, sistema de seguridad social, guarderías, orfanatos, restaurantes, bancos de órganos, quinesiterapia, balneoterapia, homeopatía, psicoterapia y psicofármacos para animales. En Estados Unidos, bajo el patrocinio de la firma Meow Mix, fabricante de comida para mascotas, se emite un programa de televisión donde aparecen ratones, acuarios con peces de colores y ráfagas de objetos veloces para entretener y hacer felices a los gatos. También en Estados Unidos, se gastan más de 7.000 millones de dólares anuales en atención médica para perros y gatos, y en España, donde un 30 % de los hogares poseen mascota, se destinan casi 600 millones de euros anuales en su bienestar.

Este desembolso creciente obedece, según la revista *Adweek*, a que los propietarios consideran a las mascotas como a sus propios hijos y las cubren de obsequios para mitigar la culpa de no pasar el suficiente tiempo con ellas. Ciertamente, en los países occidentales los animales se entregan en adopción y reciben, con frecuencia, la misma consideración contractual que los niños. Diseñados para las mascotas hay collares de Hermès o Gucci, correas de Louis Vuitton, mantas de Burberrys, perfumes con los nombres de «Oh My Dog» y «Oh My Cat», raquetas para la nieve, cascos, gorras, pelotas y *frisbees,* puesto que mucha gente practica deportes con sus gatos y perros concediéndoles el trato que se daría a un camarada.

La zoofilia existía en el siglo XIX y la primera ley protectora de los animales se promulgó en Inglaterra en 1822, pero en ella, cuando se hablaba de amparar a los animales, se pensaba en la violencia de sus amos más que en los sufrimientos que padecían las pobres criaturas. Se trataba, en fin, de una pedagogía para mejorar la condición de las personas, y la zoofilia resultaba ser una escuela de filantropía (Bruckner, 2001). Planteamiento muy diferente del actual, en el que lo que importa es, sobre todo, el animal y no si la persona se envilece con el posible maltrato que inflige a la mascota.

La mascota constituye, además, la mejor parte. La relación con otra u otras personas puede llegar a trabar demasiado en la sociedad superindividualista, pero la vinculación con una mascota puede regularse a voluntad y acomodarse al amor narcisista sin que eso se reproche. Según una encuesta de la American Animal Hospital Association (1999), el 78 % de los propietarios de mascota saluda en primer lugar a su animal al llegar a casa, frente al 13 % que saluda primero a su cónyuge. El 43 % de esos amos posee una foto de su animal en la oficina y el 31 % lleva una foto en la cartera. Como correlato, en los diarios se estampan esquelas de animales de compañía a los que se evoca como si fueran parientes muy queridos y la Genetic Savings and Clone, entre otras, ofrece desde su página web (savingsandclone.com) la posibilidad de congelar o clonar animales queridos para no perderlos nunca. De manera significativa, existe el conocido proyecto Gran Simio, dirigido a conseguir para los primates el disfrute de tres derechos fundamentales: el derecho a la vida, el derecho a la libertad y el derecho a no ser torturados. «Yo creo que no es pedir mucho», decía el filósofo Jesús Mosterín. «No se pide el derecho al voto ni ninguna locura similar» *(El País,* 9 de junio de 2001).

El derecho al voto por el momento no se pide, pero, constatados los progresos del animal, ¿cómo no ir pensando en ello? A comienzos de mayo de 2002 una asociación norteamericana denominada Colaboración con los Chimpancés lanzó una campaña para conseguir que los 1.500 ejemplares cautivos en Estados Unidos obtuvieran una completa protección legal. La razón que aducían se basaba en la consideración de que los chimpancés pueden comunicarse a un nivel parecido al de un niño de tres años, de modo que resulta improcedente hablar de «dueños» o «amos» cuando de los niños seríamos, simplemente, sus «guardianes». Esta proposición (Proposición 54) no fue aprobada en una primera convocatoria, pero se previó que pronto forzaría los cambios exigidos atendiendo al cuantioso número de sus defensores y al reconocido prestigio jurídico de sus líderes. La revista *Animal Law Review* de Portland (Oregón), la primera publicación dedicada exclusivamente a los derechos de los animales, publica editoriales infatigablemente en este sentido, y en las universidades de Harvard, Georgetown o Rutgers la asignatura «Derechos de los animales» forma parte troncal de los planes de estudio.

Abiertamente, para asociaciones como Xero Population Growth o Movimiento por la Extinción Voluntaria de la Humanidad (VHEMT), el mundo iría mejor si lo dejáramos enteramente en manos de las bestias, por lo que han propuesto a los asociados dejar de tener hijos: las plantas, los ríos, los lobos, los pájaros, las ballenas saldrían ganando. Poco a poco, el ecologismo ha ido sustituyendo al humanismo. O bien, la idea del ecologismo se parece mucho al humanismo pero otorgando los derechos individuales a los alacranes. Con ello, los seres de la naturaleza obtienen, en paridad con los seres humanos, su estatuto legal y, como corolario, la «democracia natural» ocupa solemnemente el vacío que ha dejado la democracia política.

Un congreso mundial de filosofía celebrado en Boston en 2001 desplegó una exposición con los libros de ética publicados en inglés durante los dos años anteriores y, en efecto, más de la mitad se referían no a cuestiones humanas sino a temas morales sobre ecología y condición animal. En Estados Unidos no hay día en que no rechacen la importación del atún si se ha pescado de manera que dañe a los delfines, o se opongan a la comercialización de las gambas vietnamitas cuando son capturadas mediante redes que matan a las tortugas. Batirse por los derechos de un vecino empieza a ser más largo de explicar que pelear por los derechos de una foca.

¿Nos hemos hartado de las mujeres y los hombres? ¿La vida interpersonal resulta demasiado compleja? Lo cierto es que el nexo con la mascota proporciona a la vez amor y libertad, compañía y soledad, todo a la carta. Nada que se parezca, por lo tanto, a la presencia del cónyuge o del familiar dentro del mismo piso. El otro ser humano opone sus deseos a nuestros deseos, nos discute o nos raciona la razón, nos disputa el silencio, el espacio y los caprichos, mientras el animal recibe y depura en su pupila las emociones que seleccionemos. Actúa como un segundo yo sin la murga del ego; se comporta como una mansa compañía de lo mejor de nosotros mismos y sin el tóxico directo del sí mismo. Aunque, a veces, incluso un perro puede llegar a ser demasiado.

Para solventar ese peligroso exceso aparecen, ahora, los robots. Robots de compañía cuya máxima oferta es que no pertenecen, todavía, a la especie de los seres vivos. Parecen seres vivos pero no pasan de ahí: su carácter de copia es su crucial ventaja. En las navidades de 2002, el gato llamado Anim'Animaux que lanzó la firma francesa Hasbro consiguió un rotundo éxito porque el juguete, más que demostrar alardes técnicos, se parecía extraordinariamente a un gato de verdad, pero sin serlo. Anim'Animaux se desperеza al despertar, ronronea, bufa cuando se le intenta dejar caer, frota su mejilla contra la mano que lo acaricia, mueve la cola, se duerme cuando se le olvida, pero, ante todo, luce un pelaje de felino auténtico y su cuerpo posee la consistencia y la morbidez de su sosias orgánico. Con eso se obtiene una mascota que aporta la ternura sensual de la mascota y no defeca, no enferma ni ocupa obstinadamente nuestra atención cuando deseamos destinarla a otro asunto.

Los juguetes mecanizados con aspiraciones de robot han existido desde el siglo XV, pero entonces satisfacían sólo el capricho de una élite, en señal de que su oferta era exquisita. Sóla a partir del siglo XIX el artículo empieza a democratizarse: en 1857 las muñecas andan y en 1877, gracias al fonógrafo de Thomas Edison, empiezan a hablar. Los juguetes interactivos, sin embargo, los juguetes que nos devuelven señales de nuestra presencia, aparecen en 1995 con el Tamagotchi y se perfeccionan con Furby en 1998, del que llegaron a venderse más de 40 millones de unidades. Estos pequeños artefactos lloran o incluso mueren si el amo no se ocupa de ellos pero, en ningún caso, atacan al amo. Son seres de nuestra propiedad y su propiedad inalienable es ser de nuestra pertenencia.

En Japón, especialmente los robots de compañía gozan de una acogida espectacular desde la segunda mitad de los años noventa, y sólo del Tamagotchi, comercializado por Bandai, se habían vendido en 2001 más de 10 millones.

Otras marcas presentaron modelos mucho más sofisticados que el Tamagotchi, pero la esencia del juego para el propietario es siempre la misma: alimentar y mimar a una mascota que, al cabo, establece con su dueño una vinculación que imita la de los animales domésticos pero con la ventaja de que no requiere sacarlo a pasear. Cuando el amo se cansa del artefacto es siempre posible apagarlo y hay perros-robot programados para no ladrar durante la noche ni morder donde no deben.

En Japón los robots se han convertido ya en amigos de los niños y de los ancianos, en animadores de reuniones, en barrenderos, vigilantes y camareros. Se anuncian, además, nuevos robots que se comportarían como feroces perros guardianes y robots mayordomos que recuerdan cuándo debe tomarse una medicina, acudir al terapeuta o anular una cita. Más que máquinas, esos productos tienden a ser «personajes», entes que acompañan, ayudan y nos respetan. Masato Hirse, un diseñador de Honda y constructor de robots, declaró, sin reservas, que «podemos considerar a los robots nuestros socios porque una máquina con formas similares a las humanas induce a compartir iguales sentimientos y emociones».

¿Iguales? La investigadora Cynthia Breazel, del Massachusetts Institute of Technology Media Lab, ha forjado (y adiestrado) un robot llamado Kismet que reconoce emociones humanas y transmite, mediante cambios en su rostro, pistas sobre su propio estado de ánimo. En la otra costa norteamericana, en la Universidad de California (UCLA), se lleva a cabo un proyecto dirigido por el psicólogo Javier Movellan consistente en la catalogación de pequeños gestos emocionales en 100.000 rostros humanos para transmitirlos a la memoria de un robot. Paralelamente, en julio de 2002, científicos de la Universidad de Carnegie Mellon (www.cmu.edu) mostraron al público un artefacto automático con aspecto de mujer («puesto que la mujer es más comunicativa») bautizado como Grace *(Graduate Robot Attending Conference)* que demostró estar en condiciones de entender y responder a las más sutiles sugerencias de diferentes interlocutores humanos.

En la desarrollada fantasía de los robots dominan dos relatos contrapuestos. Uno, frecuente en las historias de terror, es el caso de la máquina que adquiere voluntad propia y una autonomía asesina contra el amo. Pero otro argumento, cultivado en las narraciones de Asimov, es la docilidad del aparato, precursora de una conciliación feliz entre el hombre y el artificio. Hasta ahora, existía una clara distinción entre los automóviles, los ordenadores, las lavadoras y nosotros mismos, pero no es seguro que esta distinción siga siendo nítida cuando el organismo se pueble de implantes y dispositivos vivaces, o cuando los robots se comporten como interlocutores inteligentes y emocionales capaces de igualar o superar las prestaciones de un ser querido. Dada su verosimilitud, en Japón algunas empresas han habilitado guarderías para atender a las perfeccionadas mascotas electrónicas durante la jornada laboral, y en Internet ofrecen toda clase de servicios para su cuidado, incluidos los trámites y rituales de su entierro. ¿Podrá hablarse en el porvenir de democracia plena sin considerar los derechos de estos autómatas? ¿Podremos distinguir, una vez la máquina haya rebasado nuestra inteligencia, qué es producto de nuestra mente y qué no lo es? Dentro de veinte años, calcula Rodney Allen Brooks (2002), las máquinas dejarán de ser los lerdos instrumentos que funcionan cuando pulsamos uno de sus botones y se convertirán en cuerpos pseudovivientes que al mirarnos fijamente modificarán nuestro particular punto de vista.

¿Un estatuto, pues, de Derechos del Hombre para las máquinas? Buena parte de los especialistas en inteligencia artificial están convencidos de que los robots representan la próxima etapa de nuestra evolución, y el exigente Instituto Tecnológico de Massachusetts ha patrocinado un libro, *Robo Sapiens: Evolution of a New Species,* de Peter Menzel y Faith D'Aluisio (2000), en el que se adelanta este seguro porvenir posbiológico.

En Suiza, tres investigadores de la Universidad de Lausana, Michael Krieger, Jean-Bernard Billeter y Laurent Keller, han llegado a fabricar una docena de hormigas robóticas capaces de orientarse, buscar alimentos, cooperar y repartirse los trabajos. En Japón, Sony, Matsushita Electric Industrial, NEC y Omron trabajan en «robots personales» con inversiones de millones de dólares anuales, y tanto Honda como Toyota siguen una orientación similar hacia el logro inexorable de artefactos androides. ¿Cómo ignorarlos, pues, en la convivencia futura cuando, en la exacerbación del cyborg, hombres y máquinas se conmuten en numerosas funciones? ¿Cómo excluirlos, en fin, de una democracia cada vez más ficticia donde precisamente ellos poseerían la primera legitimación?

En la modernidad, la tecnología era externa a nosotros, pero en la posmodernidad la tecnología nos penetra, se introduce entre las vísceras, decide las sinapsis. En Japón, millones de jóvenes han llegado a alcanzar una relación tan íntima con los aparatos electrónicos y su producción de realidad, que permanecen encerrados en sus habitaciones durante meses, experimentando sensaciones que les interesan más que todas aquellas registrables sin los artefactos. De estos chicos, el 41 % permanece en un aislamiento parcial desde el que rehúsan hablar con nadie porque, de hecho, han conmutado un mundo por otro mundo y viven en una realidad que pueden controlar a su antojo. A este fenómeno japonés se lo ha llamado *hikikomori* (enclaustramiento), y viene a ser el efecto de la unión entre el individuo y la máquina de manera que, como en los casos de los siameses, son muy difíciles de separar.

Hace unos años se llamaba *koden* (individuo electrificado) al joven que, sumido en los walkmans, se transportaba a otra esfera de experiencias sumergidas en el blindaje de la música. Ahora, este suministro de interioridad se ha ampliado y complejizado de modo extraordinario y el *koden*, el individuo electrificado, es, complementariamente, un tipo electrocutado. Muerto para esta zona de la vida primaria y poseído por la otra, secundaria.

En Gran Bretaña, en marzo de 2002, el profesor Kevin Warwick, de la Universidad de Reading, especialista en cibernética, se hizo instalar un chip de silicio con 100 electrodos en el sistema nervioso del brazo izquierdo y mandó colocar otro igual en el brazo de su mujer, madre de dos niños. Ambos se conectaron a un ordenador y, a través de él, intercambiaban estimulaciones como el cansancio, el hambre o la lujuria. El ordenador hacía de vehículo por una parte, pero experimentaba, a su vez, el sensible contenido emocional que discurría por sus circuitos. Los tres –el doctor, su señora y el ordenador– formaban un combinado que funcionaba como un triángulo porque la máquina, almacenando información, resultaba también capaz de emitir impulsos a uno y otro componente de la pareja. El doctor Warwick publicó en agosto de ese mismo año un libro, *I, Cyborg*, en el que narraba el contenido de esas indagaciones. Es decir, la experiencia del matrimonio y la experiencia que sufrió y gozó la máquina en contacto con la verdad o la mentira de la conyugalidad.

3. La imagen

LA VIDA EN LAS PANTALLAS

Todos mienten y sabemos que mienten. Mienten los media a través del negocio sensacionalista, el Gobierno y la oposición por la propaganda, mienten las auditorías y los directivos, las firmas de cosméticos, los curas pedófilos, los científicos anhelantes de celebridad, las revistas femeninas, los críticos de arte, los hombres del tiempo. Pero incluso si alguno de ellos dijera la verdad no la creeríamos porque la argucia es el estado regular y la verdad una categoría abstracta. El mundo ha ido recubriéndose de un colágeno que mejora la tersura de su piel para ser filmada y para recibir profesionalmente la luz de la circulación mediática. Hace unos años se trataba todavía de destruir ese barniz (del arte, de la política, de la representación) con la razón crítica, pero hoy la razón queda atrapada en las pantallas y la insurrección se televisa para amenizar los telediarios. El actor revolucionario era aquel que incidía sobre la realidad para transformarla, pero ahora los nuevos artistas revolucionarios, que se llamaron a sí mismos «*hackers* de lo real» en la exposición *Hardcore* del Palais de Tokio (París, marzo de 2003), buscaban no alterar la realidad sino tan sólo di-vertirla. «Desvío la realidad –decía el artista *hacker* Gianni Motti–

como los políticos desvían los fondos.» Se trata, en fin, de des-realizarla.

Los autores del atentado a las Torres Gemelas fijaron su ataque a una hora en que el terror pudiera ser transmitido en directo por los telediarios matutinos de América, los telediarios del almuerzo en Europa y las noticias de la noche en Pekín. Desde el impacto del Boeing 767-300 de American Airlines en la Torre Norte, a las 8.45, hasta el impacto del segundo avión en la Torre Sur, discurrieron 18 minutos. Un lapso que los terroristas estimaron razonable para que las cámaras de la CNN en Manhattan emitieran, «en vivo», la segunda llamarada. Luis Rojas Marcos, presidente del Sistema de Sanidad y Hospitales Públicos de Nueva York, testigo presencial del suceso, dio cuenta de ese efecto des-realizador en su libro *Más allá del 11 de septiembre* (2002) diciendo: «Por unos segundos creí que me encontraba en Hollywood.»

Y de eso precisamente se trataba. La máxima aspiración de una noticia es ser como una superproducción que atraiga a millones de ojos. El 11 de septiembre mantuvo a los norteamericanos ocho horas de media ante la pantalla del televisor, tres horas más de la cuota diaria, y Al Qaeda, Bin Laden, Sadam Husein se comportaron desde entonces como personajes de ficción que convierten nuestra cotidianidad en un guión de Hollywood. ¿Dónde separar la realidad de su clon? ¿Cómo distinguir la fantasía del suceso que puede matarnos?

A fuerza de ser retransmitido desde distintos ángulos y perspectivas, con diferentes comentarios, el hecho importante se convierte en un espacio de la cadena. Y ya no será necesario que haya nada detrás. El punto de partida real es progresivamente invisible y lo retransmitido alcanza el estatus de axioma siendo, entonces, la realidad su espejo. De esta manera el efecto y la causa se conmutan, porque cuando la apariencia triunfa por completo desaparece la apariencia y la pantalla se convierte en un cristal que permite ver todo lo que hay que ver. Todo lo que hay por ver.

Desde el huracán Mitch a las Torres Gemelas, desde los degollados en Argelia a las guerras de los Balcanes, la catástrofe se desprende de sus raíces para comparecer en la televisión. Para hacerse real en la televisión, ya que sólo en el doble, en la repetición de la imagen del suceso, se captura el suceso. Antes, en su instantaneidad, el suceso fue irreal, y sólo resultó tratable, significante, en la lógica de su repetición. Como resultado, la televisión se constituye en una realidad que funciona siempre ajena a las críticas de los espectadores, impenetrable a las protestas, invariable a los cambios de dirección puesto que ella posee su propio reino, su moral y su destino autónomos.

Consecuencia de su mismo régimen interno, en la televisión nada puede ser demasiado trágico ni subversivo. Al deglutido dolor de un descarrilamiento sigue pronto una película romántica y el drama de las mujeres golpeadas se disipa con un spot de compresas. La información sobre la desdicha crea desazón pero se secciona para pasar anuncios, tal como si efectivamente en la televisión nunca pudiera pasar nada definitivo y su esencia fuera efectivamente la contingencia.

La vida resultará así «un cuento contado por un idiota... y que no significa nada», la noticia nunca nos atará hasta amargarnos, la visión de la hecatombe no cambiará el punto de vista, el relato de la miseria no alcanzará a sublevarnos porque, *en realidad*, no son nada. O bien, para ser justos: son distracción, programación. Lo que, de otra parte, no es poca cosa porque este mundo que en sí mismo carecía de proyecto, obtiene articulación al traducirse en espectáculo, rescata su función de la «función» teatralizada y extrae su personalidad del doble. De una parte, las secuencias, siempre discontinuas, nos preservan de padecer la amenaza absoluta, y, de otra, nosotros, perdido el contacto inmundo con el mal gracias así a la coartada del «directo», no sufrimos su insoportable inmediatez. Mediados de continuo por las pantallas, vivimos así naturalmente protegidos por los medios y, ¿cómo no?, demediados, mitad drama, mitad distracción, mitad realidad, mitad ficción sin poder controlar sus convalidaciones sucesivas.

El lunes 21 de mayo de 2001, en el capítulo de la serie *Periodistas* que emitía en España Tele 5, Ana, que se había hecho famosa en los medios por denunciar a unos jueces corruptos en el diario de ficción *Crónica*, era entrevistada por Javier Sardá en el programa *Crónicas marcianas*. Ahora bien, entrevistada no dentro del espacio real de *Crónicas marcianas* que se emitía a continuación en la misma Tele 5, sino en un *Crónicas marcianas* «ficticio». ¿Por qué era ficticio ese espacio? Porque aparecía dentro de su serie de ficción. Sin embargo, después, cuando se emitió el programa *Crónicas marcianas* «real», se originó una extraña conversión de caracteres: mientras, en el transcurso del *Crónicas marcianas* «real», el personaje Javier Sardá iba despojándose de su impregnación ficticia, Ana iba ganando condición irreal. Y viceversa.

Ocurría con este calambur –donde no son fáciles ni exactas las comillas– como en el fenómeno que refiere Manuel Castells en *La era de la información* (1997), a propósito de un enfrentamiento entre el ex vicepresidente norteamericano Dan Quayle y el personaje Murphy Brown que, en su serie, decidía tener un hijo sin casarse. Dan Quayle condenó públicamente a Murphy Brown en una entrevista televisada y Murphy Brown (el personaje que interpretaba Candice Bergen) ridiculizó en uno de los capítulos a Dan Quayle, haciéndole aparecer dentro de su misma serie. ¿Dónde localizar, por tanto, el enfrentamiento? ¿Dentro o fuera de la pantalla? Probablemente en un espacio intermedio donde los medios y los objetos de la comunicación se mezclan con la vida.

Otro ejemplo, en vísperas de la guerra contra Irak, fue el que se derivó de la personalidad de Martin Sheen, activo pacifista e intérprete, a la vez, del presidente Jed Bartlet en una popular serie de televisión, *The West Wing* (El ala oeste de la Casa Blanca) emitida por la NBC. En una encuesta de la misma NBC el presidente de ficción Jed Bartlet, representante de lo mejor de los valores liberales y la cultura democrática norteamericana, obtenía mayores cuotas de aprobación que Al Gore o Bush en vísperas de las elecciones de noviembre de 2000. La serie había ganado nueve premios Emmy –más que ninguna otra en la historia– tras su primera temporada, y *Time* la describió como «una lección de educación cívica nacional». Sin embargo, al manifestarse Martin Sheen contra la guerra de Irak, la dirección de la NBC discutió sobre la conveniencia de cancelar el programa. Pero *en realidad,* ¿qué tenía que ver un personaje de la ficción? Prácticamente todo. En la actualidad no son únicamente las historias reales las que se convierten en temas de ficción, sino que los personajes ficticios dan lugar también a personajes «reales» (¿comillas?). Lara Croft, heroína de seis juegos de vídeo, fue la primera actriz virtual que figura en el casting de una agencia de actores (Creative Artist Agency), junto a Jennifer Aniston y Geena Davis, y sobre la cual decía su agente, Elie Dekel: «Lara Croft representa una personalidad dinámica y un tipo de cliente totalmente nuevo en nuestro oficio.» ¿Disputarán, pues, los actores virtuales el trabajo a los de carne y hueso? ¿Interactuarán? Todo ello está ocurriendo. No sólo las criaturas del ordenador se hacen pasar por seres reales, los seres reales, como ha ocurrido con Rachel Roberts en el filme *Simone*, se hacen pasar por un producto de ordenador porque, hasta cierto punto, el verismo del ordenador añade la atracción de que es «increíblemente» falso.

La ficción del cine era siempre ficción y los robots con apariencia humana no hacían pensar que fueran sino artificio. Lo importante sin embargo de la ficción actual es que el artificio tiende a conmutarse con lo real y presentarse, desde todos los ángulos, como un modelo de igual categoría. Es el caso de *Simone*, una modelo que reemplaza a la modelo de carne y hueso Rachel Roberts; como si, «en realidad», no existiera Rachel Roberts. De hecho, *Simone* se presentaba en la publicidad de la película como un producto virtual y el escándalo sobrevino al conocerse que se trataba de una actriz verdadera. El público se quejó de una estafa que consistía, paradójicamente, en haber ofrecido lo auténtico en lugar de lo falso, la modelo de carne en lugar de la figura virtual, el cuerpo humano en lugar del muñeco. Hasta hace poco el actor «encarnaba» al personaje, ahora el personaje viene encarnado, se basta por sí solo para representarse y al actor sólo le queda, en todo caso, la tarea de la falsificación. Es decir, en el lugar del modelo de realidad, se alza el modelo de ficción y, consecuentemente, cualquier cosa es ahora «realización», producciones de realidad.

Hasta la guerra de Irak se repetía incansablemente que con el atentado del 11 de septiembre se había ingresado en el siglo XXI, pero, sobre todo, con el desplome de las Torres ante miles de millones de espectadores se alzaba el capitalismo de ficción, señor de un fenómeno donde la planetaria escenificación de lo real transformaba lo real en espectáculo absoluto. Bin Laden fue comparado entonces con Hitler y Stalin, pero su original fehaciente era un personaje de DreamWorks.

Dentro de las primeras reacciones de la Casa Blanca tras los atentados del 11-S se incluyó una reunión en el Peninsula Hotel de Beverly Hills con los 40 ejecutivos más importantes de Hollywood. Complementariamente, tanto los guionistas de *La jungla de cristal* como los de *Air Force One* colaboraron con militares del Institute for Creative Technologies (ICT), destinado a proyectar simuladores informáticos sobre situaciones extremas. Posteriormente, para la guerra de Irak, el departamento de Defensa proyectó una acción fulminante («Impacto y pavor») cuyo máximo efecto consistía en parecer increíble, la visión de «lo nunca visto», decía Donald Rumsfeld, la realización de una guerra-ficción. Porque precisamente también entre la lista de peligros reales que inquietan al ejército de Estados Unidos se incluye la ficción, bien persuadidos de que su amenaza puede ser tan seria como la realidad misma. De hecho, en la guerra de Kosovo los generales pidieron a la Paramount que perfeccionara un simulador de situaciones de crisis conocido como *Final Flurry* y, ante la necesidad de enviar tropas a la antigua Yugoslavia, el ejército contrató a actores alemanes para interactuar (hacer teatro) con sus soldados.

Hace ciento cincuenta años no existía la fotografía, ni la radio ni el teléfono. No existía la televisión, el vídeo, el ordenador, el móvil o Internet. El despliegue de estos *convertidores* emplazados entre nuestra vida y la realidad ha alterado el entendimiento directo e indirecto de las cosas y acaso ni Dios llegó a tal confusión en sus mejores días. Javier Echeverría (1999) habla de la ambigua realidad que crean los medios y la llama «el tercer entorno», de manera que, en el principio, habría un entorno natural (primer entorno), a continuación creció un entorno cultural y social cuyas formas canónicas son los pueblos y las ciudades (segundo entorno) y, ahora, imperaría un tercer entorno donde los medios de comunicación (el teléfono, la radio, la televisión, las redes telemáticas, los multimedia) deciden qué es real y qué no lo es.

Este tercer entorno puede llegar a ser tan influyente que una locutora artificial llamada Mya, de noticias Ananova (ananova.com), tuvo que ser maquillada para que no pareciera «tan verdadera» y engañara a la audiencia. La empresa Motorola pidió a los técnicos que rescataran a la locutora de la realidad, la extrajeran de lo real y la restituyeran a la ficción porque temieron que, perforadas las fronteras, desapareciera la línea entre lo real y lo irreal sin poder saber qué consecuencias podrían derivarse para todos.

Porque, acaso, no somos ya nosotros quienes vemos a los medios, sino ellos los que nos contemplan y certifican. La imagen era antes una visión insuficiente de lo real, el cine era ilusión, la foto una placa, el teatro una mímesis, pero convertido todo en cinematografía, vídeo, televisión, teatro, foto, Internet, nosotros somos el objeto de su panopsis. Las vacaciones dejan de ser *reales* si no las graba la videocámara. Las bodas, los nacimientos, los viajes se convierten en acontecimientos preparados para que la cámara los engulla y los convierta, con su metabolismo, en verdad. *El vídeo da vida*. Y ¿quién puede dudar que, ante todo, una vida feminizada?

Antes sólo había unos pocos personajes mediáticos y cada uno de ellos obtenía alguna fama. Ahora, la democratización de los medios no significa tan sólo la masiva difusión de los sucesos; esto es lo más trivial: la verdadera democratización radica en el vibrante derecho de los individuos a satisfacer sus deseos de ser sucesos, materia prima de los programas masivos que constituyen los *reality shows*, la «otra realidad» posible ofrecida como objeto de reducción. Porque ¿quién puede dudar que con la proliferación de la tele-realidad, de la «programación de la realidad», de la «realidad formateada», se está construyendo una sociedad alternativa? El medio procura vida social. Posee la clave para hacernos imagen y con ello concedernos el don de la circulación mediática. Somos así más vivientes al hacernos imágenes: «imaginándonos». Las gentes más comunes se afanan por aparecer en las pantallas, llegar a ser televisadas, otorgar valor a su vida, conferirle el necesario valor escénico porque sin esa convalidación la vida se vela. Por encima de todo, la grabación en la cinta denota mayor categoría real. O bien: sin instrumentos de ficción no hay encantamiento, no hay objeto de fascinación ni espectadores y sin espectadores la escena se apaga. ¿Vivir sólo para sí? ¿Sujeto de sí? ¿En qué se diferencia del suicidio?

También las marcas nos dan vida. Porque ¿cómo concebir la vitalidad de nuestras ciudades, nuestros enseres y a nosotros mismos sin ellas? El sistema prospera en un entorno poblado de marcas, pero hasta la misma naturaleza, sus colores, sus perfiles, sus fragancias, está pasando a ser «marcada». Se patenta el bucle de una ola, la figura de la cristalización del agua, la cumbre nevada, el sabor a menta, el azul del Egeo, para que cuando reaparezca alguno de estos elementos, luzca la imagen de marca. Ésta es la estrategia del Stone Project de Getty Images, dirigida a que el mundo en sus manifestaciones más espontáneas, en sus lluvias o sus ocasos, promocione un impermeable, una lámpara, un agua mineral o una compañía de ordenadores a través de sus gestos.

El historiador Daniel Boorstin (1987) dice respecto a la publicidad de marcas que los norteamericanos viven ya, gracias a ella, «en un mundo donde la fantasía es más real que la realidad». «Podemos ser acaso el primer pueblo en la historia capaz de hacer nuestras ilusiones tan vívidas y persuasivas, tan "realísticas" que vivamos en ellas.» No trata de exagerar. Muchas de las nuevas revistas para jóvenes en Estados Unidos han llegado a convertirse en catálogos de marcas y los catálogos en revistas de actualidad. Esta clase de productos impresos ha recibido el nombre de *magalog*, un cruce entre el *magazine* y el *catalog*, porque en ellas se habla de yoga, de restaurantes, de deportes, de cultura, de sexo, del tiempo, mientras, sin cesar, se alude a la marca. La fusión de los medios de información y los catálogos se ejemplarizó con la relación entre la ropa J. Crew y una serie televisiva para adolescentes titulada *Dawson's Creek*, en enero de 1998. «No sólo era –dice Naomi Klein (1999)– que todos los personajes de la serie televisiva llevaran ropa de la marca J. Crew, con lo que, en aquel entorno marino y ventoso, parecían salidos de las páginas de un catálogo de J. Crew, no bastaba que mantuvieran diálogos en los que decían "parece salido de un catálogo de J. Crew", sino que el elenco de actores aparecía en la portada de la publicación de la empresa.»

La ginebra Gordon's ha perfumado las salas de cine con aroma de enebro para hacerse presente a través del olfato, Calvin Klein adhirió pegatinas con el perfume CK Be a la entrada de los mejores conciertos para fundir el sonido cultural con su cultura, secuencias de la película *Batman* fueron proyectadas sobre los peatones que paseaban por las aceras de Manhattan y etiquetas de comedias de la cadena ABC se adhirieron a las frutas de los supermercados para entrar, con la alimentación, en casa. Ha habido anuncios de Levi's en lavabos públicos, logos de discos de música pop en envases de comida preparada y la NASA vende espacios publicitarios en sus estaciones orbitales para asociar también el más allá a sus mensajes. Ya no decimos que usamos un pañuelo de papel sino un Kleenex, no tomamos cualquier café sino un Nescafé, no nos ponemos cualquier gabardina sino una Burberrys, no pedimos una cerveza sino una Heineken. Pronto estos nombres se escribirán en letra minúscula con el mismo derecho que las denominaciones de los árboles o de los animales. Y no tendrá sentido, en consecuencia, cobrar por ello. En las películas o en los telefilmes es frecuente el *product placement* que hace aparecer a las marcas como parte de la escena, pero ahora también las marcas suenan en los videoclips, en las letras de las canciones y dentro de los videojuegos. El grupo de raperos Busta Rhymes convirtió su bestseller *Pass the Courvoisier* en la mejor campaña para vender este coñac francés. Denunciar hoy como publicidad «encubierta» la aparición de una marca en una descripción de lo real es un contrasentido porque sería la realidad la encubierta en el caso de no dar su nombre. Las marcas, en el capitalismo actual, han dejado de ser los sellos que tintan lo real para convertirse en partes de su trama y de su idea.

Una marca es más que una cosa. O como se dice en los recientes libros de marketing: una *no-thing*. Una no-cosa que se convierte por sublimación en estilo, ideología, creencia. El producto puede variar pero la marca podrá persistir en su efecto, puesto que ella se comporta como una matriz, un *matrix* que ha llegado a formarse en la interrelación del producto y sus consumidores y que actúa como territorio simbólico. Absolut no es tan sólo una marca de vodka, sino una estética, una personalidad, una forma de estar. La significación de Danone no acaba en un determinado yogur, sino que esboza el círculo de la salud del cuerpo. Apple evoca algo más que ordenadores; remite a distinción, a –como se dice– «*think different*». Ralph Lauren no vende únicamente ropa y colonias con su logo; comercializa botes de pintura y toda suerte de complementos. Gucci ha lanzado cochecitos para perros, y Virgin, tras producir música, creó emisoras de radio, una compañía de viajes, una gama de cosméticos y una sociedad de seguros de vida. Starbucks ha aprovechado el crédito de su cadena de cafés para vender muebles y artículos domésticos. Donna Karan comercializa, además de ropa y perfumes, agua mineral. Paul Smith añade a su clásico estilo de vestir «dentífricos responsables». Y Calvin Klein ha llegado a transfigurarse en palomitas para ir al cine.

Cada marca, una vez santificada como valor, puede bautizarlo todo incluso cuando su creador humano no esté presente (Yves Saint Laurent) o su producto real se haya perdido (Fontaneda). El mismo servicio de inteligencia alemán, el BND *(Bundesnachrichtendienst),* o el FBI venden relojes, plumas, pelotas de golf, tazas, ceniceros, licores, cazadoras y ropa interior con su sello estampado.

El contagio indiscriminado es posible porque la marca se comporta como un soplo espiritual. Su condición intangible posee un poder simbólico que se insufla aquí y allá como un espíritu santo del capitalismo capaz de convertir los productos en ideologías, de manera que relacionarse con unas determinadas marcas es optar por una concepción de la vida, porque la marca no viene sólo a tatuarnos sino a alentarnos. Antes, la marca nos marcaba como a ganado, pero ahora nos invita a servirnos de ella, participar de su doctrina o, como se dice, de su «cultura».

El anuncio de Kas preguntando «¿Y tú de quién eres?» constituye un tosco vestigio del capitalismo de consumo. En el actual capitalismo de ficción la marca no pretende que seamos sus rehenes o nos alistemos bajo su escudo, no intenta que seamos chicos Kas ni chicas Evax, sino que brinda su oferta para que cada cual, mediante ese don, pueda ser uno mismo. «En un mundo cada vez más globalizado, no está de más reivindicar tu individualidad», dicen los creativos de Lexus. «Nadie dicta tu moda», afirman los almacenes C&A. «No imites, innova», aconseja Hugo Boss. Pero, además, desde finales de 2002, algunas firmas de lujo como Chanel, Vuitton o Dior han comenzado a vender sus productos sin el logo a la vista para aumentar la ocasión –antes robada– de que el comprador personalice la prenda dentro del reino de la *egonomía*. Las marcas son hoy, ante todo, «proveedoras de ideas», suministradoras de estilos en los que surtirse, siempre para que disfrutemos la ilusión de hacernos nuestro propio yo, nuestro *look* exclusivo. Y ésta es también la poética de sus textos publicitarios.

El anuncio moderno no induce a consumir este producto, sólo da a entender y procura, de paso, ser agradable. Lo importante es sembrar algo interesante y, luego, se recogerán los frutos. Ninguna publicidad actualizada se detiene en las particularidades de la mercancía: eso es demasiado literario y aburrido. Todas las mercancías son buenas y valiosas por definición: lo importante no es ya tanto la mercancía como la idea que incorpora. «Esto no es un automóvil –dice Volvo–. Es una ideología.» «*Apple is not about bytes and boxes, it is about values*» (Apple no trata de bytes y cajas sino sobre valores), dice su creador, Steve Jobs. El cliente, suficientemente adiestrado en el capitalismo de consumo, no aceptaría más propaganda, pero la intriga o la inteligencia sí. Ahora, buena parte de los anuncios de automóviles no muestran el coche; ni los anuncios de moda, la ropa o los zapatos. La publicidad se ha emancipado de su servidumbre mercantil y funciona como una creación dirigida a receptores tratados a su vez como artistas. ¿Qué significa el anuncio de Adidas expresado en las tres rayas pintadas sobre el pie descalzo de un niño de las favelas brasileñas? El mensaje accede al orden del poema.

Ningún eslogan contemporáneo deberá llamar a comprar esto o lo otro: la gente está harta de gastar. El objeto debe presentarse como un don y así, cada compra será menos un desembolso que un ingreso, un ingreso de algo y un deslizamiento en una transrealidad no mercantil. El capitalismo de ficción ha comprendido el rechazo al materialismo grosero, ha asumido el descrédito del consumismo, el rostro vulgar del despilfarro, y ha fundado, en consecuencia, una opción superior. Lo que importa no es la cosa sino su alma. Lo decisivo, en fin, no es el artículo sino la cosmología de su marca.

Significativamente, Tommy Hilfiger ha demostrado que la marca no necesita de los artículos sino, más bien, al revés: los artículos buscan a la marca. Tommy Hilfiger dedica muchos menos esfuerzos a la fabricación de ropa que a la promoción de su nombre, porque su cometido «real» es producir imágenes. Jockey International fabrica la ropa interior de Hilfiger, Pepe Jeans London hace sus vaqueros, Oxford Industries las camisas Tommy y la Stride Rite Corporation las zapatillas deportivas. «¿Qué fabrica Tommy Hilfiger? Absolutamente nada» (Naomi Klein, 1999). Pero podría decirse al revés: produce absolutamente todo (y de todo). Porque, desde hace un par de décadas, no es el objeto el que posee el valor sino, por descontado, la marca: «*Your brand is not part of your business. It is your business*» (La marca no es parte de su negocio. Es su negocio), dice el experto en marketing Daryl Travis (2000).

Si en el capitalismo de producción lo importante fueron las mercancías y en el capitalismo de consumo lo importante fue lo que una voz dijera sobre ellas, en el capitalismo de ficción es el propio artículo que habla. Coca-Cola habla de jovialidad, Nike de malditismo, Body Shop de conciencia ecológica, White Label del culto al individuo. A las proclamas de las religiones o los partidos, ha sucedido este prontuario de valores favoritos. Cualquiera de estas marcas se hallan en escena no como simples nombres de empresas sino como títulos de Iglesias. General Electric se postula como una gran institución que procura buenas cosas para vivir, *«bring good things to life»;* los laboratorios Merck están aquí para perfeccionar la condición humana, *«We are in the business of preserving and improving human life»* (Hacemos negocios preservando y mejorando la vida humana); Diesel dice que el amor es *ahora* patrocinio suyo, *«Love is now sponsored by Diesel».* Las marcas pueblan la tierra como venidas del cielo para contrarrestar los tediosos males de este mundo. La marca es nuestra oportunidad de exaltación y hasta de identidad moral; ella aspira a ser un trozo de nuestra felicidad, viene a querernos y a ser querida, a condensarse en una *lovemark.*

El nuevo capitalismo de ficción no es por tanto como los anteriores capitalismos, un sistema sin corazón, sino que por el contrario la afectividad es aquello que más le importa. El último anuncio norteamericano de Nescafé no habla en Estados Unidos de un surtido de cinco sabores sino de cinco «emociones», y dos libros de marketing aparecidos en 2000 y 2001 llevaban el mismo título: *Emotional Branding,* el primero de Daryl Travis y el segundo de Marc Gobé. El de Travis tiene por subtítulo «Cómo las marcas de éxito conquistan el límite irracional», y el de Gobé demuestra de qué forma las *marcas emocionales* constituirán «el nuevo paradigma». *Selling the*

Invisible (Vendiendo lo invisible) fue el título del best-seller que escribió Harry Beckwith en 1997, donde analizaba el milagroso efecto de ciertas marcas cuando no aportaban nada diferente ni mejor que los productos genéricos. En conjunto, las grandes marcas sirven artículos más caros que los genéricos, pero acaparan hasta un 93 % de las ventas totales gracias a que su logo confiere un plus inmaterial que revaloriza incalculablemente las cosas.

No importa de qué se trate. Universidades como Harvard, museos como el Louvre, compañías de seguros y hospitales, autores, actores, deportistas son «marcas». Prácticamente todas las cosas que aspiren a pervivir con fuerza deberán reencarnarse en una imagen de marca, en una marca con imagen: la imagen salva. Los países, los municipios, los barrios, se afanan en promocionar sus jurisdicciones respectivas como cualquier otro artículo de mercado. El marketing hace tiempo que dejó de ser cosa de las mercancías: la valoración de una comunidad autónoma, de las órdenes religiosas o de los equipos de fútbol se efectúa a través del mismo procedimiento que ha enseñado la disciplina publicitaria y son juzgados dentro del mismo protocolo. Francia, China, España son marcas donde habitamos, pero incluso cada uno de nosotros, en cuanto individuo, constituimos una marca en el mercado profesional, en los círculos sociales, entre los parientes. Marcas que pueden ir creándose mediante la educación, los viajes, las conquistas profesionales, las experiencias vitales, pero que pronto incluso podrán diseñarse desde el origen. De hecho, Brand-ADN es la denominación para los casos futuros de niños que sean diseñados con unos determinados genes y no otros hasta constituir un ser humano de unas características y propiedades concretas al modo del resto de los demás productos manufacturados.

El capitalismo de producción sólo era capaz de elaborar bienes inertes, pero el capitalismo de ficción puede elaborar seres vivos (plantas o animales) y todos con el último fin de ser famosas marcas. «*We are brands and brands are us*» (Somos marcas y las marcas somos nosotros), dice en sus textos la novísima firma Getty Images. Las marcas no quieren, sin embargo, seres marcados como fueron los desdichados obreros del capitalismo de producción y de consumo, sino seres elevados a la riquísima categoría que inspira el logo. Traducidos en sugestiones de estilo, en insinuaciones para completar el aire del yo.

El capitalismo de producción era hijo del mundo de la esclavitud y sometía hasta amargos niveles de subsistencia. El capitalismo de consumo moderaba esa presión para succionar un plus dulce en el momento del consumo. Ambas plusvalías se obtienen también ahora en el capitalismo de ficción, pero lo peculiar del nuevo modelo es su intención adicional de hacernos creer únicos, singulares, artistas.

El capitalismo de producción trataba de exprimir nuestras fuerzas físicas sin importarle el dolor, el capitalismo de consumo trataba de exprimir nuestros sueños sin ocuparse de nuestros desvelos, pero el capitalismo de ficción hace su negocio procurando mimarnos. «*The purpose of a business is to create a customer and to satisfy a customer*», dice Daryl Travis (2000), crear un cliente y dar satisfacción al cliente, formar una criatura y hacerla feliz. Nunca a la izquierda se le ocurrieron propuestas más muníficas o afectivas.

MUSEOS EXULTANTES

En España apenas existe hoy una comunidad autónoma, pobre o rica, que no haya erigido un nuevo museo con el que engalanar su imagen. Desde el Domus de Arata Isozaki en La Coruña hasta el CAM de Sáenz de Oiza en Las Palmas, decenas de nuevos edificios museísticos han poblado la geografía nacional en menos de dos décadas y así ha sucedido desde Estados Unidos a Austria, desde Francia a Australia o Japón. Si otras épocas legaron palacios o catedrales, ésta brindará museos cuya cualidad mayor consiste en la referencia a lo no comercial, en tiempos en los que lo más cotizable es lo invisible. De hecho, no ha importado carecer de obra para dar contenido al contenedor: el museo ha funcionado con una sorprendente autonomía simbólica para el consumo. Como un aporte a la imagen de marca ciudadana.

Hasta los años ochenta una ciudad podía proponerse la promoción de su patrimonio, sus palacios, sus monumentos históricos, pero el fenómeno de los nuevos museos representa algo más. Significa, coincidiendo con la etapa del capitalismo de ficción, no ya la exaltación del monumento recibido, sino «la producción del monumento». Declarado el fin de la historia, la autoridad local decide prorrogarla y hasta rediseñarla mejor mediante esta prótesis elegante. Con una peculiaridad añadida: este suplemento arquitectónico se agrega, en general, no en respetuosa coherencia con lo preexistente sino precisamente como un efecto especial, un «suceso» para llamar la atención, un impacto para promocionar el nombre de la ciudad protagonista. El ejemplo supremo es, como bien se sabe, el Guggenheim de Bilbao, elevado a paradigma del marketing, mediante su expresa morfología detonante.

Con este efecto, el museo cambia su vieja función instructiva por la función espectáculo y la reflexión por la sensación. Como consecuencia, cientos de miles de personas han visitado tanto una antología de Kandinsky como una colección de Armani, una monográfica de Zurbarán o los vestidos de Versace. El museo anterior, lugar de estudio, minoritario y lúgubre, desprendido de la actualidad, ha ganado para sí la calidad del entretenimiento y el atractivo excepcional, medido en dólares, que el mundo del dinero a través de Christie's o Sotheby's otorga a su colección.

Hasta hace poco, una obra de arte famosa podía valer mucho, pero no se sabía abiertamente cuánto y ese misterio impedía tenerlo popularmente en cuenta. Su valor, antes de que se hicieran objeto de información las pujas en Christie's o Sotheby's, era desconocido o inexpresable. Sin embargo, ahora los resultados de las subastas han convertido lo inefable en millones de dólares y a Picasso, Van Gogh o Degas en grandes multimillonarios incorporados al mundo del *star system*.

El Louvre se hizo deliberadamente más grande no con el fin único de incrementar su espacio expositivo, sino porque, dentro del *star system,* al público le entusiasma lo colosal. El Museums Quartier, un complejo de 60.000 metros cuadrados en Viena inaugurado en 2001, esperaba recibir dos millones de visitantes al año y el mismo alcalde de la capital lo presentó como «espacio completo para el arte en familia». El J. Paul Getty Center del arquitecto Richard Meier se extiende en Los Ángeles a lo largo de varias edificaciones sobre una parcela de 45 hectáreas, equivalente al mayor centro comercial de Estados Unidos y con intenciones no muy distintas. El nuevo British Museum, que reformó Norman Foster, se inauguró en diciembre de 2000 con una techumbre acristalada igual a la superficie de un campo de rugby y, definitivamente, el museo con perspectivas de ser el mayor posible no se planeó para una gran capital ni con el propósito de albergar un fondo extraordinario, sino para North Adams, Massachusetts, una ciudad de provincias que aspiraba a despertar, de un golpe, la máxima atención de los turistas.

Pero si el museo no consigue crear noticia debido al tamaño lo intentará con su arquitectura insolente. No sólo los museos de Gehry en Bilbao o en Missouri, parecidos entre sí, son espectaculares. El Bonnefanten de Maastricht de Aldo Rossi, el infantil de Predock en Las Vegas, el municipal de Shimosuwa de Toyo Ito, la Galería de Arte y Sala de Exposiciones en Bonn de Gustav Peichl, el Milwaukee Art Museum de Santiago Calatrava son obras que ilustran las guías de viajes y consiguen la mirada del excursionista.

Superadas las postales, trasnochadas las serigrafías, agotadas las láminas, se llama hoy «derivados» a todos aquellos artículos, textiles, cerámicas, metacrilatos, aceros o aluminios que inspiran sus formas y motivos en las obras de arte. Pueden adquirirse en los mismos museos, pero también en las tiendas de souvenirs o en cadenas de tiendas con esas franquicias. En Boston, durante la exhibición de la monográfica sobre Renoir, el Museum of Fine Arts vendió 8,3 millones de dólares en camisetas, sudaderas, catálogos, pósters o calendarios y, por su parte, las boutiques de los diversos museos Smithsonian de Washington suelen facturar por metro cuadrado cinco veces más que los locales comerciales de la misma ciudad.

El Metropolitan de Nueva York (MET) posee en el mundo varias decenas de locales donde vende *merchandising* como si se tratara de la Warner Bros. El mismo MET estrenó a comienzos de los años noventa las llamadas «*soirées* románticas» y en su *balcony* central podía tomarse una copa entre los compases de un quinteto con música de Strauss o Frimi. Más aún, el MET ha sido, en los últimos tiempos, uno de los lugares más codiciados por la alta sociedad para celebrar sus fiestas y sus bodas. Casi lo mismo que viene sucediendo en el Thyssen de Madrid y en tantas otras pinacotecas del mundo.

Las últimas convenciones de directores de grandes museos, que se celebran dos veces al año, una en Europa y otra en América, se centraron en el debate sobre la conveniencia de asumir las reglas de una gestión mercantil que garantizara su supervivencia. Tres de las mayores instituciones de Estados Unidos –el Metropolitan de Nueva York, el Museum of Arts de Filadelfia y el Art Institute de Chicago– funcionan desde hace años con una dirección bicéfala, artística y empresarial; los directivos de las corporaciones patrocinadoras se han vuelto tan exigentes que no confían en un intelectual, por notable o genial que sea, sino que demandan también, en el equipo directivo, la figura de un gestor.

En Europa esta tendencia economicista, antes exclusiva de los norteamericanos, se ha acentuado en estos años con el efecto de numerosas destituciones y dimisiones. En Austria, la orientación mercantil de varias instituciones museísticas escandalizó a diversos círculos intelectuales, y el director de la Casa de la Literatura, Heinz Lunzer, declaraba en marzo de 2002 que «La actual situación –funcionamiento como empresa privada– del Museo de Historia del Arte, del Museo de Artes Aplicadas, de la Biblioteca Nacional, del Teatro de la Ópera de Viena representa una catástrofe cultural». «Que los directores de museos se conviertan en gerentes de empresa puede resultar divertido y hasta sexy, pero no tiene ningún sentido», añadió Peter Noever, director del Museo de Artes Aplicadas. Asimismo, Lorand Hegyi, director del Museo de Arte Moderno-Fundación Ludwig, sentenció: «Esta nueva estrategia cultural sólo puede conducir a Disneylandia» *(El País,* 23 de marzo de 2002). Luego presentó su dimisión.

¿Le llamaron para que continuara? Claro que no. El museo ha elegido entre Disneylandia y la muerte y, decididamente, ha preferido seguir viviendo, aun en la ficción. Desde mediados de los noventa ha prendido un tipo de museo que excita la sensibilidad del visitante y funciona con pautas semejantes a las de los parques temáticos. En el Holocaust Museum de Washington el público recibe a la entrada una tarjeta de identidad con el nombre de un determinado judío recluido en un campo de exterminio y durante el trayecto trata de encarnar las vicisitudes del prisionero. Versiones de esta misma idea se han repetido en decenas de instituciones dentro y fuera de Estados Unidos. Ralph Appelbaum, el arquitecto que ideó el American Museum of Natural History en Nueva York, expresaba este nuevo rumbo diciendo: «Estamos haciendo tremendos esfuerzos por crear un entorno emocional que atraiga al público.» ¿El sonido? ¿El aroma? ¿La chanza?

Todo ello son experiencias que ha asumido el nuevo museo siguiendo los ejemplos del parque de atracciones o la tipología de las tiendas con *e-factor.*

Cuando un personaje del cuadro asombra por su realismo decimos que sólo le falta hablar, cuando la visión de una marina impone su arte parece que oigamos el oleaje, cuando llega el pop-art esperamos que a su espalda suene el rock. Consecuentemente, en Bonn, el Bundeskunsthalle presentó en la primavera de 2001 una retrospectiva de David Hockney acompañando las pinturas con melodías a juego. La contemplación de una obra de 1960, por ejemplo, año en que el autor vivió un romance con Cliff Richard, se unía en los auriculares con los compases de *Living Doll,* éxito de ventas de Cliff Richard durante esa época. Un año antes, el MOMA en su exposición titulada «Modern Starts» programó, en las casetes de guía acústica, música de finales del siglo XIX y principios del XX, contemporánea de los cuadros que se colgaban. Luego los CD, vendidos a 14,98 dólares, arrojaron un notable beneficio suplementario. Finalmente, en mayo de 2002, el Museo de Arte Contemporáneo de Barcelona expuso, a través de ocho obras, una aleación de sonido electrónico y artes plásticas para una experiencia que con la colaboración del Centro Pompidou de París se llamó «Proceso sónico», igual que tantas otras ya en las que el artista proyecta su obra visual con el acompañamiento de la melodía precisa.

Los museos mostraban hasta ahora sus colecciones respetando tres cánones fundamentales: uno era el de exponer las obras cronológicamente, otro el de agruparlas por escuelas y el tercero seguir movimientos y estilos. La Tate Modern de Londres, no obstante, ha ofrecido su fondo repartido en cuatro tipos de géneros (la vida cotidiana, el paisaje, el cuerpo, la sociedad) y no separa por épocas o por estilo; sólo distingue por temas que considera de interés para el gran público. También la Tate Modern, contra el proceder habitual, ha elegido la fórmula temática para mostrar su colección permanente, y así, en la sección «Retratos» puede contemplarse una pintura de Nicholas Hillard (1547-1619) junto a otra de Maggi Hambling, nacida en 1945; en la sección «Vida de Hogar», aparece una fotografía en color de Sarah Jones, de cuarenta y dos años, junto a una pintura de Johan Zoffany, muerto en 1810 y otra de Hockney, fechada en 1967. El recurso temático espolea la curiosidad del turista, lo atrapa, promueve el juego infantil de las comparaciones y proporciona recompensas sin necesidad de entender.

Pero hasta el olor ha sido incorporado a la pintura y la International Fragance Foundation de Nueva York ha elaborado distintas clases de fragancias de acuerdo con el motivo de los lienzos (bodegones, paisajes, interiores) o según la especialidad del centro. Para el American Museum of Natural History, por ejemplo, se ha creado una esencia que evoca la fragancia de una pradera africana y existen ilustraciones aromáticas para otorgar realidad a una muestra de incendios, de marinas, de basuras. El museo no es ya la realidad que era, sino una nueva producción. No es la memoria del pasado sino un presente divertido, no es educación sino distracción, no sobrevive gracias a la cultura profunda sino a la cultura pop o el negocio a secas. Así, en una conferencia celebrada en Chicago en febrero de 2000 Gilbert Edelson, vicepresidente de Art Dealers's Association, reveló que no pocos museos cobran actualmente comisiones por la venta de los cuadros que exponen procedentes de colecciones particulares. «Cada vez más museos –dijo– operan como galerías privadas. Estamos contentos de poder dar la bienvenida a los museos desde las filas de los *dealers.*» Thelma Golden, *curator* del Whitney Museum, ha reconocido que su institución cobraba comisiones, como también lo hace el Metropolitan, entre otros grandes. Pronto la regla será global y la producción del arte dará paso al arte de la producción, la máxima generación del espectáculo creador.

CREACIÓN O PRODUCCIÓN

En un tiempo el artista era Dios. Tenía la consideración de un ser con facultades mágicas que le izaban por encima del resto de los mortales entregados a cualquier otra dedicación. Mientras los ciudadanos iban a trabajar, el artista se dirigía a crear, mientras los demás trabajadores tenían ideas, el artista gozaba de inspiración, mientras el común de los mortales adquiría conocimientos, el artista recibía visiones. Todos morían, pero el artista poseía el don de llegar a inmortalizarse; los demás fabricaban productos pero el artista lograba portentos.

El artista no era Dios pero se le reconocía tocado por la mano de Dios de manera preferida. Como consecuencia, el artista podía hablar de sí como un trastocado y de sus cuadros o de sus libros como regalías de un proceso providencial que se equiparaba a las revelaciones de los santos o los arrobos de la mística. El escritor, por ejemplo, sacaba a los personajes de su cabeza y les otorgaba vida, tan fuerte que con frecuencia incluso se le rebelaban. En cuanto al pintor, nunca supo explicar qué pintaba o por qué lo hacía de ese modo, consecuencia directa de que su mano era conducida por otra mano superior a la que no podría oponerse. El escritor, el escultor, el artista, en fin, era una suerte de poseído por lo más alto y pudo presumir de ser algo único y distinto. Se vistió, en consecuencia, con ropa estrafalaria y se le permitieron delirios sin recibir el castigo de ser internado.

Ahora todo esto ha pasado. El artista que hoy se disfraza de artista denota que es un fracasado. Por el contrario, los verdaderos triunfadores van con jersey y vaqueros, sin buscar llamar la atención porque el patrón de valor del genio se mide en millones de dólares y los millonarios de hoy, como Bill Gates, compran su ropa en Gap o en Zara. En suma, los grandes artistas se confunden con los hombres de negocios y los hombres de negocios son los artistas. Poco a poco los antiguos creadores han pasado de demiurgos a profesionales, de lo áulico a lo productivo y de lo celestial a lo profano.

Del verdadero artista se espera hoy que sea un animador del mundo y no un endiosado ni un tarambana. Se espera que posea imaginación sin necesidad de llamarla inspiración y basta con que nos estimule sin voluntad de redimirnos. Por su parte, el artista se conforma con que se le ocurra algo para lograr no una obra maestra sino producir noticia, y su papel en este mundo se alinea al lado de otros especialistas en la industria de la distracción.

El histórico fin del artista-creador sobrevuela desde hace tiempo en la industria del disco y del libro porque los creativos, los ejecutivos y los analistas de mercados pululan por todas partes. La media del presupuesto para una película en Hollywood ascendía a 5.000 millones de pesetas en 2000; demasiado dinero para dejarlo libremente en manos de personas sin preparación empresarial. En general, dentro o fuera de Estados Unidos, cuanto más dinero hay en juego, más participan los empresarios y menos las genialidades de los músicos, los escritores o los guionistas. Grupos de ejecutivos de las grandes editoriales, de las productoras de televisión, de las compañías cinematográficas asisten hoy a cursos sobre estructura narrativa, ritmos de acción o técnicas fáticas para satisfacer el gusto del público y, a partir de lo aprendido, revisan e introducen variaciones en las obras que se les proponen. Los guionistas, los escritores, los compositores se resisten al principio pero, casi todos, acaban plegándose después ante la complejidad de la estructura y el turbión de las recompensas.

Las casas de diseño, los sellos discográficos, los grandes conglomerados multimedia cultivan patrullas de «rastreadores de estilo», *cool hunters,* que informan, desde los patios de los institutos, los centros comerciales, las discotecas o los barrios, sobre aquello que podría interesar a la población porque pocas cosas se hacen hoy sin preguntar antes. Se pregunta desde las empresas antes de lanzar sus mercancías y se interroga desde los partidos antes de redactar sus programas electorales. Pero, además, pocas novedades surgen como consecuencia de una idea individual. Telefilmes de éxito, películas, canciones y edificios no proceden, como solía ocurrir, de un autor único trabajando a solas.

La actividad artística se ha apoyado a lo largo de la modernidad en dos pilares maestros: la ambición de obtener nuevos conocimientos y el afán por comunicar con los demás. Las vanguardias se concentraban en explorar nuevos mundos y celebraban haberlos hallado cuando provocaban estupefacción. Precisamente la preocupación de las vanguardias no era la comunicación, sino que actuaban muy deliberadamente contra el fácil entendimiento del público. Los militantes de las vanguardias alardeaban de ver más allá, en consonancia con la posición encimada del artista. Veían aquello que los demás no podían ver y eran, desde todos los puntos de vista, profetas. ¿Cómo extrañarse de no ser entendidos?

Ahora, sin embargo, la pretensión de un conocimiento inédito ha desfallecido hasta en las ciencias positivas, y en general pocos creen que quede algo de verdad importante por desvelar. Numerosos profesionales de la física opinan que ha concluido la fase del descubrimiento básico y lo que resta son derivaciones, más o menos importantes, de los fundamentos obtenidos. Con ese espíritu del tiempo, los artistas, los escritores, los realizadores de cine, raramente se empeñan en extraer conocimientos relevantes, más bien se felicitan cuando logran reelaborar atractivamente lo sabido y consiguen, sobre todo, comunicarlo bien. Ser hoy un incomprendido no aumenta la talla de los autores sino que consigue acabar con ellos.

En general, lo raro sólo vale a condición de convertirse en noticia o, lo que es lo mismo, en volverse objeto comercial de la industria de la información. Desde el músico al escritor, desde el pintor al arquitecto, todos concentran sus sueños en difundirse masivamente de modo que cuando un autor hace algo que «pega» se verá tentado, y hasta obligado, a repetirlo sin cesar. Daniel Buren lleva treinta años pintando rayas y Feito cuatro décadas trazando círculos. Un Richard Meier es lo mismo en el Museo de Arte Contemporáneo de Barcelona que en el Centro Cultural Getty, un Calatrava es tan igual en Valencia como en Milwaukee, un Frank Gehry se repite en Bilbao, en Seattle (Experience Music Project), en el Museo de Missouri, en el Disney Hall de Los Ángeles y en el proyecto que preparaba para el Guggenheim de Nueva York. Lo aceptado, lo celebrado extensamente remite a la idea del triunfo democrático y el autor desea ser un demócrata antes que nada; ser aplaudido y no pateado, miembro asentado en el corazón social y no un *outsider.*

Hay excepciones, claro está, hay artistas geniales y «extraños», pero puesto que los más diferentes estilos pueden convivir ahora simultáneamente, desde el minimalismo de Dan Flavin o Morris a la arquitectura tecnológica de Rogers, desde la estética Kinari de Tadao Ando a las sillas Mendini, lo que importa, en caso de pretenderse distinto, es traducirse en suceso mediático. Es decir, incorporarse, por la vía sensacionalista, a las autopistas de la comunicación, al mundo de los media y a sus titulares. Las vanguardias, cuando provocaban, recibían castigo. Ahora se gana la primera página.

«Sensation» fue precisamente el título de la exposición más sonada de la última década. Los 42 pintores británicos (Damien Hirst, Kake & Dinos Chapman, Chris Ofili, Marc Quinn, Gilliam Wearing o Tracey Emin, entre otros) que participaron bajo la etiqueta de Young British Artists (YBA) cautivaron a los media brindando un show, en 1997, que se repitió más tarde, en 1999, en el Brooklyn Museum de Nueva York, donde el alcalde Rudolph Giuliani prohibió la entrada a los menores de diecisiete años no acompañados de personas mayores. La obra más fotografiada fue una de Chris Ofili que representaba a una Virgen María pintada con excrementos de elefante y rodeada por una constelación de vulvas. A su lado, Mat Collishaw ofrecía un cráneo destrozado y sangrante en un lecho de greñas con el título de *Agujero de bala en una cabeza*, y Ron Mueck representaba al padre del artista, desnudo, amarillo y abatido sobre una alfombra: *Papá muerto*. Otras aportaciones fueron la cabeza de un buey profusamente agusanada y el secretante interior intestinal de un cerdo.

Como consecuencia, a la muestra acudieron más personas que en los ciento setenta y cinco años de existencia del centro. Antes de «Sensation» el arte británico era considerado anticuado y provinciano, pero a partir de ahí Gran Bretaña fue reconocida como el nuevo centro artístico del planeta. Noram Roshental, comisario de «Sensation», dijo: «Para nosotros era increíble. Desde el Renacimiento, los artistas se han visto atraídos como imanes hacia algunos centros: Florencia, Roma, París, Nueva York. Pero, de pronto, parecía haberle llegado el turno a Londres...» *(El Cultural,* 14 de febrero de 2001).

El escritor, el novelista, el pintor, el poeta se presentaban antes como almas heridas por la abominable actualidad de su tiempo, pero ahora su mayor lamento es no ser incluidos en los telediarios. Los arquitectos, desde Diller y Scofidio (Instituto Eyebeam, Nueva York) a Michael Jatzen (Casa M. Gorman, California) o Nicholas Grimshaw (Eden Project, Gran Bretaña), se esfuerzan hoy en construcciones «rupturistas» a través de las geometrías imprevisibles de la informática y las ondulaciones de la biología, pero como dice la crítica Anatxu Zabalbeascoa: «No quieren pasar a la historia, quieren entrar en el mundo.»

El exorbitado afán por aparecer en los espacios informativos ha vuelto a resucitar la censura en la Francia de 2002 a propósito de libros como *Plataforma,* de Michel Houellebecq, que denigra la religión musulmana, de novelas como *Rose bonbon* (Bombón rosa), de Nicolas Jones Gorlin, que enaltece la pedofilia, o de *Il entrerait dans la légende* (Entraría en la leyenda), de Louis Skorecki, retrato legitimador de un asesino en serie. Una de las corrientes artísticas durante estos años ha sido notablemente el denominado *abject art,* donde el cuerpo es humillado, quebrantado y profanado (Anna Maria Guasch, 2000), y en la música ha triunfado la *electroclash,* que es un protuberante tecno-pop cutre con espíritu punky.

«Generalmente el arte joven no es muy bueno –dice el pintor Antonio Murado *(Revista de Occidente,* febrero de 2000)–, pero tiene un enorme potencial de entretenimiento y escándalo; es un acontecimiento social de ocio en el que el público hace colas para entrar como las hace en un parque de atracciones.» Todavía hay, en efecto, escritores y pintores que siguen insistiendo en alguna pretensión salvífica, pero pronto el *enfant terrible* sale en televisión y, si prende, dispondrá enseguida de vallas en las que se anuncia su novela con la misma categoría que un vodka.

El cine, los libros, las monográficas de Cézanne, las exposiciones de Cartier, los modelos orientalistas de Terry Mugler, las carteras de Botega Venetta, la Tate Modern de Herzog y Meuron, las joyas de Creperio Due, los zapatos de Brooks Brothers, los diseños electrónicos de Bob Brunner, las óperas de Peter Sellars, el paleto de jicama con mostaza de ruibarbo, las lámparas de Iguzzini, Van Gogh, Marilyn Manson, Enron, todo se une en la cinta continua de una sociedad hambrienta de impactos. ¿Arte de verdad? Francamente, la reverente idea de arte hace tiempo que fue despedida de la escena, no importa si muchos críticos, defendiendo su oficio, simulen que todavía existe. Una vez que, desde Duchamp, Dadá, Beuys o Andy Warhol, el arte puede ser cualquier cosa, ¿qué importa lo que sea? Si la columna no llega al techo, ¿qué importancia presenta su altura?

La general y profusa estetización de nuestro entorno comporta, además, una consecuencia implacable sobre lo artístico: el desvanecimiento de su antiguo sentido y la depredación de su fuste. Desde los objetos a la publicidad, desde los centros comerciales a los museos, desde los automóviles a la equipación de los futbolistas, todo está hoy diseñado, tapizado de estética y polución de creativos. Armani, Lagerfeld o Ferragamo decoran hoteles en Italia, Australia o Estados Unidos; Adolfo Domínguez ha creado la imagen corporativa de la cadena hostelera NH y Antonio Miró los vestuarios para el servicio del Hotel Majestic. Javier Mariscal es responsable del interiorismo del nuevo Hotel Domine de Bilbao y el director de teatro Bob Wilson es responsable de la escenografía de los escaparates de Louis Vuitton en Londres y París. Philippe Starck diseña los hoteles Paramount o la última tienda de Gaultier; John Pawson ha firmado las tiendas de Calvin Klein en Nueva York y Seúl, la cafetería del aeropuerto de Chek Lap Kok en Hong Kong y hasta el monasterio checo de Novy Dvur. El mundo de la arquitectura, el interiorismo, el diseño, la televisión, el paisajismo, la publicidad han envuelto el cuerpo social de una *styling skin* que nos recubre de cabo a rabo. Incluso los franciscanos de la Orden Tercera en Asís (Italia), deseosos de renovar su atuendo, recurrieron a la diseñadora Elisabetta Bianchetti a finales de 2002.

La estetización del propio cuerpo mediante fármacos, intervenciones quirúrgicas, trasplantes llegará al extremo de rediseñar la vida creando, gracias a la manipulación genética, nuevos seres «con encanto». J. Craig Venter y su sociedad Celera Genomics constituyen los primeros ingenieros-artistas de la vida.

Venter, con la colaboración del premio Nobel de biología Hamilton O. Smith, planea utilizar un préstamo de tres millones de dólares del Gobierno estadounidense para crear organismos que produzcan hidrógeno como carburante o que reduzcan las emisiones de carbono en las centrales eléctricas. Pero, aparte los destinos utilitarios, la utilización de la biotecnología como una forma artística se ha manifestado en las actuaciones del norteamericano Eduardo Kac, que en una extensión del arte conceptual encargó a un grupo de genetistas franceses la «producción» de un conejo transgénico llamado Alba, con un gen fluorescente proveniente del código biológico de una medusa. Alba, el conejo que resplandece, es considerado hoy un ejemplo del arte genético que ya se ha puesto en práctica repetidamente a través de las recombinaciones del ADN en insectos, reptiles o mamíferos. Como refrendo a estas «obras de arte» dentro del proceso biológico, la *curator* del Whitney Museum of American Art, Thelma Golden, declaraba en 2002 que «estamos asistiendo al nacimiento de un nuevo tipo de artista, el artista-científico-investigador». Todos, pues, artistas: el biólogo, el arquitecto, el publicitario, el *hacker,* el empresario; incluso el artista.

Si el ciudadano en el viejo capitalismo de producción era, «sobre todo», un consumidor de productos ligados a una dimensión utilitaria y el ciudadano del capitalismo de consumo fue, «sobre todo», un consumidor de signos, el sujeto del actual capitalismo de ficción es, eminentemente, un consumidor de formas.

Ante esta efusiva demanda, el autor se convierte en un productor más, al lado de los demás obreros de la estética. Deja de ser el orate de la fase anterior para convertirse en un profesional cabal junto a fotógrafos, diseñadores de webs, directores de cine, modistos o cirujanos. Lo que significa, al fin y al cabo, viendo cómo evolucionan las cosas, que cumple, después de un bucle histórico, el digno y noble anhelo de las vanguardias consistente en fundir el mundo con el arte; llevar el arte a la vida. Baudelaire llamaba al arte «los domingos de la vida», los intervalos en que la experiencia estética convierte al tiempo común en fiesta. El resultado ahora es que siempre puede ser domingo: los comercios abren veinticuatro horas sobre veinticuatro, siete días a la semana, toda la existencia, para tratar de «divertirnos hasta morir». «Cuando todas las obras son bellas –decía Warhol–, no tengo que escoger; todas las obras contemporáneas valen.» Cuando el arte está por todas partes, en cualquier recinto y objeto, todo el mundo, el mismo mundo, tiene la oportunidad de ser *genial*.

MODA O IDEOLOGÍA

Según el crítico de arte Mario Perniola, en nuestros días se juntan dos grandes tendencias estéticas: una va encaminada a la celebración de la apariencia mejor y la otra se orienta hacia la peor experiencia de lo real. La primera ha encontrado un aliado en los medios de comunicación de masas y es la tendencia que se corresponde con la benévola estetización general del mundo. La segunda opción se recrea, sin embargo, en la excavación o la pornografía del dolor. Ésta sería la corriente correspondiente al *abject art,* al «arte poshumano» (Jeffrey Deitch), «arte traumático» (Hal Foster) o «arte psicótico» (Mario Perniola).

Desde los noventa, lo sucio, lo pardusco, lo desgarrado ha ocupado un lugar sobresaliente en los escenarios del gusto. Existe placer en el disfrute de lo suculento, pero brota una voluptuosidad de segundo grado en el interior de lo más aversivo. Exasperada la búsqueda de seducción, revestidas las superficies de belleza –diseñados los bares, los futbolistas, las medicinas y los tanatorios–, la moda y el arte han viajado a investigar en las cárceles, los camposantos, los suburbios y los vertederos. He aquí también el amor por la basura.

Durante más de un decenio la ropa de los pobres se ha explotado dentro de lo más *cool*. Ropa tomada de los márgenes desportillados del sistema y, para cerrar el broche, cortada y cosida en los lóbregos talleres del Tercer Mundo. ¿Gusto por la miseria? ¿Fervor por el desperdicio? ¿Lavado de conciencia? «*It's terrible to say, but very often the most exciting outfits are from the poorest people*» (Es terrible decirlo, pero a menudo la ropa más atractiva es la de la gente más pobre), declaraba Christian Lacroix en *Vogue* (Nueva York, abril de 1994). ¿Terrible decirlo? Unos años han bastado para que en Francia aparecieran, en agosto de 2002, camisetas de moda estampadas con letras doradas enfatizando la pertenencia a distritos míseros, marginales, canallas, que portaban con orgullo los jóvenes de barriada.

Bajo la guía de lo más astroso, bajo la convalidación estética de la penuria, se comporta el Palais de Tokio de París inaugurado a comienzos de 2002. Anne Lacaton y Jean-Philippe Vassal, los dos arquitectos encargados de rehabilitar el esplendoroso edificio, gastaron tres millones y medio de francos en transformar su antigua belleza en fealdad y su espacio galante en un almacén cochambroso. Dentro de la exposición inaugural se dispuso un área con pilas de abono animal, obra de Paola Pivi, un callejón suburbial calcado de los arrabales de Johannesburgo (Kay Hassan) y cacharros de cocina baratos suspendidos del cielo raso (Subodh Gupta). Un gran cartel decía en una de sus míseras áreas: «*Add elegance to you poverty*» (Añade elegancia a tu pobreza). La indigencia es el modelo y no para denunciar su injusticia, sino para reciclar en valor estético su podredumbre.

Armani con su línea A-X, Ralph Lauren con sus «lavados», Issey Miyake, Johji Yamamoto y Rei Kawakubo con sus «deconstructivos» son algunos de los que han escarbado en este roñoso universo. Efectivamente es posible seguir luciendo un bolso de Loewe o una americana de Ferré, pero casi siempre a condición de yuxtaponer trapos de mercadillo y botas de obrero. El desequilibrio, la fealdad, la basura y la catástrofe son imágenes con las que el capitalismo de ficción ha llenado el arte y la moda. El espectáculo de lo feo posee escuela arquitectónica en la deconstrucción de Peter Eisenman, Daniel Libeskind o Zaha Hadid, y ha embelesado al mundo a través del Guggenheim. «Las formas catastróficas –ha escrito Luis Fernández-Galiano, catedrático de Proyectos en la Escuela de Arquitectura de Madrid– se justifican con frecuencia remitiéndolas a la quiebra contemporánea del universo newtoniano y el paradigma mecanicista. En una amalgama confusa se mezclan... rizomas y fractales que decoran camisetas y revistas de arquitectura, dormitorios de estudiantes y tableros de concursos, bares de moda y tesis doctorales» *(El País,* 24 de diciembre de 1999).

Destrozos, porquerías, putrefacción. Tanto lo bello como lo feo son categorías serias, pero lo feo gana en la moda un punto de mordacidad, una supermirada chic que agrega a las cosas un suplemento de irrealidad de lujo. Se presenta feo lo que podría hacerse de otro modo, pero se hace feo para acentuar la noción perversa, *la part du diable:* lo bello –como lo nuevo– siempre sería más soso.

Lo feo como la cara maldita de la belleza se hace insignia de la transgresión. Una seña que, dentro de la moda, no es indicio del mal insoportable sino precisamente una dosis exquisita de mal para degustar, a partir de él, nuevas ediciones de la belleza desprendidas de la seguridad, la excelencia o la variedad. Significativamente, en Avignon, capital cultural europea de 2000, se rindió un cáustico culto a la belleza en cuatro apartados *(La beauté in fabula, La nature à l'œuvre, Transfo* y *La belle vite),* mientras el lema de la muestra preguntaba: «*Votre idée du beau est-elle définitive?*» Es decir, ¿está seguro?, ¿está de verdad seguro de lo que prefiere? ¿No será más atractivo y misterioso el horror? ¿No es más deslucida una realidad sin guerra?

En tiempos en los que se repite el modelo terrorista, lo bello parece amanerado y el desorden astroso aproxima a la verdad. Martin Margiela empezó a ser famoso en el campo de la moda tras presentar su colección de primavera-verano 1992 con materiales de desecho, en un siniestro almacén del Ejército de Salvación. Su trabajo, decían los folletos, pretendía ser un diálogo entre el pasado y el futuro, entre lo que vestían los vagabundos y desearían usar los ricos, una vez que, en el extremo de la degustación, lo más cotizado fuera el sabor a podrido. El mismo Margiela declaraba: «Creo que todo el mundo debe mantenerse alerta estos días. La moda en cuanto lujo es redundante y debe ser definitivamente reemplazada por una nueva realidad.» ¿Qué realidad? Una realidad más allá de lo real, una realidad irreal. ¿Anticipaba la invención de una guerra asesina? ¿Su pujante infierno interior?

Alexander McQueen, hoy en Gucci, no ha tenido reparo en confesar que usa los desfiles para desencadenar emociones traumáticas, incluidas el llanto y la angustia. En la moda otoño-invierno 1999 de McQueen, la protagonista del desfile fue una modelo norteamericana, Aimée Mullins, que tenía amputadas las dos piernas y que recorrió la pasarela con prótesis diseñadas más un par de botas de la firma. La proposición fue: «¿Dónde empieza y dónde acaba la belleza física?» En declaraciones a *Independent Magazine* (septiembre de 1999), McQueen dijo: «No tengo ganas de que mis desfiles se conviertan en un *cocktail party,* más bien pretendo que la gente salga de allí vomitando.»

Y lo mismo pretenden muchos de los mejores fotógrafos de moda. Terry Richardson, Nick Knight, Juergen Teller, David LaChapelle, Craig McDean o Inez van Lamsweerde se han mostrado de acuerdo en que lo importante de sus fotos no es despertar un deseo hacia la ropa que se viste –como en los dulces días de Chanel–, sino crear una actitud que desequilibre, excite, produzca repulsión o conmueva, para lo cual suelen elegir sedes inmundas o las esquinas más ignominiosas como escenario de sus obras.

¿Subversión política? La moda ha hecho de la subversión un asunto central de su muestrario y ha convertido en sugestión de pasarela la eventual energía de los insurrectos. Con el hilo de diferentes protestas sociales ha cosido el aspecto de su ropa y ha creado incluso modelos *ad hoc* para la desobediencia. En Barcelona, en mayo de 2001, un grupo de diseñadores jóvenes elaboró una moda de trajes de camuflaje, gorras o zapatos, para servir de atuendo a los manifestantes contra la reunión del Fondo Monetario Internacional. Gap, por su parte, ha utilizado varias veces símbolos contraculturales para la promoción de sus artículos; exhibió fotos de James Dean o Jack Kerouac en la promoción de pantalones en 1995 y, a mediados de junio de 2001, decoró sus escaparates «anarquistas» con desteñidos vaqueros de color negro y banderolas rojas. Los carteles en su entorno decían «Independencia», «Libertad», «Somos el pueblo», aludiendo a movimientos ácratas antiglobalización que habían sido primera página de los periódicos recientes. Igualmente, a través de Benetton o Diesel se han propagado alegatos contra la pena de muerte, contra el racismo, contra el abandono de enfermos de sida. En Sarajevo, en abril de 2002, se celebró un desfile en el que los figurantes aparecían ataviados con restos de uniformes militares y abrigos confeccionados con sacos y mantas usados durante el asedio de la ciudad. En su colección de primavera de 1995, cincuentenario del Holocausto, el japonés Rei Kawakubo preparó para la marca Comme des Garçons modelos con la cabeza rapada y disfrazados de prisioneros judíos, y David Delfín, en la pasarela Cibeles de septiembre de 2002, mostró modelos encapuchadas y envueltas en vendas como alusión a la violencia doméstica. Originando escándalo, Hussein Chalayan ha tratado en sus diseños asuntos relacionados con la religión (mujeres de pechos desnudos pero con el velo del islam) y Karl Lagerfeld, en 1994, utilizó, entre la protesta de los musulmanes, inscripciones del Corán como estampados de sus telas. Finalmente, la pasarela Gaudí de enero de 2003 exhibió pancartas contra la guerra de Irak y el «Nunca máis» contra la contaminación del petrolero *Prestige.*

¿Se convertía entonces la pasarela en una suerte de panfleto? ¿Dejaba la moda en ese momento de ser banal? Claro que no: de esa manera los fotógrafos tomaron diez veces más instantáneas que en la presentación de una colección regular y en ello acabó el destino de su soflama. La denuncia se reciclaba en sensación, el desfile en suceso y la colección en noticia de primera plana. Consternar mediante el espectáculo, crear suceso mediante la repulsión y el estrago ha sido la práctica más repetida de los jóvenes artistas británicos, pero tanto como hicieron aquellos pintores hacen estos diseñadores.

Con una diferencia: mientras los artistas apenas crean objetos estéticos, los diseñadores de moda patrocinan incluso estilos de vida. La moda ridiculiza el peso o la tragedia de la historia, para trabajar con la liviandad. El pasado se convalida con el presente y el presente con el sucedáneo de una época por venir. Se trata, en definitiva, de que la moda vaya pasando sin que pase nada y que el tiempo, expurgado de peligro, se convierta en temporada. No hay tiempo que no pueda rescatarse, no hay miseria sin reciclaje ni muerte sin resurrección. La moda toma el tiempo entre sus manos y conmuta la civilización en colección, la razón en sinrazón y lo catastrófico en el anuncio de su escaparate.

La moda en el capitalismo de producción era un subsector donde se recreaba el culto a la mujer hermosa, pero ahora, en el capitalismo de ficción, forma parte del universo general sin distinción de sexos. Hasta los años sesenta el mundo de la moda fue apenas un apéndice de lo social, pero actualmente la moda se halla en todas partes, desde la ciencia a la manera de guisar. En la revista *Neo2* (abril de 2001) un texto firmado por Montgomery decía en nombre de su generación de veinteañeros: «Todo en nuestra vida es provisional... No nos identificamos con ninguna ideología. No tenemos ni idea de geografía. [Pero] Nos preocupa el estilo.» Siendo el estilo ahora mucho más de lo que fue. Siendo el estilo hoy el simulacro de la creencia dentro de un mundo totalmente diseñado. El aroma *sexy* de la posmodernidad tras haberse evaporado la espesura de la convicción y sus oscuros deberes.

4. El sexo

TRANSPARENCIA Y VIGILANCIA

El capitalismo de producción se afianzó en los armazones y los pesados objetos negros: las chimeneas negras, las baterías de cocina negras, los paraguas, los vestidos, las máquinas de escribir, los teléfonos y los coches negros. Luego, el capitalismo de consumo escogió las superficies brillantes, el aluminio y el acero inoxidable, las pinturas metalizadas, los materiales de raylite, los limpiadores domésticos que prometían cambiar polvo por brillo, los modelos de Rabanne. En nuestra época, finalmente, con el capitalismo de ficción, la visión alrededor se hace transparente en las carcasas de los ordenadores, en los edificios, los relojes, las blusas, los tirantes del sujetador. La materia palpable se reemplaza por los píxels, lo sólido por el plasma, lo pesado por lo liviano, el hormigón por el vidrio y la conexión alámbrica por el *wireless*. El paso de lo espeso a lo invisible, de lo real a lo virtual, es el estilo clave de que dispone el capitalismo reciente para no ser apresado ni perecer: se liquidan las fronteras entre producción y especulación, entre la herramienta y la idea, entre el artículo y su logo. El sistema puede parecer corrupto, incluso hediondo, pero se encuentra a salvo de morir porque su universo social y productivo ha pasado de manifestarse opaco a transparente.

Lo grueso, lo recio componían las estructuras del pasado, pero hoy las dramáticas estaciones ferroviarias se convierten en aeropuertos translúcidos y los combustibles fósiles tienden a ser sustituidos por el hidrógeno gaseoso. Lo mismo que ocurre con la *e-bomb* o bomba electromagnética destinada a Irak, que pertenece a la cohorte de las armas *high power microwares* (HPM), tan limpias que son invisibles, no levantan polvo, no cavan cráteres, no producen heridos ni muertos corruptibles: sólo se dirigen a neutralizar la electricidad, anular lo intangible mediante un lenguaje inmaterial. El siglo XX fue el último siglo sólido, tanto en las cosas como en las ideas, y ahora es el momento de la liviandad. El tiempo de la subordinación del dinero metálico al electrónico, de la suplantación de la ideología por la ironía y, de la realidad por el *reality show.* Lo que era fuerte ha perdido complexión y las empresas planean como formaciones ingrávidas. Lejos de consolidarse el capital de las mayores corporaciones en edificios heráldicos aferrados al centro de las urbes, las firmas se disipan por las *sprawl cities*, se expanden apaisadas por el territorio informe, apareciendo y desapareciendo en las imágenes de las pantallas.

En el capitalismo de producción el secreto era una condición de la religión, del arte, de la política o del sexo, pero ahora, en el capitalismo de ficción, el secreto huele mal; es dudoso, acaso terrorista y políticamente incorrecto. «Transparencia» es ahora el término más invocado en los medios de comunicación, en los foros económicos, en los parlamentos o en los estudios médicos, en las tertulias y en los congresos. Para la carne de buey, el Centre d'Information des Viandes (CIV) garantiza el músculo cortado con hacha gracias a *Le Contrat de Transparence*, pero en la carne humana y sexual el auge de la pornografía, dentro o fuera de Internet, responde a la misma proclama: la exhibición sin sombras.

En las tomografías por emisión de positrones (PET), por tomografía axial computerizada (TAC) o por resonancia magnética (RM), se habla de un «cuerpo transparente». Pero la vigilancia militar, política, industrial, a través de la agencia NSA, del sistema Echelon o del proyecto Galileo, buscan también la diafanidad. La organización Transparency International fue creada en 1993, con secciones en más de setenta países, a fin de examinar su grado de criminalidad y airear cada año el Índice de Percepción de Corrupción (IPC) para clasificar a los Estados según la densidad de sus delitos. El planeta global, autoproclamándose democrático, busca la apariencia ideológica de una esfera vidriada para la supervisión y la «super-visión».

¿Podría hoy concebirse un buen Gobierno sin transparencia? Norman Foster, en respuesta a esa presunción política, diseñó primero el Reichstag y después la sede del Ayuntamiento de Londres («un testículo de cristal», lo llamó el alcalde Ken Livington) como dos contenedores exentos de velos. Pero, igualmente, el Experience Music Project en Seattle de Frank Gehry, la mediateca de Toyo Ito en Sendai, la sede de la UEFA de Patrick Berger en Nyon, la Biblioteca François Mitterrand en París de Dominique Perrault, la ampliación del Reina Sofía de Jean Nouvel, todo aquello que quiere ser apreciado recurre a la transparencia.

¿La gestión empresarial? La nueva fábrica de Volkswagen en Dresde, inaugurada en marzo de 2002, se llama Gläserne Manufaktur (Fábrica de cristal) y desde cualquier punto exterior puede contemplarse el proceso de producción completo, mientras los trabajadores, expuestos al público, aparecen como artesanos. Más aún: los visitantes pueden adentrarse hasta el corazón del edificio y proponer diseños para futuros automóviles al tiempo que toman una copa en el bar o almuerzan en el restaurante. La fábrica es penetrable, pública, interactiva porque la idea de la firma es hacer creer en la inexistencia de muros entre productor y cliente, fabricante y comprador.

Al «todo es política» del comienzo del capitalismo de consumo en los años sesenta le sucede el «todo es público» en los principios del capitalismo de ficción. Cuestiones como el sida, la homosexualidad, la violencia domésticas, la pedofilia del clero, los cambios de sexo, los implantes mamarios han obtenido publicidad total. En 1999, entre las obras finalistas del Premio Turner, la más visitada fue una instalación de Tracey Emin, *My Bed*, consistente en la presentación de una cama revuelta donde estuvo convaleciendo la artista tras padecer un aborto. Las sábanas y el edredón aparecían manchados de orín, sangre y humores de color amarillo mientras, en lo alto, un letrero rezaba: «Cada parte de mí está sangrando.» Junto al lecho aparecían dos botellas de vodka vacías y una de zumo, varias bragas, compresas y kleenex usados, condones, anticonceptivos y un muñeco de peluche. La voz en off de la artista, entretanto, narraba los pormenores de sus percances y las estragadas sensaciones que vivía. Tracey Emin no tenía nada que ocultar. No deseaba ocultar nada: más bien la exposición tenía como fin su exposición.

Ese mismo año, en la 48.º Bienal de Venecia, podían contemplarse vídeos con grabaciones de gente haciendo confidencias por teléfono (Christian Marclay) o en la intimidad de su alcoba (Dieter Roth), y en enero de 2000 el Fondart, dependiente del Ministerio de Educación chileno, instaló en una calle de la capital un apartamento acristalado donde una joven comía, se bañaba y dormía ante los peatones. En Génova se experimentó algo parecido con una pareja, y en París, las Galerías Lafayette mostraban dos amas de casa haciendo sus tareas diarias en el escaparate. El interés por no burlar nada a la vista llevó a que, en 1994, la libanesa Mona Hatoum expusiera en la Tate Gallery una videoproyección titulada *Foreign Body*, donde se autoexploraba el interior de su intestino a través de un aparato endoscópico provisto de banda sonora.

La privacidad quedaba antes excluida de la observación pública, pero ahora, en el reino de la transparencia, se ha convertido en materia prima para la explotación. En la exposición «Miradas Impúdicas» que Rosa Olivares montó en Barcelona para la Fundación La Caixa (abril-junio de 2000) se exhibían vídeos, fotografías y webs de gente anónima que enseñaba su hogar, su cuerpo, sus vicios. «La intimidad –decía la comisaria– no es un tema que haya puesto ahora de moda un grupo de artistas modernos, sino que responde al espíritu de la época como demuestra la diversa procedencia geográfica de los artistas que participan.» Un espíritu de la época que no es sino la difusión del gusto protestante por la evidencia: los templos desnudos de estampas y esculturas, los negocios «limpios», las relaciones explícitas, el cortejo sexual sin equívocos. La transparencia es, de otra parte, algo más que un requisito moral: es una cultura muy norteamericana que enaltece lo empírico, un mundo explícito e inteligible de principio a fin, un planeta supervisado.

La pasión de ver o saberlo todo ha hallado importante significación en la divulgación de las webcams. Sus propietarios las instalan en sus salones, cocinas y cuartos de baño para transmitir a los demás el aspecto de su intimidad. Unos muestran sus juegos con los nietos, otros sus copulaciones, otros simplemente los bostezos. La exhibición otorga valor al objeto y al sujeto, una vez que el capitalismo de ficción ha enseñado que nada logra vigencia si no llega a ser imagen. La vida privada se cotiza cada vez menos mientras el espectáculo cada vez más.

Gundar Berzins, ministro de Economía de Letonia, cuya gestión era objeto de numerosas críticas, decidió instalar, en noviembre de 2000, una webcam en su despacho para que los ciudadanos pudieran «comprobar» durante las veinticuatro horas, la «verdadera» eficiencia y honradez de su gestión. Se trataba, efectivamente, de un recurso burdo, pero sus asesores lo aprobaron porque entre la gente despertaba interés. El presidente argentino Fernando de la Rúa también pensó en exponerse dos veces a la semana para hacerse más creíble, pero no consumó el proyecto porque, en este caso, los asesores temieron que pudiera perjudicarle su afición a los bonsáis y a los partes meteorológicos.

En los últimos años, cinco estudiantes, chicos y chicas, de Oberlin, Ohio, se exhiben (www.hereandnow.net) ante 40 cámaras y son millares los solteros, casados, familias internautas que invitan a compartir su intimidad. «The Un-Private House» (La casa no privada) fue el título de una exposición en el MOMA, en 1999, donde 26 arquitectos presentaron sus proyectos de habitación abierta. Terrence Riley, director de la sección de Arquitectura del centro, dijo: «Desde hace cuatrocientos años contemplábamos una progresión de la intimidad. Ahora el fenómeno se invierte.» La intimidad aireada en las webs, en los *reality shows* y los *talk shows,* en los *Gran Hermano* o en los descarnados libros autobiográficos ha pasado a ser mercancía común. Todavía hay mucha gente que se resiste a ceder su intimidad o se escandaliza con su comercio, pero, sin lugar a dudas, esa doble reticencia está condenada al fracaso.

Haría falta dejar de usar la tarjeta de crédito, no facilitar a nadie el número del carné de identidad, la profesión o el domicilio, no responder a ningún cuestionario, no atender a los televendedores, no usar el móvil ni el teléfono, no entrar en Internet ni escribir un e-mail, no comprar Orfidal, para creer mantener la privacidad a salvo. Porque ni aun así lo lograríamos. En 1992, la policía española requisó a la empresa Publicest uno de los mayores y mejores bancos de datos de España, en 1995 el censo electoral español se vendió en el mercado negro por 7 millones de pesetas, y en 1998 Protección de Datos impuso multas por valor de 1.000 millones de pesetas a empresas que revelaron información de carácter privado.

Fiestas infantiles, hospitales, agencias de viajes, clubes de fútbol, videoclubes, centros comerciales, gasolineras... Nuestros datos están recogidos en múltiples ficheros sin que sepamos adónde van a parar y cómo podrán utilizarse. El comercio con fichas personales se ha extendido tanto en los últimos años que una sola compañía, Acxiom Corporation in Conway, poseía un banco de datos que cubría hasta el 95 % de los hogares norteamericanos. Consecuentemente, entre sus principales clientes destacaban empresas líderes en información como AT&T, los almacenes Wal-Mart, Citibank, Citicorp o IBM, Allsate y Automatic Data Processing (ADP), que manejaban la mitad de las nóminas de Norteamérica.

Así como los trabajadores del capitalismo taylorista se hallaban sometidos a observación para cronometrar sus movimientos dentro de las fábricas, ahora se practica la vigilancia sobre la existencia entera. En la red, las *cookies*, códigos o programas incrustados en el disco duro que identifican al usuario, cumplen parte de esta función. En la jerga de los internautas estos programas son conocidos como «E.T.» porque después de que se han acomodado en el ordenador y registrado los datos hacen lo que E.T.: telefonean a su casa.

A medida que se fueron conociendo los peligros para la intimidad, aparecieron varios programas (AtGuard, Back-Orifice, NetBus, Kremlin) protectores o «trituradores de *cookies*», y algunos navegadores ofrecieron la posibilidad de rechazarlas, pero la mayoría de los usuarios, aunque rehúsen alguna vez, también las aceptan. Georg Simmel decía que a las personas cercanas no les revelamos determinadas cosas, pero que sentimos una irresistible inclinación para desahogarnos con los recién conocidos. Además, mucha gente acepta entregar los derechos de su privacidad y ser bombardeada con anuncios, a cambio de recibir descuentos, pequeños regalos o entradas para un concierto de rock.

En cuanto al puesto de trabajo, cualquier empresa puede adquirir por unos 120 euros un software del tipo Spector, Asentor, Investigator o eBlaster, válidos para rastrear las conversaciones y los correos electrónicos de los empleados. ¿Injurias a los jefes? ¿Sediciones? ¿Deslealtades? No importa qué comunicación puede ser registrada y localizable. En 1997 una investigación de la American Management Association sobre 900 grandes compañías concluyó que hasta dos tercios de ellas espiaban electrónicamente a sus trabajadores.

Rescatar el grado de intimidad que existía en los años setenta es ya una quimera. La gente se resistía antes a ser indagada por los encuestadores, a ser grabada por las videocámaras o a ser espiada en Internet, pero las nuevas medidas contra el terrorismo han terminado por desvalijar cualquier secreto. En Estados Unidos, el Pentágono ha proyectado un supersistema informático llamado Total Information Awareness (Total Conocimiento de la Información) para vigilar las vidas de los estadounidenses e indagar en sus comunicaciones electrónicas, sus transacciones bancarias y sus datos personales sin necesidad de autorización judicial.

En el Reino Unido, principal laboratorio de la videovigilancia, había instaladas, en 2000, más de 230.000 cámaras en 2.000 puntos públicos, a los que hay que añadir las cámaras con circuito cerrado en locales comerciales y privados. Después del agua y la electricidad, el gas y las telecomunicaciones, la televigilancia se ha convertido en la quinta red urbana de Gran Bretaña, y pronto lo será en Estados Unidos. Y no sólo en Estados Unidos. Por encima del mapa, a escala internacional, se encuentra finalmente el programa Echelon de la National Security Agency (NSA), una agencia de información creada por Estados Unidos, Gran Bretaña, Canadá, Australia y Nueva Zelanda, destinada a controlar todo el tráfico internacional vía satélite y capaz de aislar determinadas palabras o frases a partir de cientos de miles de mensajes. La NSA, que fue creada en 1949 para interceptar las comunicaciones estratégicas de los países del Pacto de Varsovia, ha dirigido su propósito, tras la guerra fría, a una televigilancia global. Cada día, millones de faxes, de télex o de llamadas telefónicas del planeta son cribados, seleccionados y analizados por esta central de inteligencia, dos veces mayor que la CIA y varias veces más poderosa.

Hasta hace bien poco el Gobierno norteamericano negaba su existencia y las bromas en Washington sustituyeron el significado de sus siglas: «National Security Agency» por «No Such Agency» (No existe tal agencia) o «Never Say Anything» (Nunca digas nada). Por ley, la NSA no puede espiar a los ciudadanos estadounidenses a menos que se vea amenazada la seguridad nacional, pero puede actuar sobre cualquier otra empresa o individuo de la tierra. Con lo cual, la totalidad del globo es una esfera acristalada.

O como dice Whitaker (1999): «Las nuevas tecnologías de la vigilancia hacen cada vez más transparentes a las personas, y reducen sin cesar los espacios privados en los que la gente se retraía para refugiarse y dedicarse a sí misma.» Esta intromisión, sin embargo, que hace unos años parecía inconcebible, es cada vez mejor aceptada porque el terrorismo ha convertido la seguridad en un valor ciudadano en alza. En Estados Unidos no ha existido nunca el documento nacional de identidad, y esta ausencia ha sido vivida como un orgulloso emblema de libertad personal. A finales de 2001, sin embargo, hasta un 68 % de los norteamericanos encuestados apoyaba su implantación. En ese mismo sondeo, un 81 % de los consultados demandaba mayor inspección de las transacciones con la tarjeta de crédito y un 86 % aplaudía la instalación de sistemas de detección facial en los aeropuertos, estaciones de tren, etcétera *(Business Week,* 5 de noviembre de 2001).

En cuestiones de seguridad todo parece hoy poco, mientras en asuntos de libertad el ciudadano ya se conforma con menos. Por una parte se ha llevado el miedo hasta la cotidianidad y todo el mundo desea sentirse blindado. Por otra, la preservación de las cotas de libertad ganadas ha comenzado a perder funcionalidad una vez cumplidas las principales liberaciones: la sexual, la política, la económica, la artística. Como consecuencia, en los países «liberalizados», supuestamente desbordantes de libertad, su valor marginal ha decrecido en provecho del valor seguridad y en beneficio de la demanda de custodia, protección y guardianes. «Vislumbro un mundo en el que la policía será la gente, y la gente la policía», expresaba, en 2001, Joseph Brann, director de la COPS (policía de comunidad) de Estados Unidos. Vigilantes y vigilados pues en una esfera de visibilidad completa. Cuerpos transparentes, desrealizados, en el reino de la supervisión total.

La demanda de visión y espionaje de la intimidad del otro, la supervigilancia de la sociedad y la demanda de transparencia política y económica, se corresponde con el auge actual del porno. En 1995 se realizaban en España 5 películas pornográficas y en 2001 se aproximaron a las 50. Entretanto, las compañías distribuidoras sirvieron al mercado unos 1.000 títulos de diferentes procedencias extranjeras. A lo largo de los últimos festivales de cine erótico de Barcelona se han acreditado más de 1.000 periodistas de todo el mundo, pero otros festivales semejantes han ido proliferando en los años noventa, desde Cannes a Las Vegas. La publicación de los libros con fuerte contenido sexual aumentó en un 324 % entre 1990 y 1996, mientras la cifra de los títulos, en general, crecía sólo en un 83 % (*Books in Print*, 1997). La oleada de pornografía en televisión, cine, revistas, en videojuegos, en galerías de arte, en teléfonos rosa, en anuncios por palabras, en vídeos, en pasarelas, en la publicidad de moda, en el porno-chic (Dior, Ungaro, Yves Saint Laurent, Sisley), se multiplica por mil con la espectacular demanda de pornografía en Internet.

La pornografía *on line,* al alcance de cualquier ciudadano, se ha convertido hoy en el primer producto de éxito dentro del comercio electrónico, y a comienzos de 2000 si alguien introducía en el buscador más potente, *alltheweb.com*, la palabra *sex*, el resultado de la búsqueda ofrecía 1,5 millones de enlaces mientras que por el ejemplo la palabra *car* (coche) daba 500.000. Una investigación de la Carnegie Mellon University, de Pittsburgh, publicado en 1995 y titulado *Marketing Pornography on the Information Superhighway*, afirmaba que «la pornografía constituye la aplicación recreativa más extendida en las redes».

En enero de 2000, según Nielsen Net Rating, 17,5 millones de navegantes visitaron webs porno, un 40 % más que en los cuatro meses anteriores, y, de acuerdo con Román Gubern (2000), el 68 % del comercio electrónico actual es ya de contenido pornográfico. Precisamente la decadencia de las revistas porno, con una disminución de sus tiradas en más de la mitad, obedece a que «la emoción fuerte se ha trasladado a los ordenadores, tan calientes que podrían derretir el mecanismo».

Según Berth Milton, dueño de Private, la empresa del imperio porno, existen hoy unas 300.000 páginas en Internet en todo el mundo con un volumen de facturación superior al de la industria cinematográfica en taquilla *(El País,* marzo de 2001). Los clientes típicos son hombres jóvenes y de mediana edad, con un nivel de ingresos entre medio y alto porque, según la Sociedad de Psicología Americana, las dos actividades a las que dedican más tiempo los jóvenes *traders* y *brokers* en torno a Wall Street son el footing y la masturbación.

Para Estados Unidos la revista *Forbes* ha elaborado una lista de las 15 empresas más poderosas del porno y en ella aparecen dos proveedoras de películas, juegos y servicios de Internet para hoteles. La primera y líder del sector es On Command Corp, que cotiza en el Nasdaq y abastece a 975.000 habitaciones en 2.450 hoteles repartidos en 22 países, con una clientela de 250 millones de personas. Complementariamente, en las habitaciones y cuartos de baño de hoteles de alto standing de numerosas capitales del mundo, hay cámaras ocultas destinadas a grabar escenas íntimas que después se venden a voyeurs o se pasan a través de 150.000 páginas web *(El País,* 21 de mayo de 2000). Bagdad, en Barcelona, es uno de los mayores templos europeos del porno en vivo desde hace un cuarto de siglo, y Juani de Lucía, su propietaria, trasladó el negocio a la red a finales de los noventa. En Bagdad.com, abierto veinticuatro horas, de las cuatro de la tarde a las cuatro de la madrugada funciona un chat erótico y durante las siguientes doce horas se reproduce en diferido. La página atrae unas 600.000 visitas semanales.

Gracias a lo que los norteamericanos llaman la triple A –*anonimity* (anonimato), *access* (acceso fácil), *affordability* (barato)–, en los últimos cinco años ha cambiado no sólo el modo de producir y distribuir la pornografía, sino el tipo de público que la consume. Al Cooper, psicólogo de la Universidad de Stanford, especializado en cibersex, habla incluso de una «segunda revolución sexual», porque Internet ha ayudado a mucha gente a superar las viejas barreras puritanas y a convertirse, si lo desea, en un desahogado consumidor de material erótico.

La palabra «pornografía» procede del griego *perné,* que significa «esclavitud», y *porné* era la denominación de las prostitutas y de los esclavos de los que se podía gozar sexualmente. El cine pornográfico nació en los burdeles para excitar a la clientela masculina, y recibía el nombre de *smokers* o, en Francia, *cinéma cochon.* Ahora, sin embargo, este tipo de cine se autoproclama un género al lado de los *thrillers* o los *westerns,* debido acaso a la creciente aceptación por parte de la mujer, frecuente guía hoy de lo que es o no es políticamente correcto. Todavía tan sólo el 17 % de los consumidores de porno son actualmente mujeres, pero el porcentaje ha aumentado notoriamente y las mujeres productoras de porno también. En Francia, en 1999, Virginie Despentes retaba a la censura con su película porno *Baise-moi* (Fóllame), cuya proyección acabó siendo prohibida en los cines de exhibición general por el Conseil D'État. Despentes, que realizó la película junto a la actriz X Coraline Trinh Thi, forma parte de un grupo de directoras francesas, como Catherine Breillart *(Romance,* famosa, entre otras extremosidades, por los 24 centímetros del pene de Rocco Siffredi) o Jeanne Labrune *(Prends gard à toi)* (Cuídate), que han quebrado el tabú de que las producciones pornográficas era asunto exclusivo de los hombres. La aparición, además, en ese año 1999, de Laetitia Masson y Brigitte Roüan con sus respectivas películas X *(À vendre* y *Post coitum)* se ha doblado con nuevas producciones y hasta con briosos manifiestos. Otra Catherine más, Catherine Millet, fue famosa en 2001 por el éxito de su libro *La vida sexual de Catherine M.,* mientras Breillat volvió a la actualidad con el rodaje de *Pornocratie*.

Tradicionalmente, las feministas han estado en contra del género pornográfico, pero en los años ochenta aparecieron empresas de porno dirigidas por mujeres, como la compañía Femme Productions, y películas escritas y dirigidas por ellas con más «argumento» y «más psicología» que las hechas por hombres.

En la obsesión por verlo todo, nuestro mundo se ha desnudado tanto y de tantos modos en los últimos años que la dificultad empieza a presentarse ya en la definición de lo que es porno y lo que no lo es. Lars von Triers, fundador de DOGMA, el «cine natural», ha sido uno de los máximos impulsores de este cine, como señal de que lo «porno» y el despojamiento de artificios técnicos pertenecen a la misma categoría. Pero, además, ¿cómo clasificar películas como *Lucía y el sexo* (2001), de Julio Medem, *Intimidad* (2001), de Patrice Chereau, Oso de Oro en la Berlinale, o *Ken Park,* de Larry Clark y Ed Lachman, escándalo en la Mostra de 2002? La distinción entre lo porno y lo no porno se dificulta porque la pornografía (también política, económica, cultural), y el desnudo ha ganado tanta banalización que en las protestas, sin importar su asunto político o no, los manifestantes se quedan inmediatamente en cueros, lo que ya dista de significar subversión.

En Europa del Este se ensayaron, en el año 2000, telediarios con locutoras y locutores que van quitándose la ropa a la vez que leen las noticias: los profesionales de la meteorología de TV Nova, en la República Checa, empezaban el programa de madrugada, desnudos, y a continuación iban poniéndose prendas adecuadas al tiempo que anunciaban. En Rusia, presentadores del informativo principal, *La verdad desnuda,* realizaron entrevistas casi en cueros y, a su vez, la chica del tiempo hacía striptease en directo.

Sintomáticamente, la pornografía comercial se ha extendido en tal medida que ahora los vídeos acentúan las escenas donde las violaciones ya no son simuladas y el masoquismo se revela a través de la *bukkake* (una mujer se ofrece o es forzada a ofrecerse a decenas de hombres que eyaculan sobre su cuerpo) o del *fisting* (se hunde el pie, la mano, alguna parte del brazo en el sexo de la mujer). Sallie Tisdale, autora del bestseller *Dime guarradas* ha declarado que para algunos ex adictos, el sadomasoquismo llena hoy el vacío que les dejaron el alcohol o las drogas. Es decir, ahora se trataría de una suerte de «pornotrip», un viaje hacia otra realidad que devora lo real y transporta a un escenario de verdad constituyente.

El porno resultaría así, al cabo, tanto del orden del *cinéma cochon* como del *cinéma vérité*. El auge del porno sería, pues, un signo de la demanda de «verdad-verdad», el grado extremo de la ansiedad por lo auténtico (¿lo honesto?) puesto que, en el porno, ni la erección ni la eyaculación pueden fingirse. Son, por tanto, muestras de realidad estricta, una vez que la realidad ha desaparecido o se adultera en los media. La diferencia, sin embargo, respecto al *cinéma vérité* de los años sesenta es que entonces lo revelado era *denuncia* para provocar insurrección, mientras que el porno es hoy, en definitiva, disolución masturbatoria, tautología genital.

En la tradición más reciente, la pornografía se distinguía del erotismo no por el desnudo (el culo y el pecho, masculinos o femeninos, se ven mil veces al día), sino por tres elementos: la pornografía exhibe lubricados y abiertos los órganos genitales y presenta minuciosamente y de cerca los actos sexuales; la pornografía tiene por complemento la excitación de quien escucha o mira, atendiendo a la autosatisfacción masturbatoria del personaje; y finalmente, el porno hace creer que toda mujer es voraz, perversa, desea el cuerpo del hombre sin poder contener sus impulsos. Es decir: ficción total.

Propia de la pornografía, en todo caso, en el máximo caso, es la iluminación de lo más recóndito, el plano corto de la mínima anfractuosidad. Propia de la pornografía es la exposición completa, sin frunces por donde indagar ni rendijas por recorrer. Con un efecto paradójico: la exposición de la intimidad a la mirada absoluta anula la intimidad y hace desaparecer el objeto. Porque una vez que se ha explorado exhaustivamente todo el campo, una vez que la pupila se ha colmado de lo más explícito, la visión se vela. La total visión de lo visible anula la excitación y el resultado es una hartura donde agoniza el deseo por el objeto.

Esto es, en fin, lo paradójico de la pornografía máxima, la trampa de la transparencia total: resulta tan meridianamente accesible que se confunde con la banalidad del todo. La pornografía no es pues una opción extraordinaria sino una vulgar metáfora del exceso, una suerte de categoría post. «En realidad –dice Baudrillard (2000)– ya no hay pornografía identificable en cuanto tal porque la pornografía, agotado el secreto político, económico, artístico, sexual, está virtualmente en todas partes...» Y en ninguna. Todo aparece ante la vista y, nunca antes como ahora, no llegamos a ver nada. La luz máxima lo ocupa todo hasta hacer imposible dilucidar.

MIL SEXOS

Ésta es la época del declive del hombre. Siguen naciendo varones virtuosos, varones que obtienen Premios Nobel, golean en los campeonatos de fútbol, cantan rock o clonan ovejas, pero lo que de verdad cuenta, en la literatura, en el disco, en la política o en la fecundación, es que el protagonista sea mujer. Una vez que las mujeres han logrado un estatuto de igualdad, el paso siguiente ha sido la elevación de su arquetipo a la mayor categoría. Frente a la leyenda de Protágoras, que hacía del Hombre el patrón de todas las cosas, el lema de la Posmodernidad hace a la Mujer el canon de la mejor referencia. Hoy, de acuerdo con el nuevo código, los hombres aparecen como protagonistas de la violencia doméstica, la explotación y el abuso sexual de los niños, la violación y el fraude, el tráfico de drogas, las guerras y el terrorismo, hasta el punto de que, en el mundo, el 90 % de los encarcelados por crímenes de sangre son varones. Hay mujeres sanguinarias, pero no tantas. Las mujeres se anuncian a sí mismas como la esperanza de un futuro mejor, del desarrollo sostenible, el cuerpo ecológico, la encarnación de la afectividad y el fin de las guerras. Complementariamente, sus estereotipos históricos –la sentimentalidad, la empatía, el gusto por los detalles, la sexualidad difusa, la mayor visión en la oscuridad– se muestran como los atributos idóneos para la política, la economía o la sociabilidad del siglo XXI.

Pasados los años, no le ha bastado a la reivindicación femenina con la victoria económica, jurídica y social del feminismo. A eso ha sucedido la apología de su sexo y, como consecuencia de su exaltación enorme, la fuerza del hombre se ha achicado. De hecho, cada vez se empeña menos en discutir las conclusiones sociobiológicas pro feministas, asume mejor las cuotas de la discriminación positiva, su ignominia machista, su deber de fregar. En general, lo femenino es lo prometedor, mientras lo masculino se encuentra obsoleto o desgastado.

Ser hombre, en fin, ha perdido popularidad pero, curiosamente, no sólo para su deterioro como «sexo fuerte», sino también para el debilitamiento de la sexualidad. Precisamente, la paradoja del movimiento de emancipación femenino es que ha tenido demasiado éxito. Ha tenido tanto éxito que deja a lo femenino frente a la debilidad (más o menos táctica y defensiva) de lo masculino y como resultado se llega a una nueva y extraña situación: el enérgico resentimiento de las mujeres contra el «no poder» masculino (Baudrillard, 2000). Porque sin la vigencia del antiguo poder masculino la mujer, al dejar de estar alienada por el hombre, deja también de disfrutar sus «privilegios» de mujer (el encantamiento romántico, el misterio, el galanteo) y en el lugar del viejo odio contra la represión aparece un nuevo odio contra la «normalización».

Es la misma animadversión que sienten secretamente los niños contra los padres que no quieren asumir su autoridad de padres, que aprovechan la emancipación de los niños para liberarse en cuanto padres y desprenderse de su papel. En esos casos se presenta no el antiguo expediente de la rebelión de los hijos contra el orden parental, sino el odio de unos niños desposeídos de su estatuto y de su antigua ilusión de ser niños; porque «el que se libera no es nunca el que uno cree».

La actual debilidad de lo masculino tiene significación hasta en el orden biológico cuando estudios recientes han registrado una disminución en la tasa de espermatozoides del flujo seminal y, sobre todo, una disminución de su voluntad de poder, porque los espermatozoides ya no rivalizan tanto para cumplir el objetivo de la fecundación. ¿Tienen también miedo a las responsabilidades los espermatozoides? ¿Se debe ver en ello un síntoma de la extendida lasitud?

A efectos de la identidad, el sexo parece ser cada vez menos necesario y decisivo. No se trata de que vaya a reducirse su práctica, pero sí de que su función reproductora será más insegura y, como consecuencia, su rango fundacional. Más que a la procreación, el sexo avanza ahora hacia la *recreación,* y la mujer, precisamente gracias a su liberación, ha contribuido definitivamente a ello.

Desde el nacimiento de la primera niña probeta, en 1978, cientos de miles de seres humanos han sido concebidos en los tubos de los laboratorios y no en la cama, de manera que cuando la clonación humana se realice, la vinculación entre órganos sexuales y reproducción habrá quedado totalmente rota. Gracias a las técnicas de clonación será posible practicarse un corte en la piel y gestar una persona como si el cuerpo humano fuera un esqueje o una estrella de mar. En el libro *Remaking Eden* (1998), Lee Silver, profesor en la Universidad de Princeton, dice que la reproducción sin sexo llegará a ser la norma, las lesbianas podrán acceder a tener hijos biológicos mediante la fertilización de dos embriones, uno de cada miembro de la pareja lesbiana, o clonándose una de las dos y realizando el desarrollo del embrión en el vientre de la otra. Ante ese porvenir hay feministas que se felicitan porque el hombre deje, de una vez, de tener participación alguna en la gestación de un hijo, y en Londres, desde julio de 2002, funciona el primer banco de esperma para lesbianas, denominado «Hombre no incluido», que permite escoger entre varias muestras de varones posibles. Ni la mujer necesita hoy a un hombre para prosperar, defenderse o salir al cine, ni lo necesita para ser madre.

Si el siglo de la genética fue el de la igualdad biológica entre las células sexuales, el siglo XXI será, seguramente, el de la supremacía del óvulo. Se va a poder prescindir del hombre en la fecundación, pero de la mujer no, se ha podido reemplazar el espermatozoide por un gameto inmaduro o incluso por una célula somática, pero el elemento femenino será necesariamente un óvulo maduro, una delicada maquinaria celular en la cual el ADN no es más que un ingrediente. En el siglo XXI los caminos de la reproducción pasarán por la intervención de la mujer, pero no por la obligación de vérselas inexcusablemente con un varón. Es decir, pasarán por la organización de la mujer, pero no necesariamente por la batuta del pene.

En los años sesenta se separó –gracias a la píldora– el sexo de la reproducción; cuarenta años después se ha separado la reproducción del sexo. Antes era el máximo de sexo con el mínimo de reproducción; ahora es el máximo de reproducción con el mínimo de sexo, o con sexo igual a cero (Baudrillard, 2000). Incluso si el sexo es demasiado bueno como para prescindir de él, cada vez más gente lo descuida para los objetivos de la reproducción. En 1978 sólo nació Louise Brown de la fertilización en un tubo de ensayo, pero veinticinco años más tarde había en el mundo más de 300.000 personas gestadas de esta forma. Mucha gente, además, creada por las técnicas in vitro es estéril a causa de la herencia recibida y esto acabará teniendo como consecuencia que, si desean tener hijos, volverán a reclamar la fecundación en los laboratorios. Agréguese a esto la demanda que procede de los gay y de las lesbianas, la petición de aquellos que por motivos de eugenesia no desean transmitir una enfermedad o incluso de quienes demandan un hijo más alto, y la reproducción sin sexo irá multiplicándose. Millonarias actrices de Hollywood, modelos de pasarela que rehúyan estropear su figura con el embarazo pueden recurrir a la adopción, pero también estas mujeres podrían decidirse a adoptar un clon (gestado en un vientre de alquiler) y manipular sus genes de acuerdo con sus necesidades y antojos. No cabe duda de que lo harán. ¿Por qué no iban a hacerlo? ¿Por qué, si pueden proporcionar a su hijo unos genes más favorables, habrían de contenerse?

Tanto por la escisión entre procreación y copulación como por los cambios en las relaciones hombre-mujer, la sexualidad se encuentra en vilo. Por una parte, la mujer ha decidido abdicar de muchas de las piezas culturales que formaban el mecano de su estereotipo convencional; por otra, el hombre se desplaza hacia un nuevo personaje apartado de su estereotipo desacreditado. La mujer no acepta seguir desempeñando las funciones que tenía atribuidas, pero el hombre tampoco.

Desde hace años, las feministas eligieron hablar de género (cosa cultural) antes que de sexo (cosa biológica), pero ahora, con la multiplicación de papeles de diferentes colores sexuales, viene a borrarse la bisectriz hombre/mujer. Al dominio social masculino se opuso durante siglos el dominio sexual de la mujer. Pero ahora el hombre ha rebajado su perfil al mismo tiempo que la mujer ha descaracterizado el suyo. El hombre-hombre y la mujer-mujer son modelos en decadencia mientras cunde el apogeo del *mix*. Entre uno y otro género se han mitigado las diferencias, y con eso también parte de los misterios y embrollos de la heterosexualidad. El eterno femenino y el mortal masculino se deshacen y los sexos se conjugan sobre una segunda igualación del amor y la pasión. O bien: de la misma manera que en el actual relativismo ético se ablandan los polos del bien y el mal y en el relativismo político la diferencia entre derecha e izquierda, en la sexualidad se amortigua la oposición. El estilo del mundo elige los colores suaves, la flaccidez, el consenso o la amalgama, y así como en la cultura, perdido el sentido de qué es arte, incontables fenómenos pueden ser arte, en la sexualidad, perdido el criterio de qué es auténticamente femenino o masculino, cualquier cosa podría parecerlo.

Sociólogas, psicólogas, feministas han divulgado recientemente la idea de que la constitución física de los cuerpos ha marcado excesivamente la dicotomía masculino/femenino cuando, de verdad, el género sería una cuestión histórica y no medular. La antropóloga Mercedes Fernández-Martorell sostiene que «los humanos hemos construido casi toda nuestra identidad basándonos en esa pequeña porción de nuestro cuerpo que es el sexo... Pero eso es sólo una opción como podía haber muchas otras» *(El País,* 21 de enero de 2001). Las diferencias profesionales, de estatus o de edad se superponen a las del sexo.

Se llegaría, pues, al punto de que habiendo perdido valor la bipolaridad hombre/mujer en el sentido fuerte, su desbaratamiento produciría una proliferación de piezas, como si se tratara de un aparato desmontado, «des/acoplado». Así, Beatriz Preciado es partidaria, en su libro *Manifiesto contra-sexual* (2002), de un reino de relaciones donde las particularidades genitales serían como pequeñas amenidades sin consecuencias mayores. Lejos, pues, de fijar la atención en los emblemas del sexo y sus barrocos argumentos, la «contrasexualización» propugna una sexualidad sin rostro genital, entregada a la caricia amplia en una topografía sin lugares eminentes. ¿Está el hombre en condiciones de entender esta explanación? ¿Esta devastadora castración?

Seguramente no, porque mientras la copulación ha sido capital en la representación de la conquista masculina, en la femenina no tanto. Mientras las mujeres han sido más homosexuales, los hombres son especialmente homófobos. La conciliación, pues, de los cuerpos sin los caracteres primarios de la genitalidad puede ser una tendencia que dirijan notoriamente las mujeres orientadas por sus peculiares deseos. Pero ¿cómo no esperar hoy algún contagio? ¿Cómo no admitir que la relación sexual sigue hoy cada vez más la traza de los deseos femeninos que de los masculinos? Si la relación carnal fue, como se decía, «coitocéntrica», de acuerdo con las preferencias del varón, ahora tiende a ser coitoexcéntrica, repartida como la paciente caricia corporal que solicitaban las amantes.

Asistimos probablemente ahora a lo que Óscar Guasch (2000) llama «la crisis de la heterosexualidad» queriendo expresar, de una parte, la facilidad con que la sociedad heterosexual, antes tan escandalizada con los homosexuales, acepta la emergencia gay y, de otra, la ligereza con la que se toma hoy este asunto, antes tabú. En suma, dice Óscar Guasch, la cultura de la heterosexualidad está en crisis tras flaquear sus dogmas, pero también la subcultura gay, tras haber perdido significación. Por un lado, la sociedad parece volverse gay al reproducir la mayoría de rasgos que hasta el momento sólo se hallaban presentes en esa subcultura, y, por otro, la progresiva normalización de lo gay lleva a su institucionalización, a su absorción

De los gay son las modas de las prendas ceñidas o semitransparentes, pelo azul y fucsia, los *piercings*, los tatuajes, los pantalones de cuero, los peinados extravagantes. De los gay es la cultura que impera en las revistas de moda, en el estilo de las películas, en la publicidad de Calvin Klein, Armani, Versace o Gaultier, en la figura de ídolos deportivos como David Beckham, en las voces celebradas de la radio o en los presentadores de la televisión. De nuevo, pues, como sucede con el feminismo, la paradoja del movimiento gay es que ha tenido demasiado éxito. Ha logrado tanto éxito como para haber permeado en la cultura general y como consecuencia haber dispersado su identidad en el arco iris de los sexos múltiples.

Dos sexos, hoy, son pocos sexos, pero incluso tres es una cantidad exigua. Lo actual, de acuerdo con las últimas tendencias, es ser *queer* (rarito), un concepto que emerge como una alternativa contracultural cuando el fenómeno contracultural parecía sepultado. Originariamente la palabra *queer* se aplicaba en la acepción de «marica», pero hoy los *queer* son otra cosa y mucho más. Los *queer* ven a los gay aburguesados, tan encajados en la normalidad y tan «clasificados» para el sistema como los travestidos, los transexuales, las *drag-queens,* y los *drag-*

kings, los bisexuales o las lesbianas que conforman un catálogo fijo. Lo *queer* sería, por el contrario, lo incatalogable, tanto en el sexo como en otros campos de la cultura: en la lingüística, en la epistemología, en la representación o en la política, aspectos todos ellos que auspician el nacimiento de una movilización antisistema. Según Rafael Mérida (2002), para los *queer* no hay una identidad sexual determinada. Como en el trabajo, como en el amor, como en la biografía general, las identidades cambian, se unen, se degradan, se refuerzan, se canjean o se disipan. Las sociedades mestizas, los automóviles *multipurpose,* las investigaciones interdisciplinares, las alineaciones multirraciales en los deportes, las comidas de fusión, las esporas amorosas son *queer.*

Fear of a Queer Planet (Miedo a un planeta *queer)* es el título de una antología de Michael Warner (1993) en la que se denuncian los intentos de sofocar este pensamiento cultural que remueve los códigos dualistas y abre el camino a los *pushy femmes,* las *ladies in tuxedoes*, los hombres feministas, las lesbianas que se acuestan con hombres, los bujarrones, las gentes que simpatizan con ellos y algún subversivo más. ¿Agotadas las ideologías? ¿Envejecida la izquierda? Contra esa decadencia nace el *queer*, que es la identidad proteica, el bucle de lo más extraño, la juntura del mestizaje y la homogenización, la contigüidad del sexo múltiple o el monosexo imaginario que inspira mil gradaciones del sexo interminable. Sexo infinito dentro de un solo sexo, la realidad o el imaginario de la sexualidad global curiosamente asociado al movimiento «antiglobalización».

LA ORGÍA DEL MESTIZAJE

En la pasión multisexual, en la iconología del kitsch, en los *queers*, en la boga de unir lo industrial con lo artesano, la novela con el ensayo, la ingeniería con la genética, la física con la biología, lo gótico con el *patchwork*, se reproduce el mismo culto a la impureza. La globalización es una mezcolanza, pero el movimiento antiglobalización, donde se juntan ex marxistas, católicos, anarquistas, ecologistas, gays, madres de la Plaza de Mayo, kurdos y Médicos sin Fronteras, también lo es. En la actividad se yuxtaponen la oficina y el hogar, las peluquerías y los restaurantes, los museos y la ropa, la ropa y los cafés, el avión y la sala de proyecciones, el aeropuerto y el supermercado, el supermercado y el zoo.

En esta misma dirección, mientras las ideologías se contaminan en la misma sesión de lavado, los idiomas pierden pureza, los otros lugares se untan de nuestra actualidad y la actualidad es una pantalla donde escoger, desde la misma butaca, una película policiaca, un documental sobre vudú, un debate sobre el sida o una devastación de Irak.

«Actual» es el nombre de un festival que se celebra cada año en Logroño a comienzos de enero y que reúne a la música, el cine, la palabra hablada y el circo. En la literatura, en la pintura o en la arquitectura, el posmodernismo se ha alzado como una superposición de materiales o géneros, y el arte entero es hoy un *mix* en su coetaneidad y dentro de una obra.

Incluso los aparatos más avanzados se mixtifican: el PC se conecta a la televisión, el microondas a Internet, el coche al correo electrónico y el frigorífico al teléfono móvil. Antes, los híbridos eran casi únicamente productos del campo (el maíz, la nectarina, las rosas más resistentes), pero ahora constituyen una denominación en el sector del automóvil para los modelos que pueden usar gasolina o energía eléctrica como el nuevo Honda Civic o el Toyota Prius. Igualmente los *multipurpose* son vehículos de yuxtaposiciones diversas: el minivan de Chrysler, en 1984, fue el primer modelo mezcla de una furgoneta de reparto y una *station wagon*, pero ahora este producto es tan corriente como la berlina tradicional. El Lincoln Blackwood, con cuatro lujosos asientos de cuero y revestimientos de madera, posee tras la carlinga una pared de acero con una ventana abocada a una plataforma de camioneta. Este modelo parece un coche de lujo pero no es un coche de lujo ni un *sport utility*, como tampoco, naturalmente, una furgoneta.

Hasta los años noventa había sólo coches y camiones, pero ahora hay además «monovolúmenes», «compactos», *roadsters, station wagons, sport utilities*. Los automóviles han elegido lo *queer* de acuerdo con la estrategia comercial de la polivalencia. Modelos que son a la vez berlinas, monovolúmenes, coches deportivos y 4 × 4. La mezcla perjudica la identidad, rebaja la energía de la propuesta, convierte el discurso en un mar de dudas, pero nuestro tiempo es de esta clase pervertida y mulata. La elección fluctúa, oscila y muda de criterio fácilmente, los tonos son de intensidad ondulante y el mundo quiere probar e insinuarse en la multiplicación de experiencias inconsecuentes.

¿Fortalecen o enferman las comidas de fusión? Entretienen, divierten En la moda de los restaurantes de fusión se coligan los jugos orientales con los caldos occidentales, hay trattorias japonesas, tropicalizaciones rusas y vascos-zen, pero además han emergido tiendas *(deli rooms)* que venden ropa como si fuera un artículo de supermercado, bisutería en envases de comida congelada y chicles con el aspecto de confetis. La idea es hacer cambiar la sustancia de su forma y domicilio y crear identidades apócrifas a través del flirt con la verdad y la mentira. Frutos como el durián, el rambután, el salak, el mangostán, el tamarindo, la guayaba o el carambolo no salían de sus lugares originarios, pero ahora hasta las setas shimeji, enokitake, vulvarias y shitake pueden encontrarse con normalidad en los mercados europeos. «Hoy el riesgo no es comer exótico: el peligro es no reconocer lo autóctono», dice Santi Santamaría, propietario de El Racó de Can Fabes.

¿La fortaleza de lo autóctono? ¿Qué significa ser autóctono en la alineación de un club de la Champions League? ¿Qué significa lo local en la plantilla de Siemens, General Electric o Exxon? La combinación de creencias ha existido siempre (coptos cristianos en Egipto, judíos en Rusia), pero nunca tanto como para determinar el vagoroso estilo del mundo. En Estados Unidos, desde 1820 a 1991, las diez nacionalidades de mayor inmigración eran cristianas; ahora, desde 1992, cuatro de los orígenes nacionales más importantes pertenecen a credos no cristianos. En China se cuentan más de 60 millones de cristianos y su presencia se propaga gradualmente por toda Asia oriental. El 70 % de los centros evangelistas del mundo se encuentra ya fuera de Occidente, frente a un 30 % que se registraba en 1962.

Ahora, mientras en Hong Kong se producen películas policiacas en lengua inglesa con actrices malasias, los franceses de Canal Plus se dejan polucionar por películas norteamericanas de Los Ángeles. Pero, simultáneamente, Hollywood piensa en el mercado internacional, y tanto Sony como Disney, Fox o Warner Bros han producido originales o *remakes* en alemán, italiano, japonés y chino. En diciembre de 2000, con motivo de los premios EFA (European Film Awards), el catalán Sergi López obtuvo el galardón al mejor actor europeo por su trabajo en *Harry, un amigo que os quiere*, película francesa dirigida por un alemán, Dominik Mol. El premio al mejor filme se otorgó a Lars von Triers, danés, por *Bailando en la oscuridad*, coproducido por Francia con la islandesa Björk como protagonista. Finalmente, *El viejo que leía novelas de amor*, basada en la novela del chileno Luis Sepúlveda, está escrita y dirigida por el holandés Rolf de Heer, producida por la francesa Michelle de Broca y el español Iñaki Núñez, protagonizada por el norteamericano Richard Dreyfuss y decorada por el español Gil Parrondo. En Francia, existe una productora que, vista la variedad de nacionalidades en su nómina, se llama Noé Productions, y su director, el francés Frédérique Dumas, está casado con una eslovena, socia de una croata, productora, con los ingleses, de la película *Before the Rain*, del macedonio Milcho Manchevski.

En la música, algunos acontecimientos clave han sido los festivales WOMAD (World of Music and Dance) de Peter Gabriel y su colaboración con artistas como Yousou N'Dour y Nusrat Fateh Ali Khan, sus proyectos con los monjes tibetanos y los percusionistas africanos e indios. También las colaboraciones de Ry Cooder con guitarristas hawaianos, mexicoamericanos, africanos e indios y la experiencia de David Bridie con músicos de Papúa Nueva Guinea, más sus trabajos de producción con músicos aborígenes, islandeses y melanesios, como Archie Roach, Christine Anu y George Telek. Al sexto concierto WOMAD de 2000 que se celebró en Las Palmas acudieron, entre otros, el grupo iraní Chemirani Zarb Trio, el italiano Alessandro, el sudafricano Tananas, el camerunés Richard Bona, los franceses Les Yeux Noirs, la escocesa Stevenson, el caribeño Mixti in Roots, el español José Mercé, la india Tanusree Shankar, el estadounidense Core Harris, los anglomarroquíes U-Cef & The Halal Joint, el timplista canario José Antonio Ramos, los anglobrasileños Da Lata y el grupo ghanés Adzido.

El hombre del siglo XXI será cada vez más un modelo mestizo, rico en identidades y de pertenencias múltiples. En el supermercado mundial de la cultura escogerá los artículos diversos según su humor, sus valores y sus creencias y lo hará no de una vez por todas, sino que su vida, como en otros aspectos (laborales, románticos, residenciales), irá desplegándose como un exuberante bricolaje.

A principios del siglo XX se hablaba de la identidad como de algo bien «forjado». La metáfora de equiparar la identidad a la naturaleza del hierro captaba el valor central de una significación maciza o, como la llamó David Riesman, «una dirección interna». Las personas asumían roles y caras sociales diferentes, pero, a la mayoría, la relación de por vida con la familia y la comunidad las mantenía bajo control. Para algunos, este control era irritante y nacían rebeldes, pero ahora, en el capitalismo de ficción, la polivalencia ya no está en los márgenes desobedientes de las cosas, sino en el centro mismo del estilo. Hay cada vez más personas que, a la brava, espontáneamente o biológicamente experimentan la identidad como un conjunto de roles. Robert Jay Lifton ha llamado «proteica» a esta nueva identidad contemporánea, Kenneth J. Gergen describía la suma de máscaras como un «yo saturado» y Emily Martin habla de la conveniencia de un «yo flexible» apto para circular mejor y acoplarse sin tropiezos a las circunstancias vigentes.

Un yo rígido quiebra su marcha o muere agarrotado; un yo pesado dificulta el movimiento y, también, el ascenso. A mayor consolidación del yo menores aclimataciones, a más rigor mayor *rigor mortis*. No sólo se vive una vez sino todas las que se puedan, y la máxima pindariana de vivir para llegar a «ser el que se es» ha ganado una merecida fama de proyecto mezquino. Ahora hay que llegar a ser algo más.

Internet –un medio donde se cruza la escritura, la radio, la televisión, el hogar– se ha convertido en el espacio idóneo para experimentar con las posibles versiones del yo. Los juegos de MUD *(Mazmorras de Múltiples Usuarios)* y los MUSH *(Alucinaciones Compartidas de Múltiples Usuarios)* ofrecen la oportunidad de tantear con el yo y observar sus efectos. Puede probarse una definición personal o varias, podemos hacer desaparecer los estereotipos que nos atribuyen, burlarnos de la cárcel identitaria, repetir la vorágine de nacer. En las conversaciones dentro de la red, en los juegos de MUD en las *rooms* privadas, los hombres pueden presentarse como hombres y las mujeres como mujeres. Pero otros eligen para su personaje a modelos del sexo opuesto. Hay hombres que interpretan personajes femeninos para tener *netsex* con hombres, y hombres que adoptan versiones femeninas para tener la relación con mujeres en lo que se llama «síndrome de la falsa lesbiana». Finalmente, también, aunque en menor grado, se da el supuesto de mujeres que asumen roles masculinos para practicar *netsex* con hombres. En conjunto, mediante estas elecciones, algunos de los participantes disfrutan del sexo con una sola persona y otros se deciden por peripecias más embrolladas. El sexo en el ciberespacio constituye la adicción que afecta ya a más del 7 % de los usuarios, pero también el extenso ensayo hedonista de un yo plural.

En Internet no se distinguen los acentos de dicción, no se conoce la raza, se ignora el sexo, la profesión, el estado civil, el patrimonio y el porte. Todo lo que se ve son palabras capaces de producir una personificación flotante, voluble, circunstancial y liberada de la condena de ser un yo determinado. ¿Identidades falsas? Los cibernautas aseguran que es un error hablar de identidades falsas, pues muchas veces la identidad que uno se ve obligado a adoptar en el mundo real es mucho más falsa y condicionada. Se podría hablar, pues, a propósito de este repertorio de yoes, de un individuo novedoso y tornadizo, integrado en las lógicas de un sistema que impone la flexibilidad laboral y la circulación rápida.

Un hombre o una mujer posmodernos son, así, como los muebles modulares conformados a partir de elementos de distintas piezas y cuya mayor ventaja es la disponibilidad para el ensamblaje o el despiece veloz. Un ser sin demasiados atributos fijos, disponible como un Lego, hecho de muchas sangres y avatares, listo para la discontinua vicisitud de la ficción. Vulnerable ante las realidades únicas, pero óptimo para las alianzas volubles y la obligada plasticidad del corazón.

5. La ilusión

EL SUEÑO DE SER ÚNICO

¿Egoísmo? ¿Egolatría? La palabra de moda hace unos años fue *egonomía.* El sistema había escuchado el anhelo de los individuos y preparó el actual modelo de personalización de los artículos; artículos *customizados* para neutralizar el malestar que padecían los consumidores al ser tratados en serie y masivamente, dentro del tosco capitalismo anterior.

Se trate de la ropa o la casa, los viajes, los ordenadores o los automóviles, la preocupación por atender la ilusión de ser único se ha convertido en la ineludible pauta del nuevo capitalismo de ficción. Contra el supuesto de que las marcas nos agrupan con su firma para darnos la parte de personalidad que nos faltaba, ha sobrevenido la estrategia de productos elaborados de acuerdo con los gustos expresados por cada uno. En California, la Krause's Sofa Factory permite a cada comprador, desde 1994, elegir las medidas, la forma y la tapicería del diván deseado, y, en Madrid, Diseño a Medida no cesa de prosperar con la misma estrategia. En Japón, la Matsushita posee una división para fabricar cualquier clase de bicicletas al gusto diferenciado del ciclista, Chanel ofrece cosméticos que atienden al «perfil personal» de una piel calificada de «irrepetible» y Louis Licari, fundador de una empresa para cuidado del cabello, aseguraba que su grupo estaba en condiciones de ofrecer más de 1.000 tonalidades de rubio (Popcorn, 1992).

Un ejemplo, ya clásico, del éxito logrado por la *customización* son los ordenadores Michael Dell, que en pocos años, desde 1985, desbancaron mundialmente a los Compaq gracias a servir los aparatos según las especificidades que solicitaba el cliente, y en un plazo de tres días. Esta fórmula, que simula ser la antítesis de la producción en serie, permitió a Dell crecer un 40 % anualmente, mientras el sector lo hacía por debajo del 20 %. En 2003, la *customización* lo ocupa casi todo: desde las mil raquetas de tenis diversas, solicitables a Tennis Warehouse, a las cien mezclas de café de P&G o a las zapatillas de Reebok, Adidas o Nike que numeran sus pares y son capaces de aceptar pedidos con determinaciones individuales de color, diseño y estructura sobre una decena de modelos distintos. La firma Harley-Davidson, emblema del individualismo solitario, ofrece 25 modelos pero posee un catálogo de accesorios de 800 páginas y 900 referencias distintas para que efectivamente cada conductor posea un ejemplar exclusivo.

Insistir en artículos seriados es propio de las primeras décadas del siglo XX, pero cien años después, en el capitalismo de ficción, la misión es eliminar la tortura de la igualdad. Créations & Parfumeurs, una antigua firma londinense con sede en un edificio del siglo XVIII de James Leoni, posee hoy un muestrario de 4.000 esencias llamado *The Fragance Organe* y cita a sus clientes para que escojan, sin límite de tiempo y meditación, sus esencias favoritas. Lo que hace años sólo realizaba la casa francesa Creed cuando creaba perfumes singulares para personajes como Grace Kelly o Cary Grant, se encuentra ahora a disposición de cualquier persona, tratada así como personaje.

El capitalismo ha reconocido, en fin, la necesidad de creernos «inalienables», ha escuchado el orgullo singular de cada cuerpo mediante tatuajes y *piercings,* se ha esmerado en la exaltación de la disimilitud. Prácticas «extremas» de señalización de la piel como el *branding* (aplicación de un motivo sobre la piel mediante un hierro al rojo o un láser), el *burning* (quemadura voluntaria subrayada mediante tinta o pigmentos), el *cutting* (inscripción de figuras y dibujos con escalpelo), el *peeling* (despellejamientos) o el *stretching* (ensanchamiento del *piercing* para introducir un objeto mayor) se difunden no bajo las advocaciones de los punkies, partidarios de negarlo todo, sino como afirmaciones del yo. En los años sesenta del siglo XX, formar parte de un grupo fuertemente organizado, pertenecer a un partido, comulgar con una fe religiosa, formaba parte de los planes de vida, pero hoy, decaídos los lazos sociales, la individualización es lo primero y las agrupaciones apenas duran el tiempo de una manifestación.

El *prêt-à-porter,* barato y uniformador, supuso una revolución en los años sesenta, pero ahora, cincuenta años después, la igualdad ahoga. Ser tenido por inconfundible, ser saludado con nombre y apellidos, recibir trato individualizado se ha revelado una satisfacción comercial tan rentable que los hipermercados Wal-Mart han logrado convertirse, con tratos de tú a tú y buenos precios, en la primera empresa del mundo en 2002, por delante incluso de Exxon. Y no pocas firmas más de envergadura siguen sus pasos a través de los halagos en Internet, las ventas *one-to-one* y los recursos de seducción individualizada. La compañía de alimentación General Mills, por ejemplo, permite a cada ciudadano, desde la primavera de 2002, componerse su propio desayuno a partir de unos 100 ingredientes distintos y asignar un nombre a su invención, como si fuera el título de «su obra». La obra de un creador.

¿Dolores menstruales, neuralgias? Ninguna fisiología es igual a otra, y Tylenol, el paracetamol más conocido en Estados Unidos, comercializa 41 clases del medicamento para atender achaques afinadamente distintos. El productor sabe que el consumidor demanda más ser reconocido que ser servido, que solicita antes un plus de «yo» que un plus de cualquier otra cosa. Si una marca, por tanto, aspira a ser querida, debe procurar que su cliente se sienta deseado y experimente, dentro de esta cultura pueril, que se le mima.

Tanto en la actividad económica como en la política o en la enseñanza, han dejado de existir los programas claramente predeterminados. En la economía, se programa a partir de los análisis de mercado y se corrige en interacción con los receptores. En política, ya no se trata de enarbolar una ideología perfilada y fuerte, sino de acomodarse con ductilidad a la solicitud del electorado. En la nueva psicoterapia, altamente pragmática, se renuncia a prescribir un cambio en las conductas del cliente si tal corrección le incomoda: mejor se recurre a los fármacos. En la escuela, a «la letra con sangre entra» ha sucedido el enseñar divirtiendo, pasar de curso tolerando. Hay excepciones, sin duda, pero el repertorio de las ofertas radicales en lo ideológico o en lo material se ha reducido mucho. A las firmas les cuesta cuatro o cinco veces más captar un nuevo cliente que conservar al que tienen, así que, sobre todo, se trata de no espantarlo. La técnica de la «fidelización» continua mediante una tarjeta (con nuestro nombre y apellidos, dirección, profesión, edad, etcétera), los detalles para hacernos creer preferidos y las formas dispensadas para hacernos sentir como socios y no como clientes configuran la nueva ficción de relaciones «humanizadas».

El capitalismo de consumo ofreció grandes cantidades de objetos para aumentar la sensación de bienestar, pero, ahora, el capitalismo de ficción procura aumentar la impresión de ser alguien. En este nuevo mundo la marca no se impone, sino que coopera en hacer el «yo»; las empresas no presionan para que gastemos en su provecho sino para que invirtamos, sobre todo, en nosotros. Chrysler contrató a un antropólogo francés para esbozar el diseño de su PT Cruiser y este doctor, G. Clotaire Rapaille, desarrolló un método de relajación para que los clientes convocados dibujaran el coche de sus sueños. El resultado fue un modelo que recordaba las furgonetas de reparto de sus infancias. Es decir, el automóvil *soñado*. De esta manera, el coche fue un éxito en Estados Unidos y obtuvo el título de Coche del Año en Europa. Ford, en 2001, hizo lo mismo con el Focus.

Dentro de la red las firmas nos conocen, nos saludan, recuerdan nuestras compras, han tomado nota de nuestros vicios, memorizan nuestra edad, conocen nuestro estado civil, tienen reseñadas nuestras dolencias y, encima, cuando necesitamos algo, nos mandan el paquete a casa. Al introducirnos en una web no sólo vamos a comprar, sino a dialogar con el sistema. Más que hacer un trato, nos tratamos y, claro está, nos «retratamos».

Pero no sólo la *egonomía* se refiere al consumo. Contra el anonimato del trabajo en cadena, el capitalismo de ficción proclama la particularización de las tareas; contra el malestar de ser un subordinado, el sistema introduce el eufemismo de «colaborador»; contra el cumplimiento indiscutido de órdenes, la inducción a emprender iniciativas; contra el rasero de ser pagado uniformemente, la desigualdad de las remuneraciones.

Como resultado de todo ello, la plusvalía no se obtendrá, en adelante, con la apariencia de una explotación, sino como de una participación. La mayor titulación de los empleados actuales, la abundancia de técnicos cualificados, ha desfasado la figura autoritaria del director, y lo idóneo, en vistas a la productividad, es infundir la convicción de hallarse empeñado en algo propio y creativo. El notable número de empresas que hoy se denominan con el apéndice de «y Asociados» (en la publicidad, en el diseño, en la abogacía, en el consulting) denota la corriente de esta pretendida integración psicológica del personal. No seremos ya dependientes de un amo, sino partícipes de un proyecto donde figuramos como *coéquipiers,* siendo el jefe como un entrenador deportivo y la competencia como una competición.

A diferencia de la ideología en el capitalismo de producción y en el capitalismo de consumo, lo más importante en el capitalismo de ficción no son las mercancías físicas sino las ideas. Los trabajadores de antes eran obreros o empleados, pero ahora son colegas: a la jerarquía sucede la descentralización y a la línea de mando las redes. En la propuesta personalizada de la empresa modelo, los trabajadores no necesitan ser controlados, deben autocontrolarse, no necesitan ser conminados, se autoexigen. Se autorreclaman tanto como para no separar el tiempo de ocio y el de trabajo: en cualquier fin de semana siguen teleproduciendo, pero incluso sus almuerzos, sus cenas, las amistades y hasta los amores tienen que ver con el trabajo o pueden beneficiar la operación en marcha. No puede hablarse pues rigurosamente de empleados sino de «implicados»; y, uno a uno, cada cual con el presunto galón de ser yo.

El individualismo, en fin, ha triunfado tanto que ha llegado a convertirse en un fenómeno de masas. Las llamadas de nuestro tiempo no convocan a la revolución colectiva sino a la caridad particular, y los problemas del trabajador con la empresa se tratan de uno en uno, a menudo en los dispensarios. Luc Ferry ha llamado a nuestro tiempo la época del «ultraindividualismo», Pascal Bruckner lo ha bautizado como «superindividualismo» y los sociólogos norteamericanos, como Lash, lo denominaron «narcisista». Lipovetsky ha calificado este período de «segunda revolución individualista» o paso del individualismo limitado que inauguró el siglo XVIII al individualismo total, y en la actualidad, decía Touraine, no se trata de buscar el sentido del mundo, sino el sentido de «mi» vida. ¿Consecuencia? La consecuencia es que la *customización* de los consumos y de los trabajos, la flexibilidad en los empleos y en las tareas, los cambios de residencia, de pareja o de ocupación derivan en cortas relaciones humanas. La vida tiende así a convertirse en una sucesión de fragmentos y la identidad, sometida a cambios constantes, sufre despistes y extravíos. Se aspira a ser único, inalienable, y el sistema se las arregla para cobrarse este anhelo en una incesante reposición de funciones, espacios, objetivos, pero todo esto hasta el punto, dice Gil Calvo (2001), de que acaso «la vida futura ya *no tenga sentido real*».

A la pérdida de grandes referencias comunes se suma una biografía cuarteada, y a la segmentación biográfica se agrega, a cada paso, el bombardeo de consejos (libros de autoayuda, dictados publicitarios, recomendaciones médicas, opiniones mediáticas) para diseñar interminablemente otro yo mejor. Hay incontables enfermedades del yo, pero una, muy característica ahora, es la aglomeración de yoes sustitutivos y contradictorios. O bien: la existencia se ha poblado de tantos reclamos, verdaderos y falsos, dentro y fuera de los media, que sin cesar nos vemos asaltados por la inquietud de no hallarnos en el lugar idóneo y ocupándonos de lo más oportuno. Ante esa desazón, ¿cómo no verse confundido?, ¿cómo no sentir la insuficiencia de no ser un yo más?

Hasta los años ochenta del siglo XX a los niños les valía la autoridad del padre para obtener reconocimiento o descalificación, pero la autoridad del padre se amortiza actualmente enseguida y la vida enseña que a los progenitores los jubilan por adelantado. No es fácil que el niño adquiera la referencia paterna como la fuente de alguna poderosa legitimación. ¿Dios? Dios es un ídolo del pasado, un superhéroe de la vieja ciencia ficción. ¿El compromiso político? Tampoco. Ninguno de estos pilares pervive para otorgar su sanción y evitar el vértigo del desamparo. Porque si yo soy mi entero dueño, mi propio padre, mi código moral, también soy mi único juez y el culpable absoluto. Por ser el yo tan importante, es también la víctima más expuesto a todo.

En la época del capitalismo de producción pensábamos que la heroica clase obrera enterraría al capitalismo, pero al final –como decía Bourdieu– ha sido el capitalismo el que ha enterrado a la clase obrera. Ahora, en el capitalismo de ficción, no aparecen las clases sociales y en su lugar sólo se habla de clases de vida. A la lucha de clases ha sucedido la lucha por ser yo, y a la pugna por la revolución ha continuado el afán por ser uno mismo. La clave no se investiga en los males de la organización social sino en la novela psicológica de la vida privada, mientras la esperanza pasa de la revolución a los ansiolíticos, las anfetaminas o el citalopram. El desarrollo de la asistencia psiquiátrica, la proliferación de antidepresivos, el enorme consumo de sedantes y píldoras de la felicidad se corresponden con esta patología que el hiperindividualismo ha esparcido por nuestra sociedad, atemorizado el individuo por desaparecer en el «colectivo» y desesperado por la falta de comunidad. Desvelándose por evitar ser homogéneo y sufriendo, paralelamente, el peso del culto al yo.

Robert D. Putnam, profesor de la Universidad de Harvard, constató en 2000 que los estadounidenses trabajaban y consumían más que nunca, su renta per cápita era un tercio más alta que en la generación anterior, pero sus índices de felicidad habían disminuido y las depresiones clínicas se habían multiplicado por diez. ¿La causa? Tanto Putnam como otros sociólogos y psicólogos a la manera de Martin E. P. Seligman (2003) han llegado a la conclusión de que la felicidad no se correlaciona con el dinero, ni con la cultura, ni con la inteligencia, ni con la edad o las religiones. Sólo es seguro que aumenta o disminuye de acuerdo con el número y la calidad de las relaciones humanas. Contra la sentencia sartriana de que los infiernos son los otros, las ciencias sociales declaran ahora que en torno a los otros se encuentra el modesto paraíso terrenal.

Efectivamente, Putnam había constatado que la disminución de felicidad entre sus compatriotas se correspondía con unos años en los que la gente dedicaba más horas al trabajo y al consumo y menos a comunicarse con sus parientes y conocidos. En los años noventa, dice Putnam (2000), los estadounidenses se reunieron menos entre sí, recibieron menos en su casa y visitaron con menor frecuencia a los amigos. Otras actividades, como las partidas de cartas o la tertulia en los bares, registraron también un importante descenso, al igual que la práctica de los deportes en equipo. Los estadounidenses cenaban en familia un 33 % menos en 2000 que en los años setenta y, en comparación con la generación anterior, la probabilidad de que los padres salieran de vacaciones con sus hijos, vieran la televisión o charlaran con ellos se había reducido en un tercio. Algo parecido sucede en Europa. El Instituto Nacional de Estadística francés informó de que, desde 1983 a 1998, las conversaciones directas de los ciudadanos con los comerciantes del barrio descendió en una cuarta parte, las charlas con los amigos en un 17 %, con los colegas de trabajo en un 12 % y con los miembros de la familia en un 7 % (*El País,* 14 de abril de 1998).

Desde un punto de vista colectivo, estos cambios significaron un descenso de lo que Putnam llama «capital social» o, en definitiva, un empobrecimiento de la capital vida comunitaria. El éxito de series norteamericanas como *Friends, Seinfield o Cheers* y de españolas como *Médico de familia, Compañeros* y *Ana y los 7* hace pensar en el aprecio, relativamente melancólico, por la vinculación familiar, vecinal y de amigos que se achica estos años en relaciones episódicas o descorporeizadas a través de la red.

Otro psicólogo social, Richard Wilkinson (1996), sostiene, de otra parte, que la gente es más feliz en aquellos países donde menor es la diferencia entre ricos y pobres porque de esta manera también las relaciones sociales son más fáciles. Para ilustrar esta afirmación, Wilkinson describía el caso de Roseto, una pequeña población en las estribaciones de las montañas Pocono, Pensilvania, habitada por inmigrantes italianos desde finales del siglo XIX y donde, durante la década 1950-1960, los médicos descubrieron que la tasa de fallecimientos por ataques cardiacos era la mitad que en el resto del país. Especialistas en dietética, cardiólogos y otros expertos acudieron a Roseto para observar la vida diaria de sus habitantes, sus hábitos, sus comidas, sus distracciones, y finalmente el sociólogo Stewart Wolf (1998) dictaminó que el secreto sanitario de Roseto radicaba en su vida social. En la mayoría de las casas de ese enclave convivían varias generaciones que se protegían entre sí de la enfermedad, el desempleo o la pérdida de seres queridos, y casi todos los del pueblo se conocían por su nombre.

La vida en Roseto, no obstante, cambió. En los años setenta, una nueva generación más americanizada alcanzó la mayoría de edad, muchas de las familias italianas se dispersaron cuando los jóvenes encontraron trabajo en otros lugares y, en consonancia con la prosperidad nacional, los ricos de Roseto se construyeron casas nuevas y más amplias en las afueras, compraron Cadillacs, vallaron sus jardines y dejaron de invitar a los parientes. Hacia 1985, los monitores que seguían la evolución de la población detectaron que la tasa de ataques al corazón estaba aumentando hasta la cota de las ciudades más pobladas, pese a reducirse el consumo de tabaco y mejorar la dieta, como en todas partes. La enfermedad aumentaba en proporción a la pérdida de relaciones sociales; la ciudad se había convertido en un lugar más solitario y, según decía un empleado, «la gente no se preocupa o se preocupa menos por los demás» (*Revista de Occidente*, n.º 215, Madrid, abril de 1999).

La soledad y el desamparo, junto al estrés, son los principales agentes que llevan a la depresión y a la tristeza. Actualmente hay 700 millones de deprimidos en el mundo, dos veces más que en 1950, la gran mayoría en el mundo occidental. La probabilidad de que un joven de hoy sufra una depresión en su vida es el doble que la de sus padres y el triple que la de sus abuelos. El gasto en antidepresivos en España se ha multiplicado por cuatro de 1992 a 2000, y alrededor de seis millones de personas pueden estar padeciendo la enfermedad en 2003, una cifra tres veces superior a la de hace cuatro décadas.

La depresión designa la impotencia de vivir y refleja, mediante la pesadumbre continuada, la inhibición o la dificultad para emprender una acción; una suerte de torpor que los psiquiatras llaman «enlentecimiento psicomotor». Sentirse fatigado o insatisfecho con esta vida quedaba más o menos legitimado en los tiempos religiosos porque, a fin de cuentas, este mundo no nos podía contentar, pero ahora, desaparecido el cielo, secularizada la existencia, ¿qué decir? Si por una parte la muerte ha perdido su función redentora, la vida se presenta como la única ocasión para disfrutar.

¿Ha tomado el nuevo capitalismo nota de ello? Ciertamente. En el capitalismo de consumo, hasta los años ochenta del siglo XX, el sistema procuraba un simulacro de felicidad a través de los mil objetos alegres y nuevos, pero ahora, resabiado el consumidor, no sería posible continuar prometiéndole el cielo a través de la compra. De lo que se ocupa ahora el sistema no es directamente de hacernos gastar mucho, sino de hacernos creer cuánto valemos. (L'Oréal: «Porque yo lo valgo.»)

Nunca como hoy se había vivido una maquinaria envolvente tan empeñada en mostrar una felicidad al alcance de nuestras manos. No ser feliz en este mundo es hoy el auténtico pecado o, como decía Borges, «un error sin excusa». Antes éramos perdonados gracias a haber sufrido, pero ahora es injustificable o imperdonable no pasarlo bien. La masificación democrática va unida a la obligación de la felicidad para todos y al júbilo que se considera propio de la cultura del niño. El dolor formaba la conciencia, fortalecía el cuerpo, depuraba los pecados, se ofrecía en canje como sacrificio por bienes procedentes del cielo, pero ahora el dolor ha perdido valor de cambio. Ha perdido funcionalidad para la ofrenda y sentido para la Revolución.

Actualmente, cuando el trabajador se ve sometido a un gran estrés laboral (la «explotación» antes), no se alista en un comité antisistema, toma ansiolíticos. Cuando el empleado no soporta más sus condiciones de trabajo no acude a los sindicatos, va al médico. Cuando las cosas se presentan mal no es necesario darle más vueltas: se recurre a las «píldoras de la felicidad». Zoloft o Prozac para la depresión, la melatonina para la juventud y el sueño, Viagra para la impotencia, Serotax contra la timidez, Aurorix contra la fobia social. La farmacia está poblada de remedios y los laboratorios se han convertido en los grandes pacificadores sociales de nuestros días gracias a la integración del enfermo democrático.

Hasta hace poco los enfermos eran marginados, personas excluidas de la actividad y, a menudo, temidas como infectados. Hoy, por fin, todos somos enfermos desde el momento de nacer y nuestra vida se encuentra de principio a fin en manos del sistema sanitario. Casi dos terceras partes de los pacientes que se presentan en la consulta de los médicos no padecen ninguna enfermedad determinada, pero se sienten enfermos o muy enfermos. Varias publicaciones científicas de Gran Bretaña, desde el *British Medical Journal (BMJ)* a *The Journal of the American Medical Association (JAMA),* alertaron en la primavera de 2002 sobre las crecientes campañas en los medios de comunicación dirigidas a sembrar dudas sobre el estado de salud individual. La industria farmacéutica, decían, ha llegado demasiado lejos en la manipulación de la percepción pública sobre qué es salud, con el fin de ensanchar los mercados de nuevos fármacos *(El Mundo,* 27 de abril de 2002). ¿Inapetencia? ¿Pérdidas de memoria? ¿Hormigueos? ¿Cansancio? ¿Cómo pensar que nos encontramos bien? En realidad cada vez nos sentimos peor. Y gracias que no estemos muertos.

La enfermedad se ha introducido en la vida cotidiana como la gran fantasía que explica y justifica cualquier tipo de malestar, social o individual. Con una ventaja: se soluciona pronto y ambulatoriamente. Los norteamericanos llaman *lifestyle drugs* a los preparados que deciden el estilo de vida, el estilo del cuerpo, el modelo del estado de ánimo, la alegría de la adaptación. Cualquier persona normal, golpeada por una desgracia o una injusticia, verá que le prescriben para su angustia el mismo medicamento que toma otro individuo con trastornos debidos a su estructura melancólica, porque lo importante es el remedio de la apariencia infeliz y su tratamiento como un percance de jurisdicción médica. En general, la pastilla, la cápsula o la píldora de la felicidad, los ISRS de nuestros días, portan un cauterizador orgánico y allí donde se encuentra el drama depositan el beso de la química.

Antes era el sistema el primer culpable. Ahora no hay que buscar culpables, tan sólo tratar de hallar remedios. Las visitas a los psiquiatras y psicólogos se incrementaron en más de un 15 % entre 1990 y 2000 en Estados Unidos, y esa ascensión se repite ahora en Europa junto a la orgía de medicinas alternativas. La meta, en todos los casos, es ponerse bien y ser felices sin preguntar nada más. De esta manera limpia y sin hermenéutica, el sistema resuelve el antagonismo entre la dicha y la desgracia. No estamos mal, sólo somos enfermos. Enfermos en espera de recibir medicación urgente para crear una realidad de sustitución y una mejorada idea del mundo. Los obreros ya no hacen apenas huelgas, pero cada dos por tres piden la baja. No van al trabajo porque están indispuestos pero, a la vez, ¿cómo se iba a convocar una huelga con tanta gente en cama? Los obreros se ponen enfermos de la triste enfermedad general y, en vez de levantarse contra la explotación, se acuestan.

¿Mayores contactos humanos para ser más felices? De los norteamericanos es, significativamente, la invención del *coach*. El *coach (acompagnement professionelle* en Francia; «monitores de técnicas de relajación y desarrollo personal» en España) se ocupa de instruir mentalmente a los sujetos, uno a uno, a cambio de una tarifa y con la finalidad de ayudarles a ser optimistas y realizar sus deseos. El *coaching* actúa como una especie de entrenamiento psíquico particular, al igual que se reciben instrucciones singularizadas para mejorar la forma física. «¿Se encuentra usted harto de seguir indefinidamente estancado año tras año en los mismos problemas, sea con su pareja, con su empleo, con sus ingresos? ¿Se siente hastiado de vivir desorganizado, abrumado, subestimado, desorientado? No es extraño. Su caso forma parte del estado general de la población», dice la propaganda. Si usted desea experimentar una nueva vida, seguro y dichoso, no hace falta esperar: ahora, como los antiguos ángeles de la guarda, llegan los *coach*.

Un *coach* puede parecerse a un director espiritual o un comisario político de hace medio siglo, pero el *coach* no mistifica, no amonesta, no impone castigos ni fomenta la atrición. No promete nada que no se realice en esta vida y con beneficio tangible (profesional, económico, sexual). Cabe comparar al *coach* con un psicólogo de empresa, pero su labor es más directa, empírica y breve, porque su prestación no se entretiene en personas con problemas graves sino en «gente normal», en «todo el mundo». Es decir, trata a todo el mundo como personal de empresa.

Los *coach* empezaron trabajando al lado de los yuppies y ahora tratan también a las amas de casa, los jubilados, los periodistas, los brokers. En la IBM norteamericana todo ejecutivo tiene derecho a los servicios de un *coach,* y un estudio realizado por el Syntec francés en diciembre de 2001 informaba de que el 89 % de los directores responsables de relaciones humanas había recomendado el *coaching* a sus colaboradores o lo había experimentado personalmente *(Le Nouvel Observateur,* 30 de mayo de 2002). Uno de los fundadores del *coaching,* Thomas Leonard, afirma que, en menos de cinco años, todos tendremos a nuestro lado a un *coach,* una suerte de escolta para evitar la improductividad de la tristeza, el desasosiego del pensamiento crítico, la potencial algarada de la insatisfacción.

DIOS Y LOS DEMÁS

Visto desde Europa, a finales de los años sesenta, Dios parecía muerto y enterrado. Después de Nietzsche, Marx, Freud y otros «pensadores de la sospecha», los nuevos filósofos, psicólogos y sociólogos creían también en la defunción divina, pero, inesperadamente, en coherencia con el capitalismo de ficción, Dios ha resucitado en otras formas de ilusión o de misión y acampa de formas diversas con la autoridad de no haber dicho todavía la última palabra. ¿Volver a ser religioso otra vez? ¿Por qué no? ¿Por qué no prolongar la experiencia ampliando los límites? El desencanto materialista del mundo ha producido también un deterioro del mismo desencanto. O, en otros términos, la desmitificación de lo sagrado se ha vuelto contra sí misma, reconociendo también como un mito la liquidación del mito (Vattimo). Como consecuencia, en Europa los agnósticos y no digamos los ateos han registrado, desde un punto de vista del prestigio intelectual, uno de sus niveles más bajos y lo retrógrado ha logrado el buen recibimiento general del «retro». De otra parte, ¿quién, sino los más desavisados, hace hoy ostentación de ateísmo? O la no existencia de Dios es una obviedad reemplazada discretamente por otros abrazos mágicos o bien, sin consciencia de sustituir nada anterior, se cree en algo no importa lo estrafalario que sea. En España, la práctica religiosa se ha reducido a la tercera parte en los últimos cincuenta años, pero tres de cada cuatro jóvenes españoles creen en la astrología y la mitad defienden la existencia de los ovnis o la veracidad de los curanderos. Una tercera parte cree en el espiritismo y en la reencarnación *(ABC,* 14 de febrero de 2002). «Cuando se deja de creer en Dios no se deja de creer en todo sino, por el contrario, se llega a creer en todo», decía Chesterton. Puede creerse incluso de nuevo en Dios, un Dios de segundo grado que reaparece cuando desengañados de la iglesia nos engatusamos deliberadamente para procurarnos una fe más personalizada y liberal.

El sexo y la pornografía constituyen el número uno del comercio electrónico pero los términos «Dios» y «religión» se han convertido en los más visitados de la red. Más de 10 millones de entradas sumaban entre ambos en el buscador Altavista en 2000, según una investigación sobre el auge religioso que llevó a cabo el profesor Christof Wolf, de la Universidad de Harvard. No sólo las ciencias positivas sino las ciencias sociales han comenzado a aceptar, en los últimos años, los eventuales beneficios de la fe en relación con la solidaridad, la ayuda mutua o la convivencia. Pero no sólo esto. En Estados Unidos, donde a pesar de su religiosidad habría parecido ridículo años antes contratar capellanes en las empresas, en 1999 se desató una corriente que, presidida por compañías como Pizza Hut o Taco Bell, puso de moda disponer de pastores o sacerdotes para visitar a los empleados hospitalizados, prestar apoyo a quienes sufrían ataques nerviosos o salvar de los intentos de suicidio. También, dentro del ambiente laboral, los capellanes oficiaban las bodas de sus empleados, pronunciaban una elegía en el funeral y asistían durante un período posterior a los allegados. Esta tendencia, amparada en la atmósfera de los códigos éticos, la responsabilidad moral de las empresas y la exigencia de una imagen maquillada de honradez surgida tras las grandes estafas de los años ochenta, permeó en la cultura de los negocios hasta generar, entre los ejecutivos, un misticismo que trataba de unir la buena gestión con las enseñanzas ofrecidas por los templos o las mezquitas. En ese tiempo en todo Estados Unidos, donde únicamente es posible concebir este fenómeno, las mayores asociaciones de directivos se reunían para desayunos de oración y conferencias espirituales y extraían de la Biblia normas de actuación. Así, de acuerdo con la Hermandad Internacional de las Compañías por Cristo, más de 10.000 grupos de oración en torno a la Biblia se reunían en los lugares de trabajo y el número de libros relacionados con la espiritualidad se cuadriplicó en los últimos diez años del siglo XX. Igualmente algunos famosos gurús espirituales, como Deepack Chopra y Scott Peck, empezaron a asesorar a jefes para que tendieran a vincular la nueva espiritualidad seglar con sus técnicas administrativas en una reedición de lo que el Opus Dei sigue pretendiendo en España y América Latina.

En Estados Unidos la religión no ha faltado nunca pero al traspasar el siglo XX ha intensificado su poder y su presencia. En marzo de 2003, según Gallup, un 68 % de las personas encuestadas creía en el diablo, un 48 % en el «creacionismo» o creación directa del universo por Dios de acuerdo con el Génesis, y un 46 % se consideraban cristianos «renacidos» como el mismo Bush. Un 98 % creen en la existencia de Dios, un 10 % más que en 1985. En Estados Unidos, donde siempre se jura la bandera en nombre de Dios, The Religious Movement Homepage censa unas 200 religiones y en los últimos años se han formado más de 1.000 iglesias y decenas de miles de espiritualidades.

Siguiendo esta epidemia religiosa, el National Institute for Health Care de Maryland procuró probar en 1998 que la reincidencia de los delincuentes decrecía en proporción a su estudio de la Biblia mientras estuvieron presos y la Universidad de Columbia afirmó que los niños se deprimen menos si reciben educación religiosa. ¿Cómo no promoverla todavía más?

Cuando hoy la oferta de ilusiones caracteriza al sistema, la religión, en diferentes versiones, encuentra su ocasión más propicia. Una corriente de éxito tanto en Europa como en Estados Unidos es aquella que tiende a mezclar espiritualidades para formar un *mix* ajustado a los gustos de cada uno. La otra, representada por los fundamentalismos, tanto en parte de Estados Unidos como en crecientes zonas del mundo islámico, viene asociada a la guerra y al terrorismo.

En cuanto a la religión *mix*, su ascenso es coherente tanto con el mestizaje como con el hiperindividualismo que ha perseguido la singularización de los consumos. En Europa occidental apenas un 20 % de la población es religiosa practicante y en la Europa oriental no llega al 14 %, pero en estos territorios donde escaseaba la fe han brotado yerbas espirituales de todos los géneros de acuerdo con las exigencias de la demanda. Un sujeto puede, en este tiempo, profesar respeto por todas las formas de vida en cuanto budista, encandilarse con la existencia de los ángeles en su condición católica y reforzar la centralidad de la familia en cuanto mormón, todo dentro del *pack*. Complementariamente, dentro de una misma Iglesia y sin recurrir a la apostasía, diferentes grupos de católicos condimentan su fe sin observar los mandatos de Roma en asuntos como la virginidad prematrimonial, la contracepción, el celibato sacerdotal, la condena de la homosexualidad, etcétera. Simultáneamente, cada día son más frecuentes los matrimonios entre fieles de distintas religiones, tradicionales o de nueva creación. Unas tan pintorescas como La Puerta del Cielo o la Rama Davidiana, otras tan livianas como las telerreligiones, asimilables a manuales de autoayuda y efectos para usar y tirar. «Una nueva religión mundial nace y cada uno busca a su propio maestro interior», decía el sociólogo francés Jean Vernette impresionado por los millones de ejemplares vendidos de *El alquimista* de Paulo Coelho, un libro donde cada cual puede encontrar la hechura de su propio Dios.

¿Quién puede extrañarse? Siendo todo relativo lo mejor será aquello que nuestro organismo ratifique con su mejor digestión interior. ¿Dogmas? ¿Mandatos colectivos? El estilo de los tiempos induce a investigar en soluciones individualizadas condenadas por el Vaticano en febrero de 2003 como «narcisismo espiritual» y refiriéndose concretamente al movimiento de la New Age, tachada de «casi demoniaca».

Sobre la New Age, opinaba el Vaticano, no puede tolerarse su carácter presentista capaz de negar raíces a la espiritualidad y, en segundo lugar, no es admisible su «narcisismo espiritual... que no se enfrenta con la muerte ni con el sufrimiento, que niega la falta, evita el compromiso social e impulsa a leer el propio futuro en las estrellas en lugar de construirlo».

En suma, al Vaticano le parece inaceptable la confortabilidad hedonista de este movimiento con metas de «autosuperación», «autorredención» y «autocomplacencia». O, en definitiva, abomina de las «falsas religiones» (religiones pirata, religiones ficticias) que obtienen de las religiones tradicionales la grata sustancia espiritual y desechan los dolores del sacrificio; místicas sin denegación, delectaciones interiores sin la escoria del pecado, espiritualidades recicladas de residuo cero.

Esta nueva y condenada New Age, a diferencia de la New Age originaria de los hippies, busca sobre todo compensaciones a la frustración y a la falta de ingresos. Ejecutivos quemados, intelectuales defraudados, parejas separadas, heridos psicológicos son los individuos idóneos para enrolarse en la «nueva era», siendo la New-New Age, para buen número de ellos, una forma de hacer algo de valor cuando se piensa que no se va a ser nada. La música del arpista suizo Andreas Vollenweider, de Jean Michel Jarre, de Vangelis, de Glass, la lasitud, la personalización religiosa, el aporte de paz son aplaudidas ofertas de la New Age que celebra el paso de Piscis a la era Acuario en los albores del siglo XXI. Aunque también podrían rastrearse en su relajante catálogo ideas budistas que tienen de bueno, respecto a las religiones monoteístas, tanto su falta de dogmatismo como la cariñosa invitación a cada uno para hallar el sendero que le conducirá a la salud física y mental.

La adhesión al budismo o al zen de personajes del espectáculo ha avalado su fama y ha contribuido a convertirlas en espiritualidades de moda. En todos los casos la componente más querida de estas espiritualidades es aquella que provoca una circunstancial y sosegante ausencia del yo. «Sólo cuando nos liberamos del ego –declara Comte-Sponville– se ofrece el mundo entero a nuestro conocimiento y a nuestro amor.» El yo traza una frontera entre el exterior y el interior, entre el antes y el después, mientras que sin el delicado yo aparece la invulnerabilidad y la paz. Dentro del zen, el *hishiryo* es el estado de conciencia que elimina la individualidad, el sujeto deja de sentirse sujeto y se expande en la infinidad del mundo. «La dicha del mundo procede del corazón altruista, y la desgracia del amor al yo», afirma el maestro budista Shantideva. Tanto esfuerzo, en fin, para ser uno y la felicidad se encuentra, mira por dónde, en la disolución del sujeto.

Porque vivir desasido del yo, escindido de sus soberbias, parece aquí la mejor táctica para no verse herido ni asesinado. Curiosamente, pues, en el momento de mayor intensidad narcisista vienen a triunfar estas recetas de desintoxicación egótica, tal y como en el momento de la opulencia proliferan las clínicas que deshacen el peso del cuerpo y en tiempos de la orgía sexual se regresa al pudor chic.

Pero se trata de un asunto bioquímico también. El disfrute de estos viajes despojados del yo tiene que ver, según la ciencia, con la interrupción de los circuitos del lóbulo parietal, responsables de establecer nuestra frontera con el espacio, y de los circuitos del lóbulo temporal que marcan el tiempo y la autoconsciencia. El Instituto Tecnológico de Massachusetts fue el editor del libro *Zen and Brain,* de James Austin, en 1998, que exponía unas teorías incluidas ahora en la llamada «neuroteología». Dios y el cerebro se conmutan en la producción de los mismos efectos. *Why God Won't Go Away* (Por qué Dios no se ha marchado) (2001) es el título de la obra del doctor Andrew Newberg, de la Universidad de Pensilvania, donde se explica la espiritualidad del cerebro a través de la experiencia zen.

Con la evasión –provisional– del yo desaparecen las distinciones entre lo humano y lo natural, explosiona el beneficio de la interdependencia cósmica y se evoca de alguna manera la parte femenina que fuera reprimida en

Occidente. La cultura de la intuición, la interrelación corporal difusa, la inundación emocional recíproca, los humus son del orden de la feminidad y, en buena medida, el budismo, la búsqueda del Oriente serían, dando la vuelta al mundo, un rescate del lado femenino. Porque, al cabo, a lo que más se parece la nueva espiritualidad y las gimnasias suaves (el yoga, el zazen, el tai chi, el qigong) es al modelo de la feminidad. Como, a la vez, sentirse más acoplado a la naturaleza, más sensible y sensitivo, es volverse más mujer. Ciertamente, desde Uma Thurman a Tina Turner, desde Demi Moore o Christy Turlington a Laetitia Casta, Noemi Campbell o Gwyneth Paltrow, muchas se han alistado en las prácticas de la meditación zen y han apoyado sus nalgas en el zafu.

Pero no todo en la nueva pulsión religiosa es serenidad y feminidad pacificadora. Muy notablemente, el brote religioso que ha provocado la producción de segundas realidades se ha manifestado también en violencia terrorista y guerras. De acuerdo con los estudios de Bruce Hoffman, especialista en terrorismo internacional, en 1995 casi la mitad de los 49 grupos identificados como terroristas en el mundo actuaban por móviles religiosos cuando en 1968 ningún grupo tenía esa motivación. El asesinato de Rabin, la masacre de Oklahoma, la explosión en el Trade World Center en 1991, la difusión de gas sarín en el metro de Tokio por la secta La Verdad Suprema, las inmolaciones de palestinos y árabes poseen componentes religiosos. Pero, a la vez, el conocido como Proyecto para un Nuevo Siglo Americano, obra de políticos ultraconservadores de la administración Bush como Donald Rumsfeld (secretario de Defensa), Paul Wolfowitz (subsecretario de Defensa), Richard Perle (corrupto asesor del

Pentágono) o Kenneth Adelman (asesor del Pentágono), se encuentra trufado de pensamiento religioso y testosterona. «Militarismo, mesianismo y masculinidad» constituiría la santísima trinidad de la administración Bush en 2003, según palabras de Lee Quinbby, profesor de Estudios Americanos del Hobart and William College. Los norteamericanos fueron los propagadores de la igualdad sexual, las libertades individuales y la tolerancia religiosa, pero, a su vez, en el sustrato fundacional la patria se confunde con la Tierra Prometida y la política exterior más agresiva con una misión salvífica donde la conversión al cristianismo evangélico coincide con la conversión a la democracia. «Los americanos deben identificar el ideal democrático con la voluntad de Dios... Las instituciones democráticas deben enseñar la idea democrática como una religión», escribía en 1952 J. Paul Williams en *What Americans Believe and How They Worship*.

De esa manera, cuando las Torres Gemelas son atacadas no sólo se desencadena una dura respuesta antiterrorista, sino una guerra religiosa porque «la democracia es la religión verdadera» (Horace M. Kallen). «*We are at war*» (estamos en guerra), dijo el presidente norteamericano, pero no en cualquier clase de guerra. La campaña contra Afganistán en busca de la cabeza de Bin Laden se bautizó inicialmente como una «cruzada» y el título concreto de la represalia era «Justicia Infinita». El cambio de denominación después por «Libertad Duradera» no afecta a la esencia, porque precisamente los dos conceptos convergen en el núcleo duro de la religiosidad estadounidense avivada, además, por los insufribles atentados del 11 de septiembre de 2001.

El presidente Bush, que se llamó a sí mismo «cristiano renacido», ha gobernado rodeado de fervientes lectores de la Biblia, desde su jefe de personal, Andrew Card, casado con una ministra metodista, hasta su consejera de seguridad, Condoleezza Rice, hija de un predicador de Alabama, pasando por Don Evans, íntimo compañero espiritual y secretario de Comercio, y el fanático servidor de Cristo John Ashcroft, fiscal general. De una u otra manera todos ellos participan del llamado Reconstruccionismo Teonómico cuyo objetivo es la conversión del Gobierno de Estados Unidos a la teocracia, basada en las leyes de la Biblia. «Dios ha bendecido a un grupo de musulmanes de vanguardia, la vanguardia del islam, para destruir a Norteamérica», declaraba Bin Laden en una cinta de vídeo transmitida por Al Yazira el 7 de octubre de 2001. Lo mismo, en sentido inverso, declaraban los fundamentalistas cristianos que gobernaban Estados Unidos al iniciarse el siglo XXI y proclamaban como su misión central «borrar el mal (representado por «el eje del mal»: Irak, Irán, Siria, Corea del Norte...) de la faz de la Tierra». «América triunfará ante la adversidad porque es la voluntad de Dios», decía Bush a mediados de febrero de 2003 en su tradicional Plegaria Nacional.

«La libertad que tanto apreciamos no es un regalo de América al mundo, sino un regalo de Dios a la humanidad», añadía el presidente. La invasión de Irak fue destinada, entre otras cosas, a extender ese regalo y a exterminar a quienes repelían la voluntad de ese formidable obsequio. ¿Cómo no se alzarían los iraquíes contra Sadam si aquello que los marines les ofrecían era en verdad el paraíso? Pero no se levantaron.

La diferente conceptualización del paraíso, aunque no el grado de ferocidad, separaba a las dos partes del sistema interdependiente. «Nosotros, con la ayuda de Dios, exhortamos a todo musulmán que cree en Dios y desea ser recompensado por cumplir con la orden de Dios a matar norteamericanos y saquear su dinero donde quiera y cuando quiera que los encuentren», rezaba una declaración del Frente del Mundo Islámico del 23 de febrero de 1998. Del otro lado, el fiscal general de Estados Unidos, John Ashcroft, declaraba en la conservadora Universidad Bob Jones a mediados de 2000: «América, única entre todas las naciones, reconoce que la fuente de su poder es divina y eterna, no cívica y temporal... nuestro único rey es Jesús.» ¿A quién creer? ¿A qué creer? ¿Cómo soportar el efecto de estos supuestos que conducen la ficción hasta el delirio y la devastación?

LA DEMANDA DE VERDAD

El alimento ecológico, la cebolla orgánica, la fibra de esparto, el zumo recién exprimido son productos de condición verdadera, desnudos de falsedad. Frente a la falacia de lo sintético y la insidia de los transgénicos, la naturaleza primitiva. El producto natural, sin colorantes ni aditivos, la comida orgánica, se ha erigido como un tótem moral, una reacción corporal contra el artificio, un gesto de autenticidad contra la mentira ambiente y seña de rigor espiritualista contra el materialismo vulgar. Una ideología de corte rousseauniano late en el aprecio que grupos cada vez más amplios muestran por la medicina naturista, los champúes transparentes, los jabones de limón, los dentífricos de hinojo.

El capitalismo obtiene una opción legitimadora si muestra una resuelta sensibilidad por la naturaleza y, por el contrario, una empresa contaminante es hoy lo peor que se pueda imaginar. En las nuevas políticas de desarrollo sostenible, las empresas que no contaminan o apenas contaminan se ven facultadas para vender grados de pureza a las que contaminan por encima del nivel tolerado, de forma que el sistema opera, en su conjunto, bajo la misma inspiración que el divino cuerpo místico, dentro del cual los pecados de unos pueden redimirse mediante la santidad de otros. El capitalismo de ficción favorece estos imagos literarios porque ya la crítica científica al sistema logra muy poca audiencia.

En el ámbito de una sociedad crecientemente simplificada lo más convincente es la lógica de los cuentos infantiles. La empresa es mala o muy mala si ensucia el aire o los ríos, que son los personajes inocentes que los vertidos o los gases tóxicos vienen inicuamente a matar. El capitalismo es insoportablemente pernicioso no ya en el trato corriente con las personas sino con los animales y las plantas, que, a fin de cuentas, es lo único indiscutiblemente bueno que nos queda. Por la misma razón, el capitalismo obtiene ascendencia cuando se presenta como defensor de la naturaleza, vigilante o adorador del medio ambiente que representa hoy al dios más cierto y universal. Efectivamente, puede ser que una parte del sistema contamine millones de millas marinas, arrase millones de árboles y provoque mareas negras, pero siempre queda la parte benéfica de aquellas firmas que se esfuerzan cada vez más por preservar el planeta o hasta se erigen en sus patrocinadoras, al modo de Body Shop.

La sensibilidad por la naturaleza se acerca tanto a la naturaleza de la fe que en Estados Unidos las principales instituciones religiosas –judíos, católicos y protestantes– se agrupan en el National Religions Partnership for the Environment (NRPE), a través del cual actúan como un *lobby* ante el Congreso combatiendo las leyes que consideran dañinas para el medio ambiente. «Durante mucho tiempo nos hemos ocupado de la justicia social porque esto concernía a los seres humanos», dice Paul Gorman, director del NRPE. «La naturaleza no nos interesaba. Más tarde, sin embargo, nos hemos dado cuenta de que la defensa del medio natural era una cuestión altamente religiosa: se trataba de proteger lo que Dios había creado» *(L'Express,* 2 de enero de 2003). El 20 de noviembre de 2002, una caravana de coches eléctricos conducidos por hermanas del Sagrado Corazón de Jesús y ocupados por directores espirituales en representación de 100 millones de norteamericanos se dirigieron a Detroit para reunirse con los directores generales de Ford, General Motors y Chrysler y presionarlos para que fabricaran automóviles no contaminantes. «La gente piensa que el tipo de vehículos que conduce no tiene ninguna relación directa con su fe –explica el reverendo Jim Ball, director del Evangelical Environement Network, miembro del NRPE–, pero nosotros queremos probarle lo contrario.»

En la actualidad, cuando todo es «tercer entorno», lo natural, el «primer entorno», es así, de forma explícita, tan apreciado como el núcleo sagrado de la humanidad. Cualquier cosa con esa evocación hacia lo primigenio vale más, y en consecuencia sería insensato que la producción capitalista no se interesara, material y publicitariamente, por ello. Vestir fibras naturales, decorar al estilo *wabi sabi,* tomar azúcar sin refinar, beber zumo de papaya, cubrirse de algas, vivir con perros, utilizar el futón sobre un tatami de bambú, visitar tribus perdidas, viajar en carro, todo esto es parte del consumo de los *BoBos,* burgueses bohemios de clase alta.

En la vida corriente, el 80 % de nuestros alimentos procede de fábricas y es el resultado de unas materias primas tratadas con conservantes, colorantes, antibióticos, aditivos, procesos genéticos y hormonas. Estas técnicas han incrementado la productividad y abaratado el precio, pero han profanado el alma de las cosas y han venteado el tufo de lo más vulgar, lo funesto y lo mortal.

Un informe realizado en 1998 en Gran Bretaña por el Servicio de Seguridad y Pesticidas sobre la oreja de burro, vendida por Safeway, denunciaba la presencia de organofosfatos, capaces de deteriorar el sistema nervioso, pero un tipo de peras importadas de Holanda por Marks & Spencer incluía incluso *clormequat,* un regulador del crecimiento expresamente prohibido. Sainsbury, el supermercado de mayor solera del Reino Unido, vendía una espinaca fresca traída de Italia que llevaba permetrín, perturbador del sistema endocrino, y en el chocolate de la casa Tesco había lindano. Recurriendo a las nuevas tecnologías perversas se prevé que pronto se comercializarán kiwis con sabor a menta, filetes de setas con sabor a ternera, fresas del tamaño de las peras y pollos que nacen despojados de plumas.

¿Se necesitan más pruebas de perversión? Si el sistema es capaz de cometer estos abusos con las espinacas o las orejas de burro, ¿qué no será capaz de hacer con la justicia, la enseñanza, la contabilidad nacional y los fondos de pensiones? La falsificación acecha por todas partes, pero ahora una parte importante del mismo sistema, una parte cada vez mayor del capitalismo de ficción, se está poniendo de nuestro lado. En 1999, Tesco y Sainsbury sumaron, a sus ya famosas frutas y verduras totalmente biológicas, pizzas, sopas, comidas para bebés, aceite, ginebra, champán, carne, y así hasta 500 productos liberados de toda manipulación. En Nueva York, en marzo de 2001, se abrió el Whole Foods Market, un supermercado con la superficie de un campo de fútbol y unas paredes que pregonan máximas como «protege la biodiversidad», «protege la salud», «protege a los pequeños agricultores». Comer bien y hacer el bien a los demás pueden ser la misma cosa en el perfeccionado capitalismo de nuestros días. La Take Action Center, por ejemplo, es una organización norteamericana que sostiene una implacable batalla contra los alimentos modificados genéticamente. La propaganda dice: «Levanta la voz, defiende tus derechos, habla con tus dólares.» En España, la ética y los derechos fundamentales se funden en los huevos de las gallinas criadas en libertad dentro de la Explotación Agropecuaria de Vilane, S.A., en Lugo, que dice: «En Vilane mantenemos la *tradición*. Nuestras gallinas se crían al aire *libre* y realizan la puesta de huevos *libremente*. Con una alimentación *natural*, a base de maíz y otros cereales, cada animal completa su dieta *a voluntad* en los extensos campos del Pazo.» Tradición, libertad, naturaleza. ¿Cómo permanecer al margen de esta revolución?

La gente de mayor estatus social, acaso los más conscientes, han hecho de la comida una manera de ser y de creer. En su extremo, se encuentra la ortorexia, una patología alimentaria que induce a comer siguiendo caprichosas supersticiones y virajes esotéricos. La leche, por ejemplo, es para el instituto Kushi, pilar de la ortorexia, un veneno sólo apto para la alimentación de los terneros. La leche, a juicio de esta institución, produce males como la lentificación de la digestión, el colapso del metabolismo, la obstrucción de las arterias, el incremento desproporcionado de la mucosidad, la potenciación de enfermedades respiratorias y, por descontado, el cáncer. La ortorexia rechaza los transgénicos o los productos tratados con pesticidas, pero esgrime además creencias que demonizan el atún o ensalzan, por el contrario, las sardinas. Quien se ve sumido en la ortorexia adquiere la dependencia de un drogadicto y la adhesión de un fanático. En España el fenómeno se encuentra menos desarrollado que en Estados Unidos o en Gran Bretaña, pero existe y va creciendo a partir de los que empezaron siendo maníacos de la comida biológica.

La producción de alimentos biológicos en España se ha multiplicado por siete de 1991 a 2001, y el número de explotaciones ha pasado de 350 a 15.700 en ese intervalo. De hecho, la comida biológica representa el sector agrícola de mayor expansión en toda la Unión Europea: tomates rojos con sabor a huerta, carne que no suelta agua en la sartén, huevos de yema roja, leche que hace su propia nata. El precio de esta comida resulta dos o tres veces superior pero aporta, además de salud, respeto ecológico, presencia de espíritu, distinción social, actualidad. La moda de la comida cruda o *raw food,* el gusto por las fibras naturales, la afición al senderismo, la peregrinación, el avistamiento de pájaros, el turismo rural, la *slow food,* los todoterrenos en vez de los deportivos, son fenómenos de la misma órbita.

La demanda de «lo natural» se emparenta con la demanda de «lo verdadero»; es anhelo de realidad-real y representa una aparente reacción contra el abrumador dominio de lo mediatizado y fingido. Una reacción melancólica, porque así como aumenta el precio del silencio en la ciudad populosa, el aprecio de las antigüedades cuando la historia se esfuma o del marmitako cuando impera la *fast food,* aumenta la demanda de verdad cuando el mundo de las ficciones no ha dejado prácticamente ni una. *Il n' y a rien de plus beau que les histoires vraies* (No hay nada más hermoso que las historias verdaderas), decía en 2002 la publicidad de la película de Bertrand Tavernier *Salvoconducto,* en reconocimiento del mundo revalorizado y perdido. El éxito de *El proyecto de la bruja de Blair* en 1999 con 200 millones de visitas en su web tuvo que ver no con la pésima calidad de la película sino con la creencia de que se filmaba en directo un hecho sucedido realmente. *Massou, l'afgan,* sobre la situación en Afganistán, *Le cas Pinochet*, de Patricio Guzmán, *ABC Africa,* del iraní Abbas Kiarastomi, *États de service,* sobre el cáncer, *Bowling for Columbine,* Oscar 2003 sobre la matanza en una escuela a cargo de dos niños, llenaron las salas. En España se estrenó a finales de 2001 *Los niños de Rusia,* de Jaime Camino, y ya antes habían triunfado otros documentales de Javier Rioyo y López Linares, de Elías Querejeta y Eterio Ortega, de Javier Corcuera o de Pedro Rosado. En 2002 se produjeron hasta 30 nuevos documentales y en Valencia tuvo lugar un congreso titulado: «El documental: un gènere per al segle XXI», en reconocimiento a la categoría del fenómeno.

De hecho, todo aquello que exhibe la etiqueta de «real» o «basado en lo real» resulta ahora más cautivador que nunca precisamente porque acaso pertenece, como nunca antes, al orden de lo fantástico. Pedimos realidad hartos de ficción, como antes se demandaba ficción para escapar de lo real. Hartos de las historias de mentira, reclamamos las historias de verdad, pero lo paradójico es que la verdad demandada regresa reciclada, convertida en un artículo de calidad.

Las primeras palabras que se escuchan al comenzar la película *El show de Truman*, un programa de telerrealidad y pronunciadas por el «realizador», son éstas: «Estamos aburridos de ver actores comunicando falsas emociones. Estamos hartos de pirotecnias y efectos especiales. Mientras el mundo que habitamos es en algunos aspectos falsificación, nada hay de falso en el mismo Truman. Nada de guiones, de cartas ocultas... Es vida.» ¿Vida en vivo? ¿Sólo vida? La oferta excepcional del show consiste en prometer vida en estado puro, pero se trata, al cabo, de vida orientada al show. No una vida vivible y ensimismada en su corriente sino deliberadamente fabricada y comercializada como un producto más. Un producto en demanda y oferta crecientes.

«Cada vez hay más directores de ficción que intentan aproximarse a la realidad», decía Javier Rioyo (*Levante*, 16 de noviembre de 2001). Porque lo real, en los libros, en el cine o en la televisión, funda la base de las mayores audiencias. En la televisión norteamericana la «programación de la realidad», consistente en mostrar cintas obtenidas por las cámaras de vigilancia instaladas en los quirófanos («Trauma»), en las comisarías («Policía»), en las oficinas de paro («Despedidos») y en las salas de autopsias («Autopsia»), ha mantenido su éxito en los últimos años. La cadena Court TV, con más de 50 millones de abonados, estrenó por su parte, en septiembre de 2000, un programa en el que se transmitían las minuciosas confesiones de violadores y asesinos a la policía, y la cadena pública PBS, prestigiosa por su labor educativa, fue autorizada a emitir, en 2003, las deliberaciones de un jurado que podía decidir la pena de muerte para Cedric Harrison, de diecisiete años.

El último espectáculo que habían planeado los productores holandeses de *Gran Hermano*, a finales de 2002, se basaba en la instalación de una webcam dentro de un ataúd para ir emitiendo «en vivo» la putrefacción de un muerto, y Channel 4, poco después, emitió un documental titulado «Beigin Swing» donde un supuesto artista chino llamado Zhu Yu aparecía bebiendo vino macerado con un pene y mordiendo el cadáver de un bebé. Pero ya antes había emitido en directo la disección de un vagabundo alemán, Peter Meiss, a cargo del catedrático Gunther von Hagens, inventor de la plastificación de despojos humanos. El escenario fue un anfiteatro con 500 asientos de la Universidad de Brick Lane y el acto llevó por título «Living Autopsy», autopsia en vivo. La vitalidad de la muerte más allá de la muerte o la muerte como la vida *X-treme*. Porque a diferencia de la vida que siempre aceptará la farsa, la muerte proporciona la materia óptima para un reportaje de la máxima verdad, y de ahí también que cuanto se relaciona con lo funerario haya ganado presencia en los videojuegos, la publicidad o los telediarios. Y, por descontado, en las últimas experiencias del arte (fallecido) y las cosméticas de las pasarelas.

ÉTICA Y COSMÉTICA

Sigue existiendo un capitalismo negativo, anticuado; pero se expande un capitalismo bondadoso, actual. Una consultora cada vez más prestigiosa, SustainAbility, otorga, con la colaboración del Programa sobre Medio Ambiente de Naciones Unidas, etiquetas de buena conducta a los clientes (Shell, BP, Ford o British Telecom) que son respetuosos con el medio ambiente, no sobreexplotan a los empleados o no manipulan la contabilidad. Con estas etiquetas u Oscars éticos, las estrellas empresariales se convierten en ejemplos para todos, pilares de una humanidad mejor.

En 1999, 50 cátedras universitarias en Norteamérica y 22 en Europa impartían clases de ética en los negocios. Paralelamente, en la mayoría de las actuales escuelas de negocios se enseña ética en los programas de formación de directivos y se desarrollan numerosos cursos dentro de las empresas o en centros de formación profesional dependientes de cámaras de comercio y de instituciones semejantes, con el mismo propósito de inculcar moralidad en los hombres y mujeres de empresa. La ética fue, primero, una cosmética chic de las grandes corporaciones, pero ahora, tras los recelos sin límites que han suscitado los colosales pecados de Enron, Tycon, WorldCom, Xerox o Ahold, la producción de mascarillas para recubrir la mala imagen se ha convertido en un negocio floreciente.

En el régimen pseudoteológico de Estados Unidos, la revista *Business Ethics* publica anualmente la lista de los cien mejores ciudadanos-empresarios, entendiendo por tales no sólo aquellos que triunfan individualmente sino que contribuyen ostensiblemente al bienestar común. Porque hacer negocios y hacer el bien, ganar dinero y hacerlo ganar a los demás, constituye el centro de la convicción que asumieron los padres fundadores norteamericanos y predicó Adam Smith hace doscientos años. Triunfar en la actividad mercantil es, en el mundo protestante, ser un elegido de Dios. Hay capitalistas corruptos, claro está, pero sobre ellos pesará su conducta fementida y antipatriótica. Ya en 1790 los ciudadanos de Leicester se movilizaron para boicotear el azúcar de la Compañía de las Indias Orientales porque practicaba la esclavitud en sus campos de Bengala, y hasta el siglo XIX la monarquía británica sólo otorgaba licencia a las sociedades que declararan su interés por el bien general. Hacer buenos negocios en la tradición puritana va unido a hacer algo bueno para todos y así el caritarismo de los multimillonarios norteamericanos expresado en fundaciones y donaciones forma parte de las reglas del mismo sistema, porque la última y perdurable forma de ser alguien célebre es convertirse en un benefactor.

De esta ideología filantrópica surgió en Estados Unidos la práctica posmoderna del *cause marketing* o «marketing con causa», constituida hoy en una estrategia central. Notable precedente de este «marketing con causa» fue la acción que desplegó Coca-Cola en 1986, a través de un acontecimiento llamado «Hands Across America», consistente en que millones de norteamericanos unieran sus manos desde el Atlántico al Pacífico para atraer la atención sobre la tragedia del hambre en el Tercer Mundo. Más de 2.000 emisoras de radio y cadenas de televisión convocaron a los participantes y entre ellos se repartieron cuerdas rojas y blancas, pegatinas y chapas con el logo de Coca-Cola, como si la operación de caridad se confundiera con el alma de la firma. Cuatro millones de personas formaron el cordón humano y otros dos millones participaron en numerosos actos de apoyo en clubes, escuelas y parroquias por toda la nación. El vicepresidente del departamento de asuntos públicos de Coca-Cola, Anthony J. Tortorici, declaró después: «Hands Across America fue un acierto en aquel momento para Estados Unidos, y para Coca-Cola. La preocupación de los estadounidenses por los pobres y hambrientos estaba en las cotas más altas y, en cuanto a nosotros, acabábamos de superar la polémica del lanzamiento de New Coke, así que necesitábamos algo para unir de nuevo a nuestra empresa con el país. Fue perfecto» (citado por Alfred L. Schreiber y Barry Levinson, 1994).

La unión de una buena firma con una causa honrada es ley en el capitalismo de ficción. La empresa, además de una gestión competente, necesita de la buena consideración. Los viejos temores al éxito del movimiento obrero han sido reemplazados, en las estafas capitalistas, por el temor a la opinión pública. Una mala imagen pública en el aspecto moral es hoy tan peligrosa que con toda razón existen *auditorías éticas* para respaldar o corregir públicamente el cumplimiento de la entidad en la aplicación de la norma SA 8000 (SA: *social accountability),* que preceptúa la libertad sindical, un salario mínimo vital, razonables condiciones de higiene y de seguridad, etcétera. Otra cosa es que estas auditorías, como se ha demostrado, necesiten a su vez ser auditadas y así sucesivamente.

En lo fundamental, la mayor parte de las empresas actuales no se comportan de manera muy distinta de las de hace treinta años, pero las más visibles han pedido someterse a un diagnóstico ético para, una vez declaradas «limpias», hacerse querer. O hacerse perdonar mediante expiaciones públicas alguna maniobra nefanda. American Express, que había cometido repetidos abusos, quiso contrarrestar la animadversión que provocaban sus altas comisiones en restaurantes y comercios con una campaña antihambrientos llamada «Charge Against Hunger», donando tres centavos a los desamparados por cada transacción que se efectuara a partir de entonces. Procter & Gamble trató de lavarse la cara ante las acusaciones de explotación con sus propios detergentes Dash, entregando un porcentaje a Etiopía por cada paquete vendido. También así han actuado las tabacaleras, las compañías de aguas o los fabricantes de ordenadores. Mediante este dispositivo que ata la transacción al don, el comercio a la caridad y la limosna al precio, productores y consumidores se autosatisfacen y la marca sale ganando como sorprendente productora de bondad.

El «marketing con causa», este marketing del corazón, transforma en moralidad la compra, baña el capital de una luz humanitaria y exime, de paso, al consumidor de culpas. Avon ha logrado que el lazo rosa de su campaña contra el cáncer de mama se convierta en una seña absoluta de solidaridad con las mujeres enfermas y, de paso, que sus productos obtengan una plusvalía feminista de primera fila. La idea nació cuando Avon perdía cuotas de mercado ante el empuje de sus competidores pero, con ello, la empresa, se rehízo y fue a más. Porque, estando la muerte por medio, ¿podía la competencia encontrar algo mejor?

En Silicon Valley la última moda en su prosperidad no fueron las *joint ventures,* sino las *venture philantropy,* y hasta el 83 % de los hogares del Valle de San José dona hoy fondos para fines caritativos *(Newsweek,* 4 de febrero de 2002). A los treinta y cinco años, Steve Kirsch, de Microsoft, destinó 50 millones de dólares para que se investigara sobre los asteroides, preocupado por sus posibles impactos sobre las vidas humanas, y en enero de 2000, Bill Gates anunció en el Foro Económico Mundial de Davos que entregaría 750 millones de dólares (125.000 millones de pesetas) en cinco años para financiar la Alianza Global para las Vacunas y la Inmunización.

Tanto Nike como Mattel, Adidas, Gap o Reebok, que explotaban a los niños del Tercer Mundo en sus naves insalubres, debieron mejorar las condiciones de trabajo para sostener sus ventas; la marca británica Daddies Ketchup, que empezó vendiendo poco, eligió la prevención de los malos tratos infantiles para prosperar; y Río Tinto, Shell y BP decidieron mitigar sus destrozos ambientales procurando ayuda sanitaria a los vecinos de sus explotaciones. En el capitalismo de ficción lo más importante no es cumplir ante las autoridades, a menudo sobornadas, consejeras o cómplices, ni ante los sindicatos, casi inexistentes, sino ante los clientes y la opinión pública, impregnados de una nueva militancia moral.

Los antiguos benefactores norteamericanos fueron los *sobs*, patrones de *s*infonías, *ó*peras y *b*allets, pero ahora los altruistas buscan motivos de mayor popularidad e impacto, como las campañas contra el sida o la lepra. En el capitalismo de producción la lucha contra el sistema se encontraba en manos de la clase obrera; en el capitalismo de consumo el contrapeso a los abusos se fortaleció en las combativas organizaciones de consumidores, la llamada *class-action;* en el capitalismo de ficción, los oponentes más incómodos no son los sindicatos ni las sociedades de consumidores, no son la lucha de clases ni la *class-action,* sino «la opinión pública». Para neutralizar el comunismo, apareció el Estado del bienestar, para domar las quejas de los consumidores apareció el control de calidad, para aplacar a los antiglobalizadores y sensibilizados, cunde el marketing con causa.

«Hacer el bien desgrava», dice Helena Béjar (2001). Desgrava doblemente. Desgrava gracias a las exenciones fiscales y mejora, además, el cutis. Tras la llegada tardía del socialismo con rostro humano, el flamante capitalismo con rostro humano. Unos minutos después del atentado contra las Torres Gemelas, la cadena H&M repartió 4.000 pares de calcetines y Tommy Hilfiger entregó gafas de sol a todos los afectados por las llamas. Las firmas están a nuestro lado, pendientes de nosotros, implicadas en nuestros problemas y los graves asuntos de la humanidad. Ellas son actuales: sensibles como organismos, inteligentes de «inteligencia emocional», piadosas y solidarias como ONG.

Ante el anuncio de miles de despidos, el presidente de Cisco Systems, John Chambers, y el director general de la compañía, John Morgridge, decidieron, en abril de 2001, rebajarse sus salarios a un dólar. Un día más tarde, el presidente de Marks & Spencer, Luc Vandevelde, renunció enteramente a su paga extra, que se elevaba a 1,14 millones de dólares. Las renuncias de estos superdirectivos seguidos también por algunos de sus pares españoles, no aliviaban ninguno de los problemas de los obreros, pero el gesto mostraba la empatía de los poderosos ante el revés de los humildes y cómo las empresas sufren como los demás.

Existe además, dentro del capitalismo de ficción, lo que se conoce como «dinero ético», una invención fantástica dentro del mercado de la virtud. Cualquier ciudadano ahorrador puede exigir desde hace algunos años que su dinero no se invierta en negocios asociados al armamento, a la fabricación de bebidas alcohólicas, al juego, al tabaco o al maltrato de animales pero, adicionalmente, esos fondos, que sortean actividades políticamente incorrectas, destinan parte de sus beneficios a paliar el hambre y la enfermedad en el Tercer Mundo, con lo cual el negocio se depura sin cesar. España, con 18.000 millones de pesetas al final del ejercicio de 2000, era el cuarto país europeo con más fondos éticos, detrás del Reino Unido, Suecia y Suiza, pero es Estados Unidos la nación donde el modelo logra resultados superiores y la ficción de la limpieza espiritual se ha afianzado más.

El primer fondo ético y con responsabilidad social fue creado, en 1971, bajo el nombre de Pax World Fund y negaba su dinero a las empresas vinculadas con el mantenimiento militar de la guerra de Vietnam. Años más tarde, Amy Domini –norteamericana y protestante– creó, en 1989, un índice de 400 empresas «socialmente responsables» que, a semejanza del Dow Jones, formaron el indicador bursátil Domini 400 Social Index, donde se agrupan sociedades que no atentan contra el paisaje, no amparan políticas dictatoriales ni abusan de los trabajadores, no maltratan animales, no fabrican alcohol o tabaco ni comercian con países dictatoriales. Son compañías que explotan a los obreros como cualquier otra, pero que son éticas.

En pocos años, según previsión de la señora Domini, los fondos éticos representarán el 10 % del mercado bursátil y su influencia económica será incluso superior debido a su rentabilidad. En Francia, existen los fondos Hymnos, creados en 1989 por el Crédit Lyonnais, y su propaganda dice: «Hymnos es un fondo común de colocación diversificada que invierte mayoritariamente en sociedades cuyos activos se corresponden con una ética cristiana y humanista.»

¿Cómo se eligen estos fondos? El anuncio lo explica: «... cada título de la cartera es analizado por un comité de ética. Las personalidades laicas o religiosas de las principales Iglesias cristianas que lo componen se reúnen periódicamente con los gestores de los fondos para confirmar las elecciones de inversión.» ¿Todo, pues, bajo control? En la cartera de Hymnos aparecen empresas como BNP Paribas, L'Oréal, LVHM, Vivendi o Axa, con la particularidad, tratándose de empresas tan diversificadas, de que Axa, por ejemplo, posee la compañía Titanite, una empresa familiar especializada en explosivos con probables usos militares *(Le Monde Diplomatique*, noviembre de 2002). Ciertamente la intención ética no puede controlarlo todo pero, al cabo, ¿cómo negar que depura el lado excrementicio del dinero?

Que depura, incluso, la deyección. Gastamos tanto o más que en los tiempos del capitalismo de consumo, pero ahora podemos dorar el despilfarro mediante el «comercio justo». Los holandeses fueron los primeros que, en 1969, abrieron una tienda solidaria con productos importados del Tercer Mundo, sin intermediarios ni mercenarios. De los años sesenta es el eslogan *Trade, no aid!* (¡Comercio, no ayuda!), pero ahora esta modalidad que regía entre progresistas, se ha extendido sin reservas. Unos 20 países europeos importan productos de comercio justo distribuidos en más de 43.000 tiendas, con un total de 100.000 voluntarios. En España, en 1986 había dos tiendas y en 2002 casi 70. En Alemania operan unas 700 tiendas de comercio justo, 400 en Gran Bretaña, 374 en Italia, 300 en Suiza. Con una exquisita particularidad: venden más caro. O increíblemente más barato puesto que, obviamente, el añadido «justo» es de incalculable valor.

Un producto obtiene la etiqueta de «justo» si cumple los mencionados requisitos de la norma SA 8000, reconocida por Naciones Unidas. Condiciones que deben ratificar, al fin, consultoras como Price Waterhouse Coopers, que termina imponiendo o no sus manos como un prelado del universo mercantil. El rito, en suma, reproduce los controles de calidad de un templo (el templo de Moneta) que, gracias a impartir los sacramentos, va enriqueciendo el santuario moral a través del *action business*. El capitalismo alcanza así la forma o la categoría de una verdadera religión, y sus efluvios rocían a la humanidad para su mejoramiento continuo a través del dinero. De hecho, la Casa de la Moneda holandesa emitió a finales de 2002 una divisa denominada *raam*, con una cotización equivalente a 10 euros, cuya particularidad consiste en que, habiendo sido creada por el imaginario «País Global de la Paz Mundial» –cuyo mentor es el maharishi Mahesh Yogi, el mayor sabio de la ciencia védica–, autoriza a creer que su empleo ayuda al Tercer Mundo. El «País Global de la Paz Mundial», institución fundada en 2000 con el propósito de amparar la paz y la promoción de una economía equilibrada, emplea técnicas –medio mágicas, medio pragmáticas– que son también utilizadas por empresas como Sumitomo, Sony o General Motors. La distancia, por tanto, entre lo económico y lo numénico, el Capital y Dios, se estrecha cada vez más.

El comercio justo, el quehacer humanitario, el precio con limosna, el dinero védico resultan ser, en bloque, medios de mejora espiritual y de una perfección inagotablemente productiva, porque para seguir purificándose hay que gastar más, invertir o consumir más hasta alcanzar el cenit. Muy lejos, pues, de lo que se creía en el capitalismo de consumo, donde consumir significaba sucumbir a las tentaciones publicitarias del capital, ahora, en el capitalismo de ficción, el gasto contribuye a enaltecernos. ¿Cómo no sentir, por tanto, una impensada concordia respecto a las empresas que, ofreciendo simplemente tostadoras, aguas minerales o móviles, nos brindan la oportunidad de ganar el cielo? ¿Cómo ser definitivamente antisistema si el sistema sin fin nos salva?

6. La muerte

EL CUTIS ETERNO

Definitivamente, la muerte real no parece corresponder a nuestro tiempo. La muerte se avenía con la época de nuestros antepasados sepultos, en el marco de una tradición de mausoleos y responsos hacia el más allá, pero hoy es un mal absurdo, inactual, y si se soporta es sólo como un elemento en la lista negra de los atrasos todavía por superar. Etimológicamente, trágico es lo que no tiene solución, pero nuestra cultura se declara incompatible con todo lo irremediable. Las grandes filosofías del siglo XIX, las filosofías de Hegel o Marx, son trágicas, pero la posmodernidad es antitrágica y banal. La muerte encajaba perfectamente con las etapas aciagas de la humanidad, pero hoy, cuando todo es superficialmente entretenido, ¿a cuento de qué morir?

La muerte, además, no es siempre igual. Philippe Ariès (1982) cuenta que hasta la Alta Edad Media, antes de emerger la noción de «individuo», el hecho de morir no poseía la forma tremenda que adquirió en la modernidad. Era indeseable morir, claro está, pero carecía del inicuo cariz que lo caracterizó más tarde. Porque cuando la muerte mataba en masa, y con la implacable fatalidad de las plagas y las guerras interminables, carecía de dirección personalizada. No venía la muerte a ensañarse con uno, sino que actuaba, sobre todo, como una ancha tenebrosidad que absorbía a miles de enfermos o de guerreros. No moría, por tanto, uno en cuanto individuo, sino como grey.

No han desaparecido aquellas circunstancias de muerte en algunas zonas del mundo, pero en Occidente se ha olvidado en gran medida la colectivización del infortunio. Ahora se muere uno a uno, en muertes tan personalizadas como queremos que lo sea la vida y sus consumos. De esta manera, cada cual concibe una muerte a su talla, tan ajustada como incompartible, mucho más difícil de asumir.

Hasta la llegada del capitalismo de consumo, los objetos soportaban un uso muy prolongado y, al cabo de un tiempo exhaustivo, morían. Una nevera se reparaba y volvía a repararse hasta un día en que el técnico acudía y dictaminaba su fin. Hoy, sin embargo, el frigorífico, la radio y el ordenador se reemplazan sin que los veamos perecer. No asistimos, prácticamente nunca, a la muerte de las cosas, sino tan sólo a su reemplazo. Nos separamos de las pertenencias o las pertenencias abandonan nuestra vida sin que hayan dejado de funcionar o de alentar. Sólo se van porque han llegado nuevos funcionamientos. No los arrumbamos siquiera porque hayan envejecido; sólo quedan obsoletos.

Como consecuencia de esta repetida experiencia, la vida se encuentra cada vez menos relacionada con la extinción. En la actualidad, proliferan los geriátricos como sustitutos de los tanatorios de hace años. Aquellos edificios, de moda en los ochenta, han sido superados por el apogeo de las residencias para mayores donde la gente deja de morir y se mantiene en una estabulación indefinida; preservados, a partir de una edad, de contabilizar su muerte, permanentemente envueltos en una publicidad que anuncia cada edad, no importa cuál, como «el comienzo de otra vida».

Todo se rehace, se recicla y no muere en el capitalismo de ficción. En Dallas hay una empresa funeraria, WhiteLight, que vende unos féretros personalizados, envueltos en un papel de embalar, donde puede leerse en color rojo: «*Return to sender*» (Devolver al remitente). Nadie quiere salir de aquí una vez que el más allá se ha vaciado de ofertas convincentes y cuando la misma ciencia coquetea con la prolongación de la vida. Hay razón para esperar, según el biólogo Michael West, que los humanos sean capaces de llegar a doblar su esperanza de vida y hasta aproximarse, virtualmente, a la eternidad porque, dice, «nos encontramos cerca de transferir la característica inmortal de las células germinales a nuestros cuerpos y eliminar esencialmente la vejez». ¿Cómo tomar, por tanto, la muerte de la misma manera que hace medio siglo?

Gary Ruvkun y sus colaboradores de la Facultad de Medicina de la Universidad de Harvard descubrieron, en 2000, cuando los biólogos desactivaban un gen concreto de la lombriz *Caenorhabditis elegans,* que los gusanos viven hasta tres veces más de lo habitual. Es decir, el equivalente a doscientos cuarenta años de vida en una persona, y aunque, efectivamente, los gusanos, los ratones y las personas no son lo mismo, ¿cómo no creernos más que ellos? ¿Cómo resignarse hoy a morir sabiendo que la simple supresión de un gen podría alargar espectacularmente la vida?

Hace un siglo, la esperanza de vida para un español no rebasaba los cincuenta años, pero actualmente los españoles confían en cumplir setenta y cuatro años y las españolas ochenta y tres. Un poco más y la esperanza de vida habrá llegado a los cien años, una cifra bíblica que hoy por hoy muchos aceptaríamos como un plazo razonable para la hora final.

Desde 1950, las expectativas de vida han crecido en tres años por década y la edad de fallecimiento más avanzada lleva más de un siglo aumentando sin signos de estabilización. Pero, encima, el valor de la edad ha ido redefiniéndose. «El envejecimiento es un problema con solución», dijo en 2000 el científico Michael Rose. En 1980, la media de edad entre los que montaban una Harley-Davidson era de veintiséis años, pero ahora el 60 % de los motoristas se encuentra entre los treinta y cinco y los sesenta y cuatro. Es cierto que el fabricante ha mejorado el confort de los asientos, su amplitud y su suspensión, pero el caso es que los mayores hacen como si fueran jóvenes y los de cincuenta y tantos se comportan como los de cuarenta y tantos de hace unas décadas.

Bette Davis obtuvo su Oscar a los veintisiete años y se convirtió enseguida en la estrella más cotizada de la Warner, Audrey Hepburn parecía una niña cuando a los veinticuatro años rodó *Vacaciones en Roma* y ganó un Oscar, Marlon Brando era un dios a los treinta años con *Un tranvía llamado deseo*, Clark Gable, Jane Fonda, Barbra Streisand, Steve McQueen, Warren Beatty, Silvester Stallone y casi todos aquellos de los que se habla cuando se habla de cine eran famosos antes de cumplir los treinta. Sin embargo, en los últimos tiempos, apenas un trío –Tom Cruise, Julia Roberts y Jodie Foster– logró el estrellato sin haber llegado a la treintena, mientras Sean Connery, Al Pacino, Robert de Niro o Harrison Ford hacen papeles de héroes. Y si del cine se pasa a la música o a la danza, sucede algo por el estilo. Desde Bruce Sprinsgteen a Mick Jagger, Bob Dylan, Paul McCartney, Miguel Ríos, Sabina y Serrat, la escena está abarrotada de veteranos. Incluso en el fútbol, nunca hubo en la primera división española tantos veteranos. Ochenta jugadores de primera división tenían más de treinta años en la liga 2002-2003 y veinte de ellos superaban los treinta y cinco en la Liga Española 2001-2002.

«A partir de ahora está prohibido envejecer», ha dicho Christian Dior y su nuevo serum se llama NoAge. ¿Manchas de la edad? ¿Rastros del tiempo? Aparte del láser, se investiga con despigmentantes a base de hidroquinina, ácido retinoico o ácido glicólico, y a medio camino entre la cosmética y la cirugía se encuentran las infiltraciones de sustancias permanentes y no permanentes (ácido hialurónico o poliláctico, biopolímeros, colágenos e incluso grasa propia) para borrar las arrugas. Con esto no se consigue la eliminación de la vejez-vejez, pero ¿quién piensa en lo que no se ve?

En Europa occidental, en la última década del siglo XX, aumentó en un 50 % el número de personas que se sometieron a una operación de estética y se calcula que esta cifra se doblará en los próximos años, no sólo porque se operen más sino porque muchos repetirán siendo «teóricamente» ancianos. Ian Pearson, un futurólogo de la empresa de comunicaciones inglesa British Telecom, asegura que para el 2020, hasta el 96 % de nuestro cuerpo será reemplazable y los que ahora empiezan a llamarse «centros de longevidad» pasarán a ser tan populares y corrientes como los cibercafés. Estos centros de longevidad, que representan la vanguardia en pro de la «juventud perpetua», no son ni balnearios, ni centros de adelgazamiento, ni clubs Med. Tampoco son lugares de desintoxicación, ni sanatorios, ni instalaciones para purificarse mediante el ayuno a la manera que se conoce. En los *longevity centers* puede encontrarse un poco de todo eso, pero son, en primer lugar, emplazamientos adonde se acude en la franca búsqueda de lograr vivir más.

En Nueva Jersey, el Longevity Institute International dice en su propaganda: «El paso de los años es inevitable pero envejecer no.» Es decir, tener un cuerpo con años no puede evitarse (todavía), pero la edad sí. O bien: en adelante, la edad será sólo los años que aparentemos, puesto que la apariencia se impone a la esencia y la réplica al original. El *look*, en suma, tiende a convertirse en la exclusiva unidad de cuenta válida dentro de un universo de cuerpos fingidos.

La vejez desaparecerá y sólo morirán, por tanto, cuerpos jóvenes, operados, clonados, injertados, inyectados, con lo que la muerte habrá mejorado definitivamente de cara. Pero también, incluso, de olor; porque ahora los laboratorios japoneses Shiseido, unos de los mayores del mundo, venden un perfume destinado a borrar lo acuñado como el *aging odor* (el olor de la edad). Una peste debida, según las investigaciones del mismo laboratorio, a la segregación del ácido palmitoleico que se empieza a emitir a los treinta años y es diez veces más abundante en una persona de setenta años que en otra de cuarenta. El mundo dejará así, también, de revelarse inmundo.

LA AVENTURA Y LA MUERTE

Al comenzar el siglo XXI, lo más en boga era lo *X-treme* y, por si faltaba poco, Estados Unidos se inventó una guerra completa. Había *X*-vainilla en los helados, *X*-desodorantes, *X-treme sausage sandwiches*, máquinas de afeitar *X-treme*, *X*-catéteres para angioplastias coronarias y una *X-Church* que lanzó una *X*-Biblia. Había también un *X-treme* periodismo y una *X-treme* personalidad porque la opción para quien se quisiera diferente era llegar al límite, rozar la muerte.

Los deportes, reflejo directo de esta tendencia exacerbada, fueron el *jumping*, el *snowboarding*, el *ice climbing*, y, especialmente, el BASE, que logró una de las tasas más altas de siniestralidad con 70 participantes muertos en menos de veinte años. BASE es el acrónimo de *building* (edificio), *antenna* (la antena sobre el edificio), *span* (puente) y *earth* (tierra), que se consideran las fases progresivas de un salto «mortal» con un pequeño paracaídas.

Participar con probabilidad de morir es indispensable para que la aventura posea valor auténtico. Los deportes de mayor riesgo no convocan al gran público, no se reciben honores ni se sale a saludar en el balcón del ayuntamiento, tampoco acuden muchos periodistas y cámaras de televisión mientras se afrontan las pruebas. La gratificación se halla en el interior del deportista. En el plus de vida pura que cosecha al borde del precipicio, en el punto de perderla. Vida, entonces, originaria y fragante.

Para marzo-junio de 2003 se convocó una competición en Internet con el nombre de Off Limits 102 que consistía en pilotar durante 102 jornadas aviones superligeros sobre zonas militar o científicamente restringidas entre Ciudad del Cabo, El Cairo y Marrakesh. A esta prueba sólo asistirían los pilotos y algunas de sus amantes. En Francia opera la asociación Combat Vital, para cuyas actividades los edificios, fábricas y monumentos son transformados en obstáculos «naturales» (inmersiones en el Sena, saltos desde un tejado a otro, escaladas a la Torre Eiffel). Don Habrey, creador de Combat Vital, se dio a conocer tirándose desde un helicóptero a las aguas congeladas de Groenlandia sin equipo protector alguno. No se hizo, sin embargo, famoso. Su exigente mensaje fue el siguiente: «Nosotros somos los resistentes de la sociedad civil. Nuestra misión es la de alertar al mundo de su debilitación creciente..., estamos embrutecidos por el confort, es el momento de que cada uno de nosotros se convierta, a su manera, en un mujaidín.»

Contra el confort el miedo, contra la seguridad el riesgo, contra el rutinario sistema de vida el flirteo con la desaparición. Tratando de viajar más allá de lo visible, la empresa Space Adventures acepta reservas para el primer viaje turístico por el espacio exterior, y la Agencia Espacial Rusa enrola a pasajeros en sus travesías a la Estación Espacial Internacional (EEI) para reemplazar al Soyuz. Más barato, la agencia rusa Incredible Adventure provee vuelos en aviones supersónicos de combate MIG-25 hasta los límites de la atmósfera y a una velocidad dos veces superior al sonido. También organiza viajes para probar la falta de gravedad, osadas expediciones a la Antártida y buceo en aguas plagadas de géiseres.

El Raid Gauloises es el nombre de los juegos olímpicos de deportes de aventura. En 2002 el escenario se situó en Vietnam y la competición exigía atravesar 1.000 kilómetros de selvas empantanadas y montañas boscosas a una temperatura de 45 grados en menos de seis días, utilizando sólo una canoa o una bicicleta. En España, donde existe la Copa de España de Deportes de Aventura (CEDA), se disputan medio centenar de carreras de aventuras al año, una cifra ínfima en relación con las 500 que se celebran en Francia, pero en veloz progresión. Panama Jack lanzó unas sandalias con el nombre de «Adventure» y en el anuncio se incluía un texto que decía: «Panama Jack partió con el proyecto UR 2000 hacia una nueva aventura, el descenso en canoa por el Bhote Kosi y el Tamur, los grandes ríos que nacen en las montañas del Himalaya. Más de un mes explorando caminos de tierra, aire y agua.» Los deportes extremos buscan producir muerte ficticia de la misma clase de la vida que tenemos. Vida y muerte de consumo capaces de intercambiarse figuradamente entre sí.

No sólo algunos locos se alistan ahora en experiencias extremas. En sus distintas especialidades, la industria de viajes de aventura ha atraído ya a más de 120 millones de personas en Estados Unidos y las vicisitudes comprenden desde dormir en el jergón más incómodo a contraer la malaria, desde la probabilidad de romperse un dedo a ser degollado.

La *Fodor's Travel Publication*, que edita guías de vacaciones, publicó en 1997 un libro de Peter Guttman donde se describen veintiocho clases de aventuras de alto riesgo a las que pueden entregarse los viajeros (el *cattle driving,* el *tornado chasing,* el *iceberg tracking,* el *heli-hiking,* etcétera) y el flirt con el peligro posee sus propias revistas, sus premios, sus programas de televisión, su festival de cine en La Plagne, sus clubes y agencias de viajes.

Por su etimología, aventura remite a «acontecimiento», y con ella, en el grado que sea, se fortalece la verificación de nuestra existencia, el test de estar vivo a través del vértigo de morir. «Algo extraño ocurre –declaraba Mario Richard, saltador de BASE– cuando la adrenalina se dispara. El tiempo parece dilatarse. La impresión es tan intensa que el momento se lentifica.» O bien, Christian Sewell: «Cuando salto BASE tengo de tres a cinco segundos, acaso menos, para sofrenar la caída, pero esos instantes parecen interminables» (John Naisbitt, 2001).

La sociedad occidental, más que una «sociedad de riesgo», es una sociedad en la que se comercializa, se recalca la amenaza, instala el atentado en el vecindario, multiplica por todos los medios, por todos los media, la omnipresencia del terror. El miedo se une a la cotidianidad y así la cotidianidad adquiere formas de aventura extrema: el miedo a la inseguridad, el miedo bursátil, el miedo a la enfermedad, el miedo a la inmigración, el miedo al terrorismo, el miedo al otro. El pánico ha dejado de ser una emoción reservada a los márgenes y se ha instalado en el centro del sistema: antes el sistema nos expoliaba, ahora debe preservarnos.

¿La libertad? Lo de verdad valioso es la seguridad. *Aquí no puede ocurrir* es un libro de Joaquín Estefanía (2000) en el que se narran las consternaciones económicas internacionales sobrevenidas desde 1987 y que han sacudido el corazón de millones de habitantes, pero del mismo orden pueden considerarse, en lo cultural, obras como *El choque de civilizaciones,* de Huntington, *El fin del hombre,* de Fukuyama, *La revancha de Dios,* de Kepel, y tantos otros textos que merodean en torno al miedo real e imaginario, la amenaza determinada o no. ¿Quién puede, en fin, decir ahora que no sobrevendrá una catástrofe nuclear? ¿Un ataque con armas de destrucción masiva? ¿Quién puede asegurar que aquí no puede ocurrir?

Jean Delumeau, en *El miedo en Occidente* (1989), recuerda que, hasta la Revolución Francesa, sentir miedo era una indignidad; una emoción que Montaigne asignaba a las gentes humildes e ignorantes o una flaqueza que no correspondía a la clase de la que procedían los héroes y los caballeros. El valor hacía nobles y el miedo indignos. Ahora, sin embargo, no es vergonzoso sentir miedo ni tampoco jugar con su ficción. Vivir con miedo, inciertamente, es de carácter posmoderno, y cuanto más amenaza se sienta mayor sensación de vida se recibe.

Tras el negocio de la videopornografía ha llegado pues la videohecatombe, tras la utilización general del sexo, el recurso a la muerte en la publicidad, en la web, en los espectáculos, en los juguetes, en el mundo del arte. Los medios de comunicación se abastecen de vendavales, naufragios, terremotos, y de sus víctimas agonizantes. El cultivo del pánico se dobla con el consumo del terrorismo y el énfasis del riesgo con la voluptuosidad de rozar la muerte. En la lista de los bestsellers del *New York Times* figuraba en octubre de 2000 un libro titulado *Manual de supervivencia en situaciones extremas* (1999), en el que se brindan instrucciones para el caso de adentrarse en arenas movedizas, precipitarse desde un avión sin paracaídas, caer al mar dentro de un coche, verse atacado por un caimán y así hasta «40 casos de la vida diaria».

No es extraño que, con esta apreciación de lo real, un estudio del Pew Research Center revelara que el 64 % de los norteamericanos esperara un ataque terrorista sobre Estados Unidos. Ahora, gracias al 11-S y las imprevisibles consecuencias terroristas de la guerra de Irak, el capitalismo de ficción se ha abastecido de pánico para muchos años, y tal reserva de miedo, como la reserva de crudo, ha procedido precisamente de los mismos países árabes. Mientras el capital económico está aquí, las reservas energéticas se encuentran siempre al otro lado.

La vida cotidiana es ya *X-treme* en casi todo el mundo y Estados Unidos, centro del espectáculo, de las finanzas, de las tecnologías, es ahora también el máximo consumidor del temor. En general, el producto de pavor bruto ha crecido exponencialmente y la cotización de la existencia ha ascendido como fuera impensable hace poco. La vida, cualquier vida vulgar, se ha entonado gracias a la alarma: antes se podía morir en cualquier momento, pero ahora lo principal es que nos salvamos a cada instante. Desde la pequeña probabilidad de que sucediera algo, se ha pasado a la inagotable celebración de que no venga a ocurrir nada. Lo que antes era desecho, tiempo ordinario o basura, se ha reciclado en fragmentos vividos de primera clase. La existencia ha sido, en fin, enaltecida gracias al terror, y los beneficios son cuantiosos para el desarrollo del sistema: la libertad sin condiciones se ha sustituido por la libertad condicional, y acaso sin fecha de conclusión determinada. El terror trasmuta la demanda de libertad en demanda de seguridad, hasta llegar a un punto en que la una se confunde con la otra y las medidas policiales presentan a la autoridad extrema como proveedora de vida libre. A más medidas de seguridad más vida posible, a más autoritarismo más democracia. Solicitamos ataduras suplementarias como si demandáramos mayores oportunidades, reclamamos una seguridad *X-treme* para la máxima libertad disponible. Nunca ha de parecer, así, bastante la protección, el control, la inspección contra el acecho. El terrorismo resulta, de este modo, el aliado natural del poder, porque mientras siga existiendo terrorismo padeceremos inseguridad y demandaremos policías, del mismo modo que en la sociedad medicalizada, donde todos somos enfermos, no hacemos otra cosa que pedir fármacos.

¿Luchar contra el terrorismo? Mientras impere el capitalismo de ficción, el terrorismo no desaparecerá: he aquí el sentido de la «guerra infinita». El terrorismo no desaparecerá ni mediante la fuerza ni mediante la negociación: la fuerza lo vigoriza, la persecución lo dignifica, pero la negociación es por completo imposible. Cualquier asunto que fuera negociable dejaría de constituirse en amenaza verdadera; todo aquello que se transacciona pierde contundencia y valor. El terrorismo, pues, en cuanto parte del «intercambio imposible», es lo opuesto al mercado, y significa la ruina de los anteriores capitalismo de producción y capitalismo de consumo. Pero, sorprendentemente, no la ruina del capitalismo de ficción. Porque en el capitalismo de ficción, el contravalor del terrorismo se deduce no del cara a cara efectivo del canje sino del «efecto especial», no del intercambio de bienes, sino de la incanjeabilidad del mal, su irredimible parte maldita. Gracias a esa aporía, el terrorismo y la «guerra santa» se constituyen, dentro del sistema, en el propulsor del suceso superreal, la fuerza de conversión de la realidad en ficción y de la ficción, una vez «realizada», en realidad *X-treme,* tal como probó el suceso ambivalente de las Torres Gemelas y la continuidad del conflicto bélico iraquí en las pantallas de la televisión mundial.

Pero ni siquiera, en el futuro, será preciso llegar a tanto. No será necesario que el terror «tenga lugar» efectivamente para que el terrorismo produzca efectos. Precisamente, gracias al terrorismo sin residencia fija queda afectado todo el mundo y sus circunstancias. Gracias al terror omnipresente la vida entera se trasmuta en algo excepcional, la realidad en una transrealidad, la política en transpolítica y el Estado en un estado de emergencia permanente. Coloca, en fin, al mundo en una situación de clímax y al individuo en un ser que aprende a tratar su vida como un bien fuera de sí: «la vida como máximo objeto».

¿Viviremos por tanto el miedo como un estado natural? ¿Seguirá por mucho tiempo esta desazón? Exactamente el tiempo en que siga imperando el capitalismo de ficción, donde el terror opera como una estrategia de poder (nuclear, psicológico, espectacular) bajo cuyo dominio cada cual busca su clase de pánico como antes buscaba la conciencia de clase. O bien: a la explotación del mundo ha sucedido el terror del mundo, a la alienación del trabajador ha seguido el miedo, al reclamo de la libertad la exigencia de seguridad, a la repetición de la seguridad el delirio de la aventura, a la experiencia de la aventura el videojuego *X-treme*. La vida como objeto de ficción.

¿Los derechos civiles? ¿La libertad de información? Ahora consentimos el rearme, la videovigilancia ubicua, el gobierno policial. Rogamos que se instalen escáners, controles de rayos X, registros inmediatos, informaciones cruzadas, en la complicidad de aceptarse amenazados, en la inminencia de un ataque aniquilador. El terrorismo nos traslada paródicamente a los tiempos medievales, tiempos ancestrales de fatalidad y muertes; pero, por otro lado, nos conduce al futuro insinuado en la ciencia ficción de *Blade Runner* y *Desafío total*, estampas de fastuosa convivencia con el caos y el desorden, con la fractura del tiempo y sus sucesos sin hilazón.

EL PRESENTE DISCONTINUO

La amenaza terrorista, la marea negra en Galicia, el atentado en Bali, el derrumbamiento de las Torres Gemelas, la caída del Muro, la muerte de Lady Di, la bomba atómica de Corea, el crash bursátil, el estreno de *Harry Potter,* el primer hombre clonado, la Tercera Guerra Mundial. Los minutos de hoy no parecen hijos de ayer y cuanto ahora nos pasa, pronto será sobrepasado por otra noticia de fulgurante actualidad. La indeterminación en la física (impredictibilidad, estructuras disipativas, discontinuidad, catástrofe en ombligo parabólico) es la enfermedad que afecta a lo más minúsculo de la materia y a lo más íntimo de lo real. Pero la realidad, en consecuencia, ha tomado la forma del accidente. Huracanes, incendios, choques de trenes, mareas negras, temblores de tierra, nuevos atentados. El accidente se ha convertido en la circunstancia central, o bien la actualidad consiste precisamente en la expresión del accidente. Como consecuencia, la temporalidad de hace un siglo, morosa y blasonada, ha perdido su calidad familiar para convertirse en un cuerpo desnudo sacudido por cualquier percance, a cualquier hora y desde no importa qué lugar. La velocidad de los acontecimientos ha provocado una vertiginosa «desrealización del mundo», porque se ha pasado de la aceleración de la historia a la aceleración y fuga de la misma realidad. Lo real, podría decirse, se corresponde con lo procesual, mientras que lo súbito es de apariencia milagrosa, transreal. Nada pesa ni tiende a representar más lo verdadero que la historia, mientras pocas cosas son más proclives a la mentira que el periodismo extremo, la noticia a lomos de la precipitación.

Las pantallas del mundo parpadean hoy sin pasado ni porvenir, pasmadas ante el relámpago ininterrumpido y todo ello dentro de un tiempo en el que pasado, presente y futuro se han fundido en un flash. Todo sucede aquí y de improviso, se superpone y borra cuanto ha ocurrido antes para reiniciarse en una versión que anula la anterior. Los sucesos discurren y no permiten *discurrir* sobre ellos. Son ellos quienes decididamente pasan sobre nosotros y definen esta época en la que el proceso ha sido reemplazado por el impacto y el sello histórico por el signo del terror.

Un anuncio de los relojes Patek Philippe de julio de 2002 decía: «*Who will you be in the next 24 hours?*» (¿Quién serás en las próximas veinticuatro horas?). Nunca lo supimos, pero al menos un reloj se ofrecía como indicador. Ahora, ni siquiera el reloj se fía de sí, y su modelo puede mostrarse de mil formas, en prueba de que ha perdido su identidad o su autoridad. Lo incierto es la base de nuestro conocimiento y, a medida que se multiplican los departamentos de análisis, los estudios de previsiones o los congresos de futurología, la inseguridad aumenta como una infección de la infección. ¿Previsiones para el porvenir? Pocas veces el futuro ha parecido un territorio tan desacreditado; el presente es el único elemento que funciona, mientras pretérito y porvenir parecen conceptos prohijados por una cultura vencida.

Philippe Ratte, director del Instituto de Altos Estudios de Defensa Nacional en Francia, dice: «El porvenir es cada vez menos previsible –está menos por ver y por venir– y debemos resignarnos a esta idea para hacer frente a sus consecuencias. El trabajo de prospectiva consiste no ya en diseñar escenarios sino en instalar una vigilia permanente, de modo que los países desarrollados funcionen como un radar o como un sistema inmunológico preparado para la primera alerta.» Paul Virilio, comisario de una exposición titulada «Ce qui arrive» (Lo que llega), diciembre de 2002-marzo de 2003, declaraba sobre la naturaleza del accidente en la sociedad actual que así como en 1914 un atentado dio origen a la Primera Guerra Mundial, otro atentado, el del 11 de septiembre de 2001, provocó la Primera Guerra Civil Mundial: una guerra sin reglas, sin lugar (sin frente), sin armas (un avión regular), sin personas (o casi). Una guerra continuada después, además de en los campos de batalla, en las calles de la opinión pública mundial, en todos los frentes, a todas horas.

La circulación veloz, la sustitución súbita, la pantalla instantánea fotografían la nueva escena de espasmos. El mundo aparece y desaparece en las pantallas, desfila en las *newsbars* de la CNN, sobre los neones de las fachadas urbanas, en las pasarelas como un filme circular. El presente se ha precipitado en «actualidad» y la actualidad se reproduce en una sucesión de disparos. En Bruselas, el corazón de la Unión Europea, un 70 % de los ciudadanos respondió a un sondeo de 2002 que habrían preferido vivir en otra época. ¿Cuándo? Eso no lo sabían. Los relojes digitales nos dicen la hora que es, pero no nos dicen la hora que no es: son la expresión del tiempo instantáneo, la pérdida de la historia. Sólo se da por cierto lo que ocurre de inmediato, en directo; mientras que adquiere una apariencia de manipulado lo que es lento. Se llega así a la paradoja de que se toma como más verdadero lo que más ciega con su impacto: la bomba, la hecatombe, el milagro de Dios.

Dentro de la exposición «Ce qui arrive», se exhibía una grabación en vídeo de Wolfgang Staehle, pionero del *net art*, que tenía la duración real de un mes. La obra consistía en las imágenes que una cámara fija había obtenido de la bahía de Nueva York desde el 6 de septiembre al 6 de octubre de 2001. La experiencia se proponía hacer vivir al espectador la serena vida del paisaje. Pero ¿qué fue esa vida? Su discurrir se hizo pedazos con el atentado de las Torres Gemelas, el paisaje estalló ante los descuidados espectadores. ¿Explotó para ser televisado? ¿Explotó por ser televisado? Ahora no sabemos distinguir si la realidad se configura por los medios en la forma sensacionalista del accidente o es la naturaleza de los medios la que hace estallar la realidad para que de verdad ocurra. En cualquiera de los dos supuestos, por la existencia de los dos supuestos, la realidad se desintegra.

El miedo es la primera consecuencia de esta zozobra. La otra consecuencia es que la actualidad se transforma en un incesante estreno. Bajo el primer aspecto, uno a uno o en masa, somos, en cuanto víctimas, «sujetos» del suceso, atónitos sensores de la estimulación y damnificados de la catástrofe a cualquier hora. Pero, en el segundo aspecto, como individuos de una actualidad a estrenar, recibimos la continua y abundante provisión de novedades. Adictos al sensacionalismo, obtenemos nuestra ración de estupefaciente y como dependientes esperamos ávidos la nueva edición del accidente, el «posinstante» de la instantánea que proveerá una estimulación más.

La posmodernidad, toda ella, es un «post» de lo vivido, y nos situamos dentro de ella como en un lapso prorrogado de la modernidad, un falso explosivo más hacia otro proyecto inexistente. Nuestro tiempo es «post» en cuanto continuidad líquida del siglo sólido que fue el siglo XX. Nuestro «post», en la sexualidad, en la ciencia o en la novela, es como un plus fibrilar de lo vivido que no consigue denegar a su antecedente con la energía de un «contra». Los «posts» son réplicas del seísmo, una nueva desestructuración de la estructura, una adición que no se sabe si acabará mal.

Nada parecido a las entusiasmadas construcciones de los años sesenta donde la antipsiquiatría, la antiescuela, el antiteatro o la contracultura establecían una proposición destinada a afirmarse frente a lo anterior y derrotarlo. Lo «post» es en sí patético, como lo son los plus del pelo y las uñas que nacen de los cadáveres. El «post» convierte aquella realidad en este espectro, prolonga la realidad en irrealidad, conserva el pretérito en una inercia fantasmal.

Los «posts» no aspiran a los enérgicos antagonismos del «anti», pero tampoco a la ciencia superadora que conllevan los movimientos «neo», ni igualan las evoluciones confiadas de los «ismos». El «post» no es una corriente sino un espasmo, no constituye un discurso nuevo sino que realiza copias desenfocadas de lo ya visto. Provoca democracias o pinturas falsas, ejemplos mistificados e impuros. Se comporta a la manera de un extrasístole sin trascendencia para formar un espíritu del tiempo, sólo un estilo del tiempo.

El filósofo y crítico norteamericano Arthur C. Danton habla de las creaciones actuales como de un arte después del fin del arte al que llama un «posarte». John Horgan ha anunciado la vigencia en nuestros días de una suerte de «posciencia» tras haber sentenciado que ya nada realmente importante queda por descubrir. Richard Rorty piensa nuestro tiempo como una época «posfilosófica», más o menos parecida a la posreligiosa que siguió al triunfo de la Ilustración del siglo XVIII. Pero además se habla de «poscinema» para aludir a un cine que ha asumido el impacto de los lenguajes de la televisión, la publicidad y el clip musical, o de una «posfotografía» donde concluye la utilización de la foto como supuesto certificado de la verdad. Y antes mismo de la guerra de Irak se hablaba, sobre todo, de la posguerra.

Todo será, pues, en adelante fiticio, el artificio como la única cara para la hermeneusis. De manera que al pensamiento contemporáneo lo llama Giovanni Sartori en *Homo videns* (1998) un pospensamiento, reflexión o arreflexión que produce la cultura de la imagen. Y, consecuentemente, rige también una «posmoral» (Lipovetsky) que implica a la ética indolora de los individuos, las empresas y las religiones. Una ética sin obligación, sin abnegación y sin sanciones.

En cuanto a la economía, en Davos 1999 se acuñó el nombre de «posliberal», buscando la continuidad del sistema, su perpetuación en diversas figuraciones. Pero, como culminación, la ciencia de las clonaciones inaugura, inesperadamente, una «poshumanidad» y hasta una «posespecie» nacida de la copulación entre carnes y máquinas, la unión de órganos y chips y la subasta de niños en Internet. ¿Será esto por fin la post-eridad? ¿Un presente donde culmina el tiempo y todo rebota contra un futuro inelástico mientras la vida es definitivamente un artefacto para ensayar experiencias dentro del universo de ficción?

Deshecho el compromiso político, relativizado el deber moral, perdido el más allá personal y arruinados los paraísos sociales, el presente discontinuo fomenta el baile con la muerte, el juego con el sexo y con la moda, con la verdad y sus máscaras. Este flirt, gracias a su equivocidad, soslaya las apuestas y pervive en permanente mudanza. Elimina por tanto la finalidad y acaba, en consecuencia, con la tremenda campanada del Fin. La vida se representa así como un perdurable objeto de ficción. El máximo objeto del que valerse para ver cómo sucede todo esto, cómo pasa lo que tenga que pasar, a la manera flagrante de un videojuego *X-treme*. Tanto George Orwell como Max Weber pronosticaron un mundo futuro estable y predecible, pero en su lugar ha sobrevenido *un mundo desbocado* (Giddens) y la emergencia se ha erigido en la coartada de los gobiernos que, no teniendo programa alguno, se apoyan en las medidas de excepción. Vivimos la «tiranía de la emergencia» (Bindé), siendo la emergencia un estado interminable que no deja ocasión para que la realidad se asiente, se realice. Y su ausencia es ficción.

LA VIDA COMO OBJETO DE FICCIÓN

La vida es el objeto máximo. El capitalismo de producción obtuvo sus plusvalías de explotar nuestras fuerzas, el capitalismo de consumo extrajo rentabilidad de fijarse en nuestros sueños, pero el capitalismo de ficción se concentra sobre todo en succionar extractos la realidad. En el pasado, Dios, la Patria, la Revolución eran los amos de nuestra existencia y nosotros los usufructuarios; ellos eran los señores y nosotros el servicio. Teníamos la vida bajo su férula y, en consecuencia, no la podíamos gozar a nuestro antojo ni la podíamos gastar a nuestro gusto porque vivíamos, literalmente, hipotecados bajo el yugo de sus préstamos. Estaba, por tanto, terminantemente prohibido excederse en placeres considerados degradantes o matarse, porque si la vida no era nuestra no podíamos ni malbaratarla ni echarla definitivamente a perder. Nos hallábamos literalmente en sus manos, bajo su vigilancia y su guía, porque sólo la autoridad conocía el camino que se debía seguir.

Orientada por la Religión, la Patria o la Revolución, la vida fue tenida por un bien sagrado y nosotros por sus fieles devotos. Ahora bien, sin Dios, sin Patria y sin Revolución, la vida se transforma, como ahora ocurre, en un curioso artefacto a nuestra disposición y pasamos a constituirnos en sus usuarios directos. Éste es el paradójico regalo de la secularización, el obsequio del fin de las ideologías y de la condición apátrida en la globalización: la vida pasa a nuestras manos pero despojada de grandeza. De un lado viene a ser incomparablemente menos de lo que fue pero, de otro lado, es *nuestra* y con la privatización obtenemos un patrimonio impensable. Bajo nuestra posesión la vida, antes trascendente, se hace contingente, antes inasible, ahora se hace objeto rendido a nuestro arbitrio. Ahora nos podemos suicidar, pedir que nos maten, exigir responsabilidades por nuestro nacimiento, crearlo, modificarlo, clonarlo, exponerlo a la experiencia plural.

La vida sacralizada pesaba como un muerto, mientras la nueva vida, desprendida de destino, es liviana como un filme. Parece, de hecho, una película. Es, sin duda, más superficial, pero ¿por qué habría de ser más profunda? Parece más falsa, pero ¿quién prefiere «toda la verdad»? Las cosas tienden a asumir un aire variable venial y fláccido en el capitalismo de ficción. Nadie cree en la felicidad, ni en el amor eterno, menos todavía en la Revolución. Las grandes esculturas de la humanidad han ido aplastándose hasta el nivel del terreno, las verdades han ido desmigajándose hasta adunarse con la no verdad. ¿La mentira? Tampoco posee entidad la mentira, que, de existir, conllevaría de inmediato la exaltación de la verdad. Ni hay verdad ni mentira y en su lugar aparece la ironía, la copia, la diversión, la democracia pirata. A las palabras lapidarias ha seguido el lenguaje móvil, y del sentimiento trágico de la vida se ha pasado al sentido portátil de la vida.

Significativamente, la mayor conquista de nuestros tiempos postreros ha sido la «liberación» de la vida; su emancipación de las gruesas manos de los dioses y su disposición democrática para el quehacer más vulgar. Ahora se recibe la vida gracias a que los padres desean invertir sus ahorros en tal adquisición, sea a través de un procedimiento sexual u otros sistemas. Nada, pues, de grandes milagros ni coyundas demiúrgicas, nada de leyendas ni de auspicios cósmicos. Los padres, a través de un cálculo, planifican, y yendo las cosas razonablemente obtienen un hijo con una vida bajo el brazo, que se añade a la vida bajo el brazo que ellos mismos portaban para vivir. El filme, entonces, se agranda, el campo de visión se complica.

Cuanto más se han desarrollado los seres humanos como espectadores generales del mundo, más se redondea la vida en tanto que objeto de ficción. En la medida en que nos hemos formado como espectadores apreciamos distintamente que una cosa soy yo, espectador, y otra mi vida, el espectáculo. O bien: de la misma manera que en el capitalismo de producción el trabajo nos enajenaba de nosotros, en el capitalismo de ficción la tele-visión, la visión a distancia, nos enajena de la vida, la separa de nuestra identidad y la convierte en producto aparte. «Cuanto más contemple el espectador... las imágenes dominantes, menos comprenderá su propia existencia y su propio deseo. A partir de este momento estará *separado de su vida*», decía Guy Debord (2000).

Vivir de esta forma, separado de la propia vida, no es de ninguna manera desgarrador. Todo lo contrario: comporta no pocos provechos psicológicos y materiales. La gran mayoría de los manuales de autoayuda se dirigen precisamente a instruirnos en una contemplación distanciada de nuestros conflictos, de nuestras actitudes, de nuestros errores, para poder gobernar las penalidades y llegar a disolverlas. Tomar los problemas personales en términos objetivos, interpretar las contrariedades como averías clasificadas y las emociones como dispositivos investigables, contribuye a corregir defectos, conductas negativas, y predisponerse para la felicidad. Ser un buen *coach* de sí mismo, en definitiva, requiere escindir el yo. Una cosa soy yo, el ser que examina y aspira a mandar en la vida, y otra la hacienda vital. La vida no debe ofuscarnos porque nosotros somos jerárquicamente más: somos los propietarios de ese feudo que se despliega como un parque temático, bioquímico, simbólico y recreativo ante nosotros. Porque una cosa, en fin, soy yo, inmortal, extirpado de muerte, y otra cosa es la vida, un objeto acaso perecedero. El máximo objeto de la ficción.

Se tratará, en suma, por nuestra parte, al decidir vivir, de poner el cuerpo y la mente a funcionar y verificar qué sienten los sentidos al activarse. Probar al cuerpo y la mente mediante ilusiones, dinero, aventuras, drogas, viajes, webcams, a ver qué dice, qué hace. En cada momento podemos decidir un nuevo tratamiento físico o moral porque la vida, cada vez más, puede reformarse, rehabilitarse, reorientarse y en el futuro vivirse como una X-Box. Entrenados como estamos para escoger en el hipermercado, para formar nuestras identidades en Internet, para cambiar nuestras apariencias en las reuniones o nuestro talante con los psicotropos, la vida discurre como una extraordinaria performance.

Las experiencias, las sensaciones pasan a través de objetos propios o injertados, donados, adquiridos o por adquirir. Nosotros somos a la vez los coproductores y los primeros consumidores. El que elabora y el cliente a la vez. Antes se nos exhortaba a vivir para la otra vida, pero ahora la vida se queda para nosotros, toda entera y candente, de un alcance tan colosal que su espectáculo podría abatirnos, pero tan cautivadora que acaso merezca la pena vivirla hasta su extenuación. Ahora no pensamos en qué voy a hacer de mí, sino en qué puedo sacar de la vida que tengo, qué calidad de experiencias y prestaciones puedo extraer de la mejor utilización del programa. La existencia es como un software hiperreal repleto de atracciones que duran años, en tres dimensiones, con cinco sentidos y un sinfín de interacciones en tiempo real. La vida, en suma, es la cima del show y la distracción, el colmo del realismo, la explosión del documental y la superproducción a un tiempo. Con la vida convertida en superobjeto, no sólo pasamos el tiempo sino que no perecemos nunca porque el espectador siempre sobrevive al término de la función. Abandona la butaca siempre antes de la de-función.

Así, tal como se representaba en el filme *The Game,* el mejor obsequio que el hermano multimillonario puede hacer al rico Michael Douglas era un trozo de vida repleta de impresiones extraordinarias, un fáustico surtido existencial, una *X-treme life* con opción de convertirse en un guión de sensación mundial. De la misma manera, el capitalismo de ficción se ocupa sin cesar de proponernos la vida como auténtica materia de espectáculo. Vida producida y apta para circular sobre las cintas de vídeo, de modo que así como las ciudades representadas en Las Vegas no morirán nunca, una vez convertidas en «pasatiempos», nuestra existencia permanecerá para siempre disponible en el material de grabación. En «mi vida sin mí.»

La pregunta sobre si es así mejor o peor la vida, si vale menos o más la vida-espectáculo, carece, enteramente, de sentido. Porque ¿qué es la vida real?, ¿qué es la realidad de la vida? La vida, dice Millás, es una frase hecha. ¿Cómo no pensar en ella también como una película que segregamos orgánicamente a la vez que la seguimos como el más interesado jugador interactivo?

La vida en el capitalismo de producción se decidía entre el estruendo de las grandiosas máquinas industriales, la vida en el capitalismo de consumo se desarrollaba entre los jingles de los reclamos comerciales, la vida en el capitalismo de ficción se juega entre el centelleo de los aparatos electrónicos. O también: en el capitalismo de producción la vida era un producto del trabajo, en el capitalismo de consumo un producto de la compra, pero en el capitalismo de ficción la vida es un juego mediático en el que somos nosotros el dueño del mando y su personaje. El capitalismo ha ido convirtiendo en mercancía todo cuanto encontraba. Cualquier cosa, desde la alimentación al afecto, desde la cultura a la política, ha venido siendo calibrada, tasada y negociada como un bien comercial. A partir del capitalismo de ficción, sin embargo, ese tratamiento ha llegado hasta la vida misma para convertirla en espectáculo: en absoluto *reality show*.

DIBUJOS ANIMADOS

La película de dibujos animados *Monstruos, S.A.* (2002) ofrece una elocuente alegoría del cambio sobrevenido con el capitalismo de ficción. Monstruos, S.A. es una empresa eléctrica que, a lo largo de la historia, ha obtenido su energía de los gritos que emiten los niños cuando los asustan los monstruos profesionales de la compañía. Sus alaridos, sus berridos, son recogidos por unos sensores y la potencia llega hasta las instalaciones industriales para ser transformada en fuerza eléctrica. De esta manera, la empresa no cesa de prosperar durante años hasta alcanzar un punto de inflexión en que tal modo de producción se revela obsoleto. Al parecer, los niños, con el tiempo, han disminuido su capacidad de espanto y, en consecuencia, generan menores cantidades de materia prima para la explotación. Algunos intentos empresariales para perfeccionar el terror de los monstruos, sus apariencias y sus repertorios, acaban uno tras otro en fracaso. Como consecuencia, el consejo directivo de la compañía decide, tras largos debates, experimentar con una fórmula inédita. Se trataría de probar a obtener los kilovatios no del aullido sino de las risas y, sorprendentemente, tras aplicar la idea en una docena de intentos, la firma comprueba el acierto de esta última elección.

Efectivamente, en la realidad capitalista, la industria de la diversión y el entretenimiento norteamericana proporciona hoy más beneficios que cualquier otro sector, incluidas la actividad aeroespacial y la aeronáutica juntas. La imagen del capitalismo más actual no es la lóbrega mina de carbón ni la rutinaria fábrica de coches: es el parque de ocio y el supercentro comercial. El capitalismo de ficción crea clientes como niños, innumerables mercancías que actúan como golosinas y campañas personalizadas que se perciben como mimos.

Lo que busca el nuevo capitalismo no es hacerse temer sino querer. Hacerse desear como un sistema bienhumorado e idóneo en la producción de placer y, en los peores momentos, hacerse solicitar como una buena guardería donde se estaría más seguro que en la propia casa. Ahora las empresas gastan millones en auscultar nuestras vidas, escuchar nuestros sueños, explorar nuestros deseos, rastrear nuestras necesidades, nuestros males y nuestros vicios, dentro y fuera de la red. «¿Qué tal?» «¿Cómo estás?», dice Vodafone. «Pensamos en ti», «Creamos para ti», repiten unos y otros. Que nos sintamos queridos es la primera condición, ha entendido el sistema, para que compremos, viajemos, adquiramos acciones, no pidamos la baja. Este capitalismo, que ha comprendido como nunca la importancia de la salud, ha impulsado la inquietud médica a su cima, ha promovido dietas, centros de larga vida, sesiones de yoga en las empresas, bonos para los spas, drogas de todas las clases, «píldoras de la felicidad». El sistema no se ha modificado en nada «capital» pero cuida más que nunca la argucia y el maquillaje, ético, estético, musical.

El capitalismo de producción era triste, el capitalismo de consumo era trivial, pero el capitalismo de ficción es trilero. El capitalismo anterior buscaba ganar a cualquier precio, pero el capitalismo de ficción pretende además gustar. El primero era rígido, el de ahora es flexible, mediático, mediador. El primero era adusto, disciplinario, macho, mientras el segundo adopta los modos de la feminidad, del mundo del parecer que ha presidido al modelo social femenino. Ambos son maquinarias de explotación, pero mientras el capitalismo de producción era desaseado, el capitalismo de ficción se lava y maquilla minuciosamente.

Precisamente, la palabra «cosmética» proviene del griego *cosmos* que significa orden, pero también mundo, universo. Maquillarse es el gesto de «poner en orden» el rostro antes de exponerlo al mundo, la acción de cancelar el rostro como naturaleza real para revelarlo a los demás en cuanto artificio. Un artificio que, paradójicamente, se tomaba como la apariencia apropiada. O más que eso: en los principios del maquillaje las pinturas, los polvos, acreditaban la realidad del rostro, garantizaban que su materialidad orgánica estaba allí porque de otra forma los pigmentos no habrían podido depositarse. Eran ficción pero, simultáneamente, testificación. Ocultaban la preexistencia para concederle existencia. Y más aún: para otorgarle circulación, aceptación, valor de cambio. Lo real se hacía ver a través de lo falso y gracias a falsificarse obtenía realidad.

Para la mujer servirse de la cosmética ha significado, de hecho, lograr una apariencia (falsa) que respondiera a la (verdadera) expectativa de belleza inventada por los hombres. La mujer se maquillaría, se falsificaría en consecuencia para agradar al hombre, pero a la vez para poseerlo. Se disfrazaría para darle gusto y para engatusarlo al mismo tiempo. Se disimularía para evidenciarse.

Significativamente, el capitalismo de ficción, altamente femenino, tiende a comportarse igual. Si la feminidad fue una construcción basada en el deseo masculino, el nuevo capitalismo busca constituir su «rostro humano» de acuerdo con las sondeadas preferencias de la clientela. En este capitalismo de ficción no habrá obreros sino colaboradores, se olvidará la clase social y en su lugar sólo se tratará de clases de vida; la dependencia salarial se fundirá con el accionariado y la producción en serie decaerá ante la oferta personalizada. Lejos de perecer víctima de sus contradicciones, el capitalismo ha evolucionado cambiando la simple explotación por la turbación, la imposición por la fascinación. Efectivamente se trata tan sólo de una argucia cosmética, pero ¿quien puede dudar del poder del *look,* de la importancia actual del maquillaje?

El capitalismo de ficción procura sin tregua ir fundando una realidad virtual y prometedora como su obra maestra. Porque lo central de esta nueva etapa capitalista no es, como se ve, tanto la producción de bienes (buenos y malos) como la producción de realidad (verdadera o falsa). Hay movimientos antiglobalización basados en la aspiración de «otro mundo posible» pero, justamente, éste es el proyecto, desde hace una década, del capitalismo de ficción. El primero que ha asumido la necesidad de otro mundo es el mismo sistema, una vez que con sólo un mundo la intoxicación sería fatal, las contradicciones lo hundirían y su desarrollo, en todos los sentidos, acabaría mal. ¿Hambre en el Tercer Mundo, la malaria, el sida, los damnificados de un terremoto, los paralíticos cerebrales, la contaminación de las aguas, los bombardeados por los B-52? A todo ello atiende ya el capitalismo de ficción mediante su fantástico «marketing con causa», el marketing que presenta el ejercicio de la compraventa o incluso de la guerra, en la ocasión para hacer voluntariamente el bien; que trasmuta el interés del comercio por el desinterés de la filantropía. Ahora es posible salvar a un niño comprando una lámpara, proteger el planeta adquiriendo un desodorante, dar limosna pagando un precio (justo), ser humanitarios siendo, a la vez, criminales.

Nunca antes se había logrado una simbiosis parecida entre hedonismo y renuncia, entre egoísmo y munificencia, entre destrucción y reconstrucción. De manera que el mundo, cuando parecía censado y cerrado, se ha doblado en una esfera enriquecida de ficciones. Ahora no hay actriz, modelo o cantante famoso que no se haya convertido en un benefactor de algo o alguien; y todos, a la vez, queremos ser artistas, actores, personajes de la televisión. Empresarios, incluso, porque no hay empresa que no alardee de creatividad, de fondos éticos, de un código con responsabilidades sociales o una estrecha relación con Greenpeace. El capitalismo de ficción ha generado estos inesperados paraísos de bondad.

¿Enajenación? ¿Explotación? Las máquinas tradicionales no permitían la ambigüedad: el trabajador se sentía sometido a la máquina y controlado en sus ritmos de trabajo, pero, hoy, las pantallas interactivas, las palms, los ordenadores, no parecen conminar sino prestarse para recibir órdenes y formar un circuito de complicidad. El obrero manual no ostentaba los medios de producción y su eficiencia dependía de las propiedades del capital, pero el trabajador de la nueva economía posee su medio de trabajo, el conocimiento, con el que se desplaza de un lugar a otro y, con frecuencia, la organización parece necesitarlos más a ellos que ellos a la organización. ¿Dónde hallar pues la alienación? Ahora aumentan los trabajadores autoempleados, disminuyen las operaciones repetitivas, crece la autonomía, se remunera individualmente, la dependencia se confunde con la interdependencia, se premia la iniciativa y la invención. Nada que ver, por tanto, con los tiempos del capitalismo de producción y sus cadenas donde el cronometraje de las tareas acentuaba el desmenuzamiento cosificador y, como consecuencia, aglomeraba la conciencia de los explotados. Ahora los sindicatos se ven con pocos afiliados y cada día pierden más. «En esta compañía todos somos dueños, ¿para qué necesitamos sindicatos?», decía Jeff Bezos, fundador de Amazon.com. ¿Para qué sindicatos en un universo donde la mención de «lucha de clases» se ha convertido en *meaninglessness,* según *The Economist,* y donde la palabra «obrero» ha pasado a ser una obscenidad?

Antes hablábamos de trabajar sin vivir o de vivir sin trabajar: la ambición del nuevo capitalismo es simularlo todo. Más que consumidores para esto, empleados para aquello, votantes, feligreses o hinchas para lo demás, una sola unidad simbiótica, un ser de multiuso universal. En el pasado, nos veíamos entrar y salir por las puertas de un espacio productivo donde se nos extraía la plusvalía y se nos inoculaba, a cambio, una ración salarial. Ahora, el espacio preexistente no es de entrar y salir: vivimos en un único solar. Las grandes empresas han comenzado a construir ciudades completas en torno al puesto laboral. Hay enfermerías, talleres de reparaciones, tintorerías, supermercados, videoclubes, gimnasios, museos, farmacias, oficinas bancarias, saunas, boleras, cibercafés. Pero, simétricamente, también el hogar se ha llenado de tareas empresariales a través del fax, los móviles o los ordenadores. El espacio, a un lado y otro de los muros, en un lugar u otro del planeta, a una hora u otra en los husos horarios, se va trasmutando en un paraje homogéneo del capital multinacional. El sueño capitalista es disiparse como sistema de coerción y filtrarse en nuestra existencia como un ambiente.

Durante más de dos siglos, el capitalismo fue perfilándose como un compacto sistema de producción y organización social; su cuerpo era palpable, su respiración era ruidosa y su funcionamiento generaba consecuencias sonadas. El capitalismo servía para los intereses manifiestos de unos y actuaba con desfachatez perjudicando a otros. No trataba de ocultarse: ni maquillaba sus fines ni eludía su condición. Habitaba entre nosotros con el descaro de una impetuosa formación. El comunismo, cuando trató de desbancarlo, fue el primero en reconocer la fortaleza de su carácter y la necesidad de rebuscar en sus contradicciones para que sucumbiera desde su interior. Desde fuera, el edificio capitalista resultaba inexpugnable y acaso sólo era posible minarlo, acelerar su velocidad interior para que se matara. Es decir, atizar sus corrupciones para que se descompusiera, esperar al cenit de su injusticia para que enloqueciera, el infarto de su codicia para que le cegara el corazón.

Lo ventajoso en todo caso para la lucha contra el capitalismo era su fácil identificación y su obscena exposición clasista. Esta nitidez se desvanece, sin embargo, en brazos del capitalismo de ficción. Mientras en el capitalismo de producción y de consumo se hacía efectiva la denuncia contra la alienación, en el capitalismo de ficción la alienación está alienada y nuestras expectativas, nuestra cultura, se encuentran ligadas al capital. Hace cincuenta años el sistema capitalista constituía, para gran parte de la izquierda, un nefando enemigo a batir. Ahora casi nadie de ese mundo envejecido se encuentra en condiciones de guerrear porque el capitalismo, a fuerza de reproducirse, se ha convertido en el gen primordial de lo político, de lo económico o de lo social, y cada uno corre, disgregado, en busca de su progreso particular. Antes creíamos que nos salvábamos todos o nos hundíamos abrazados. Ahora cada cual sabe nadar, se ha personalizado el ejercicio físico, han profesionalizado el ejército, se han abierto parques naturales y las manifestaciones son festivas como carnavales, benditos portoalegres hacia un nuevo mundo todavía sin concreción. Porque ¿revolución hacia dónde? Ahora el capitalismo ha dejado de ser esto o aquello para serlo casi todo a la vez y su naturaleza ha ido volviéndose tan soberbia que ha asumido el rostro de la fatalidad.

En la prosperidad, en la crisis, en la ola de despidos, en la guerra, el capitalismo burla su condición de sistema para presentarse como un destino, la guerra «inevitable», la única naturaleza «funcional», la única cultura que «cuenta». Y global, porque en su interior los obreros, los ecologistas, los futbolistas, los suicidas, el placer son factores que se miden y ponderan como costes o beneficios dentro de su placenta de valor. Todo se ahoga, flota o se bautiza en su soberana inundación.

Cada categoría de nuestro mundo se encuentra así ante el sistema de pesas y medidas que el capitalismo ha extendido como un estadio de civilización. Tanto en la fase del capitalismo de producción (desde finales del siglo XVIII hasta mediados del siglo XX) como en la del capitalismo de consumo (desde los años cincuenta hasta la caída del Muro de Berlín, en 1989), el sistema era sólo una organización posible, expuesta a sus reveses mortales y al embate de la Revolución. El capitalismo de ficción, sin embargo, es por definición infinito. O bien: el gran triunfo del capitalismo consiste precisamente en su desmaterialización; en la permutación de su consistencia por la evanescencia y la pérdida de radicación en beneficio de la transparencia. De hecho, la inmensa mayoría de los autores se refieren hoy al sistema sin adjetivarlo de capitalista, no importa lo anticapitalistas que fueran en su pasado. Touraine y Bell llaman a esta sociedad «posindustrial», Giddens «modernidad tardía», Albrow «era global», Castells «sociedad de la información», Beck «sociedad del riesgo». Y todos han discurrido navegando a bordo de la «nueva economía» como un hecho de la evolución.

El capitalismo no ha conseguido que se le ame plenamente pero ahora nos abraza como un todo y nadie puede sacudirse esa efusión. Por primera vez, la narración capitalista no se confunde con un cuento de la historia de Occidente sino que es lo mismo un cuento latinoamericano, un cuento japonés o un cuento chino. Ahora no existe el capitalismo y el anticapitalismo, el sistema y el antisistema, porque todo cuanto significa algo pertenece a su universo, y a la vez no hay un antiuniverso que lo niegue (o que lo afirme). La máxima gloria del sistema consiste precisamente en su disipación y su máxima realización se funde con su desrealización. «Nada escapa a los efectos corrosivos del capitalismo», decía Marx, pero ni la misma realidad, efectivamente. Porque el nuevo capitalismo, una vez que se ha logrado hacerse global, total, no pretende explotar únicamente el tiempo de trabajo y el tiempo «libre», los ahorros y los derroches. El nuevo capitalismo hecho ficción aspira a operar como un cosmos y a producirlo o re-producirlo todo.

No es desde luego el capitalismo de ficción una utopía al modo de las construcciones ideales del siglo XIX, sino mucho menos. Y un poco más. Menos en cuanto que sólo aspira a ser «virtualmente»; y más en cuanto que es una oferta directa para la que no hace falta esperar ni bregar. Las ciudades gozan la condición de los parques temáticos, las empresas se diseñan como centros de ocio, los museos se inspiran en la arquitectura de Disney, la actividad central reside en el divertido centro comercial.

Una de las acepciones de la palabra ficción es simular, fingir, pero la otra es «dar forma», «modelar», «formar». En conjunto, el capitalismo de ficción, en sus escenarios y en sus mensajes, promueve un modelo de hábitat donde se logre vivir amparados y contentos. Un mundo de seguridad frente al terrorismo, un mundo de creatividad (laboral, contable, ociosa) frente a la rutina, un mundo de aventura frente a la normalidad, una oferta de presente discontinuo (sin pasado ni futuro) donde vivir sin cesar. La movilidad laboral, los amores cambiantes, la comunicación instantánea, la omnipresencia del suceso, suspenden la inteligencia del proceso y dejan en vilo el fastidio de lo racional. Se vive de milagro dentro de un milagro: capitalismo fulgurante, omnipresente, terrorista, dueño del bien y el mal. El sistema es nuestro continente y nuestro posible contenido, nuestra existencia y nuestro estilo. ¿Rebeliones? ¿Soflamas? Cualquier insurrección o algarabía es materia prima de primera clase en la sociedad del espectáculo y en el cenit de su función.

Finalmente, el capitalismo de producción era, en su raíz, un capitalismo fálico, autoritario: el cuerpo del patrón. El capitalismo de consumo fue durante su breve intervalo un canon ambisex y lo significaba la desconocida igualación de sexos. Ahora, el capitalismo de ficción es eminentemente un compuesto de inspiración femenina. Más horizontal que erecto, más apaisado en las construcciones (aeropuertos y estaciones, centros comerciales, ciudades diseminadas) que amante de los rascacielos, preferentemente afectivo y sentimental. Más seductor que imperativo, recurre habitualmente al consenso para endulzar la imposición, enaltece la colaboración para enmascarar la jerarquía, recurre a la hipnosis del trato personalizado *(customizado)* en lugar de la transacción a granel.

Este capitalismo de progesterona ideológica adopta los arquetipos de la mujer como una cosmética del valor. La mujer en el cine, en los telediarios, en los consejos de administración, en las listas electorales, en las exposiciones de arte, en los parlamentos, en los espacios médicos, judiciales o educativos. Con la feminización, el mundo se ha democratizado a una velocidad inimaginable y ha contagiado la democracia de su condición. La autocracia fue históricamente masculina mientras la extensión democrática coincide con la relevancia política de la mujer que desciende desde los fiordos a Ciudad del Cabo.

Simultáneamente, así como la igualación sexual ha supuesto una disminución de tensiones y una revisión del lenguaje romántico, la igualación de las culturas y de los regímenes políticos ha desembocado en un allanamiento generalizado. Los cuerpos, las mercancías, las ideas llegan a todos los lugares en virtud de su levedad y discurren en todas direcciones gracias a la levedad de su estructura. La misma democracia ha acelerado su transporte de un punto a otro del planeta gracias a la ligereza de los nuevos materiales y la escasez de cimentación. Tocqueville decía que la democracia era menos una forma de Estado que un estado de la sociedad, pero los regímenes políticos se denominan hoy democráticos cuando apenas se barnizan de una finísima película electoral. La democracia ha perdido kilos para ganar velocidad en sus viajes pero, de la misma manera, la cultura democratizada ha girado hacia la trivialidad, el sexo hacia el color pastel, la enseñanza hacia la distracción. El mundo, en general, tiende a simplificarse como si se vertiera en una edición infantil, fácil de entender, fácil de tragar; tan elementalizado como le gusta al patrón norteamericano, simple como la gran papilla planetaria que tiende a lograr el proceso de homogenización global. Es decir, tan cercano a un perfecto guión de dibujos animados que en cualquier momento puede hacernos creer inmortales si es que, descuidadamente, no nos ha matado ya.

Madrid, abril de 2003

ILUSTRACIÓN DE LA CUBIERTA

Lo azulado es la dominante tonalidad de nuestra época. Ha decaído el enérgico valor del verde que enarbolaban los ecologistas airados y se ha perdido como un viejo recuerdo la bandera roja. Ahora el color envolvente es el azul: el tinte masivo de las prendas deportivas, el matiz repetido de las organizaciones internacionales, la tonalidad seleccionada por las firmas de informática, energía o ciencias de la vida, el fondo que preside a los partidos políticos sin ideología. El azul, decía Goethe en su *Teoría de los colores*, es «una nada encantadora», no pesa, no incomoda, no afirma nada de verdad.

El capitalismo de ficción tiende a hacerse invisible a través del azul, que es un color resultante de la suma de vacíos. El capitalismo no está o se manifiesta de acuerdo con esa liviandad confundida con la naturaleza, la acumulación del aire o del agua transparentes. El azul es líquido o gaseoso como lo es la ética sin dolor, la disolución de la heterosexualidad, la continuidad entre el bien y el mal, la «nueva economía» intáctil. El rojo es fuerte, popular, comprometido, símbolo de la violencia o de la fecundidad. El rojo es un color encarnado, mientras el azul «no parece de este mundo», decía Kandinsky. El azul es solitario como la sociedad *egonómica,* frío, distanciador, fácil de asumir.

En la cromoterapia, el rojo estimula el corazón, pero el azul induce a la parálisis. Parálisis de la rebelión, apariencia de consenso y lavado de la conciencia. Los detergentes procuran asociar su eficacia a unos granos azules como la señal de «limpieza nuclear», mucho más allá del blanco. Este blanco tecnológico, nuclear, deshace incluso la memoria de la suciedad para imponerse como una limpieza de segundo orden. Una segunda limpieza producida que suplanta a la primera porque no sólo la relava sino que la medicaliza. Que logra una realidad clínica y garantizada, más allá de la simple vida real.

Las cápsulas de los somníferos son azules para evocar esta nueva realidad soñada y los franceses llaman *conte bleu* al cuento para niños; historias fantásticas, inverosímiles y con desenlace feliz. Finalmente, la redonda ilustración de la cubierta alude a la puerilidad del nuevo estilo del mundo y no sólo mediante su lactante color pálido sino porque su imagen corresponde a una canica de cristal, adquirida fortuitamente en Imaginarium.

REFERENCIAS

Alberdi, I. (1999), *La nueva familia española,* Madrid, Taurus.

Anderson, E. (1999), *Code of the Street,* Nueva York, Norton & Company.

Anderson, P. (2000), *Los orígenes de la posmodernidad,* Barcelona, Anagrama.

Appadurai, A. (1996), *Modernity at Large: Cultural Dimensions of Globalization,* Minneapolis, University of Minnesota Press.

— (ed.) (2000), *Globalization,* Durham, Duke University Press.

Augé, M. (1998), *Los «no lugares», espacios del anonimato,* Barcelona, Gedisa.

— (2001), *Ficciones de fin de siglo,* Barcelona, Gedisa.

Baudrillard, J. (1992), *El intercambio simbólico y la muerte,* Caracas, Monte Ávila.

— (2000), *Pantalla total,* Barcelona, Anagrama.

— (2001), *La transparencia del mal,* Barcelona, Anagrama.

Bauman, Z., y K. Tester (2002), *La ambivalencia de la modernidad y otras conversaciones,* Barcelona, Paidós.

Beck, U. (1998), *La sociedad del riesgo,* Buenos Aires, Paidós.

Béjar, H. (2001), *El mal samaritano,* Barcelona, Anagrama.

Bell, D. (1977), *Las contradicciones culturales del capitalismo,* Madrid, Alianza.
Benjamin, W. (1973), *Discursos interrumpidos I,* Madrid, Taurus.
Blackmore, S. (2000), *La máquina de los memes,* Buenos Aires, Paidós.
Borja, J., y M. Castells (1997), *Local y global,* Madrid, Taurus.
Bourdieu, P. (2001), *Contrafuegos 2,* Barcelona, Anagrama.
Brooks, D. (2001), *BoBos en el paraíso,* Barcelona, Grijalbo-Mondadori.
Brooks, R. A., y D. Frank (ed) (2002), *Flesh and Machines: How Robots Will Change Us*, Nueva York, Knopf.
Bruckner, P. (1996), *La tentación de la inocencia,* Barcelona, Anagrama.
— (2001), *La euforia perpetua*, Barcelona, Tusquets.
Carr, R. (ed.) (1999), *Visiones de fin de siglo,* Madrid, Taurus.
Carrière, J. C., J. Delumeau, U. Eco y S. Jay Gould (1999), *El fin de los tiempos,* Barcelona, Anagrama.
Castells, M. (1997), *La era de la información* (3 vols.), Madrid, Alianza.
—, y P. Hall (2001), *Tecnópolis del mundo,* Madrid, Alianza.
Casullo, N., R. Forster y A. Kaufman (1999), *Itinerarios de la modernidad,* Buenos Aires, Eudeba.
Clark, D. (1999), *Urban world/Global city,* Nueva York, Routledge.
Coetzee, J. M. (2001), *Las vidas de los animales.* Barcelona, Mondadori.
Combo, J. (1994), *Phony Culture,* Ohio, Bowling Green State University Popular Press.
Cruz, M., y G. Vattimo (eds.) (1999), *Pensar en el siglo,* Madrid, Taurus.
Dahl, R. (1998), *La democracia*, Madrid, Taurus.
Damer, B. (1998), *Avatars!,* Berkeley, Peachpit Press.

Debord, G. (1999), *Comentarios sobre la sociedad del espectáculo,* Barcelona, Anagrama.
— (2000), *La sociedad del espectáculo,* Valencia, Pre-Textos.
Delumeau, J. (1989), *El miedo en Occidente*, Madrid, Taurus.
Dento, S., y R. Morris (2001), *The Money and the Power,* Nueva York, Alfred A. Knopf.
Dru, J. M. (2002), *Beyond Disruption,* Nueva York, Adweek Books.
D'Souza, D. (2000), *The Virtue of Prosperity,* Nueva York, Touchstone.
Echeverría, J. (1999), *Los señores del aire: Telépolis y el Tercer Entorno,* Barcelona, Destino.
Ehrenberg, A. (1991), *Le culte à la performance*, París, Calmann-Lévi.
— (1998), *La fatigue d'être soi,* París, Odile Jacob.
Elias, N., y E. Dunning (1992), *Deporte y ocio en el proceso de la civilización,* Madrid, Fondo de Cultura Económica.
Estefanía, J. (2000), *Aquí no puede ocurrir,* Madrid, Taurus.
Ferry, L. (1994), *El nuevo orden ecológico*, Barcelona, Tusquets.
Frank, T. (1997), *The Conquest of Cool,* Chicago, The University of Chicago Press.
— (2000), *One Market,* Nueva York, Anchor Books.
Fresneda, C. (1998), *La vida simple,* Barcelona, Planeta.
Fukuyama, F. (2002), *El fin del hombre*, Barcelona, Ediciones B.
Gabler, N. (1998), *Life: The Movie,* Nueva York, Vintage Books.
Gauchet, M. (2002), *La démocratie contre elle-même,* París, Gallimard.
Gergen, K. G. (1992), *El yo saturado,* Barcelona, Paidós.
Giddens, A. (2000), *Un mundo desbocado*, Madrid, Taurus.
—, y W. Hutton (eds.) (2001), *En el límite. (La vida en el capitalismo global),* Barcelona, Tusquets.
Gil Calvo, E. (2001), *Nacidos para cambiar*, Madrid, Taurus.

Gilder, G. (1994), *Life After Television,* Nueva York, Norton & Company.
Gobé, M. (2001), *Emotional Branding, the New Paradigm for Connecting Brands to People,* Nueva York, Allworth Press.
Guasch, A. M. (2000), *El arte último del siglo XX,* Madrid, Alianza.
Guasch, O. (2000), *La crisis de la heterosexualidad,* Barcelona, Laertes.
Gubern, R. (2000), *El eros electrónico,* Madrid, Taurus.
Hacking, I. (2001), *¿La construcción social de qué?,* Barcelona, Paidós.
Handy, C. (2001), *The Elephant and the Flea,* Boston, Harvard Business School Press.
Hardt, M., y A. Negri (2002), *Imperio,* Barcelona, Paidós.
Huyssen, A. (1986), *After The Great Divide,* Bloomington, Indiana University Press.
Jameson, F. (1991), *El posmodernismo o la lógica cultural del capitalismo avanzado,* Barcelona, Paidós.
Jarauta, F. (ed.) (1995), *Conceptos/Miradas sobre la Época,* San Sebastián, Arteleku/Cuadernos 11.
— (ed.) (1996), *Globalización y fragmentación del mundo contemporáneo,* San Sebastián, Arteleku/Cuadernos 12.
— (ed.) (1997), *Escenarios de la globalización,* Murcia, Caja-Murcia.
Jones, E. (1992), *Metrópolis,* Madrid, Alianza.
Kaku, M. (1997), *Visiones,* Madrid, Debate.
Kaldor, M. (2001), *Las nuevas guerras,* Barcelona, Tusquets.
Kaplan, R. D. (1999), *Viaje al futuro del imperio,* Barcelona, Ediciones B.
Kiuchi, T., y B. Shireman (1997), *What We Learned in the Rainforest: Business Lesson from Nature,* San Francisco, Berret-Koehler Publishers.
Klein, N. (1999), *No Logo,* Nueva York, Picador.

Kurzweil, R. (1998), *The Age of Spirituals Machines*, Nueva York, Viking.

Lasch, C. (1995), *The Revolt of the Elites,* Nueva York, Norton & Company.

Lehmann, U. (2000), *Tigersprung (Fashion in Modernity),* Cambridge, The MIT Press.

Lipovetsky, G. (1990), *El imperio de lo efímero*, Barcelona, Anagrama.

— (1994), *El crepúsculo del deber,* Barcelona, Anagrama.

Lyon, D. (1994), *The Electronic Eye*, Cambridge, Polity Press.

— (1996), *Postmodernidad,* Madrid, Alianza.

Maffesoli, M. (2002), *La part du diable*, París, Flammarion.

Matathia, I., y M. Salzman (2001), *Tendencias,* Barcelona, Planeta.

Menzel, P., y Faith D'Aluisio (2000). *Robo Sapiens: Evolution of a New Species,* Cambridge, Massachusetts, The Mit Press.

Mérida, R. (2002), *Sexualidades transgresoras,* Barcelona, Icaria.

Minc, A. (1997), *La mondialisation heureuse,* París, Plon.

— (2000), *www.capitalisme.fr,* París, Grasset.

Moore, S., y J. L. Simon (2000), *It's Getting Better All The Time,* Washington, D.C., Cato Institute.

Muggleton, D. (2000), *Inside Subculture,* Oxford, Berg.

Naisbitt, J. (1994), *Global Paradox,* Nueva York, William Morrow & Co.

— (2001), *High Tech High Touch,* Londres, Nicholas Breadley Publishing.

Ontiveros, E. (2001), *La economía en la red. Nueva economía, nuevas finanzas,* Madrid, Taurus.

Ondina, M. (2000), *La aldea irreal,* Madrid, Aguilar.

Ormerod, P. (1998), *Butterfly Economics*, Nueva York, Pantheon Books.

Passet, R. (2001), *La ilusión neoliberal,* Madrid, Debate.

Pesce, M. (2000), *The Playful World: How Technology Is Transforming Our Imagination*, Nueva York, Ballantine Books.

Peters, T. (1992), *Liberation Management*, Nueva York, Knopf.

Pine II, B. J., y J. H. Gilmore (1999), *The Experience Economy,* Boston, Harvard Business School Press.

Pinillos, J. L. (1997), *El corazón del laberinto,* Madrid, Espasa.

Piven, J., y D. Borgenicht (1999), *Manual de supervivencia en situaciones extremas,* Barcelona, Salamandra.

Popcorn, F. (1992), *The Popcorn Report*, Nueva York, Harper Collins.

Postman, N. (1986), *Amusing Ourselves to Death,* Nueva York, Viking Penguin Books.

Poulin, R. (2000), *La violence du porno,* París, Cabédita.

Preciado, B. (2002), *Manifiesto contra-sexual,* Madrid, Editorial Opera Prima.

Pringle, H., y M. Thompson (1999), *Brand Spirit,* Chichester (Inglaterra), Wiley.

Putnam, R. D. (2002), *Sólo en la bolera: colapso y resurgimiento de la comunidad norteamericana,* Barcelona, Galaxia Gutenberg/Círculo de Lectores.

Ramonet, I. (1997), *Un mundo sin rumbo*, Madrid, Debate.

Rifkin, J. (2000), *La era del acceso,* Barcelona, Paidós.

Rojas Marcos, L. (2002), *Más allá del 11 de septiembre,* Madrid, Espasa

Rosset, C. (1993), *Lo real y su doble*, Barcelona, Tusquets.

Roudinesco, E. (2000), *¿Por qué el psicoanálisis?,* Barcelona, Paidós.

Sartori, G. (1998), *Homo Videns: La sociedad teledirigida,* Madrid, Taurus.

— (2001), *La sociedad multiétnica,* Madrid, Taurus.

Schmitt, B. H., y A. Simonson (1997), *Marketing Aesthetics,* Nueva York, Free Press.

— (1999), *Experiential Marketing,* Nueva York, Free Press.
Schwartz, H. (1998), *La cultura de la copia,* Madrid, Cátedra.
Seligman, E. P. (2003), *La auténtica felicidad,* Barcelona, Ediciones B.
Sennett, R. (1997), *Carne y piedra. El cuerpo y la ciudad en la civilización occidental,* Madrid, Alianza.
— (2000), *La corrosión del carácter,* Barcelona, Anagrama.
Shervert, H., y M. D. Frazier (1994), *Psychotrends,* Nueva York, Simon & Schuster.
Silver, L. M. (1998), *Remaking Edden,* Nueva York, Aaron Book.
Stiglitz, J. E. (2002), *El malestar en la globalización,* Madrid, Taurus.
Terceiro, J. B., y G. Matías (2001), *Digitalismo,* Madrid, Taurus.
Theobald, W. Fr. (ed.) (1994), *Global Tourism,* Oxford, Butterworth-Heinemann.
Todd, E. (1999), *La diversité du monde,* París, Éditions du Seuil.
Travis, D. (2000), *Emotional Branding,* Roseville, California, Prima Venture.
Turkle, S. (1997), *La vida en la pantalla,* Barcelona, Paidós.
Vallespín, F. (2000), *El futuro de la política,* Madrid, Taurus.
Vattimo, G. (1998), *La sociedad transparente,* Barcelona, Paidós.
Verdú, E. (2001), *Adultescentes,* Barcelona, Temas de Hoy.
Verdú, V. (1996), *El planeta americano,* Barcelona, Anagrama.
Vidal Beneyto, J. (2002), *La ventana global,* Madrid, Taurus.
VV.AA. (2001), *deSignis,* Barcelona, Gedisa.
Warner, M. (ed.) (1993), *Fear of a Queer Planet,* Minneapolis, Minnesota University Press.

Warwick, K. (2002), *I, Cyborg,* Londres, Century.
Whitaker, R. (1999), *El fin de la privacidad*, Barcelona, Paidós.
Wilkinson, R. (1996), *Unhealthy Societies: The Afflictions of Inequality,* Londres, Routledge.
Wolf, M. J. (1999), *The Entertainment Economy,* Nueva York, Times Books.

ÍNDICE

COLECCIÓN ARGUMENTOS

155 Roberto Calasso, **Los cuarenta y nueve escalones**
156 Gurutz Jáuregui, **La democracia en la encrucijada**
157 Julio Quesada, **Ateísmo difícil (En favor de Occidente)**
158 Paolo Flores d'Arcais, **El desafío oscurantista ('Etica y fe en la doctrina papal)**
159 José Antonio Marina, **Ética para náufragos**
160 Wolfgang Schivelbusch, **Historia de los estimulantes (El paraíso, el sentido del gusto y la razón)**
161 Margarita Rivierè, **La década de la decencia (Intolerancias prêt-à-porter, moralina mediática y otras incidencias de los años noventa)**
162 Daniel Cassany, **La cocina de la escritura**
163 Javier Echeverría, **Cosmopolitas domésticos** (XXIII Premio Anagrama de Ensayo)
164 Martin Amis, **Visitando a Mrs. Nabokov (y otras excursiones)**
165 Carlos García Gual, **La Antigüedad novelada**
166 René Girard, **Shakespeare (Los fuegos de la envidia)**
167 Pierre Bourdieu, **Las reglas del arte (Génesis y estructura del campo literario)**
168 Claude Fischler, **El (h)omnívoro (El gusto, la cocina y el cuerpo)**
169 Paul Ormerod, **Por una nueva economía (Las falacias de las ciencias económicas)**
170 Santiago Alba Rico, **Las reglas del caos (Apuntes para una antropología del mercado)**
171 Harold Bloom, **El canon occidental**
172 Michel Foucault, Gilles Deleuze, **Theatrum Philosophicum & Repetición y diferencia**
173 Pere Gimferrer, **Itinerario de un escritor**
174 Gilles Deleuze, **Crítica y clínica**
175 Xavier Rubert de Ventós, **Ética sin atributos**
176 Antonio Escohotado, **Historia elemental de las drogas**
177 Félix de Azúa, **Salidas de tono (Cincuenta reflexiones de un ciudadano)**
178 Pascal Bruckner, **La tentación de la inocencia**
179 Seamus Heaney, **De la emoción a las palabras (Ensayos literarios)**
180 Vicente Verdú, **El planeta americano** (XXIV Premio Anagrama de Ensayo)
181 Jean Baudrillard, **El crimen perfecto**
182 José Antonio Marina, **El laberinto sentimental**
183 Gabriel Zaid, **Los demasiados libros**
184 Román Gubern, **Del bisonte a la realidad virtual (La escena y el laberinto)**
185 Josep R. Llobera, **El dios de la modernidad (El desarrollo del nacionalismo en Europa occidental)**
186 Perry Anderson, **Los fines de la historia**
187 Edward W. Said, **Cultura e imperialismo**
188 Furio Colombo, **Últimas noticias sobre el periodismo (Manual de periodismo internacional)**

189 H. Reeves, J. de Rosnay, Y. Coppens y D. Simonnet, **La historia más bella del mundo (Los secretos de nuestros orígenes)**
190 Oliver Sacks, **Un antropólogo en Marte**
191 Oliver Sacks, **Migraña**
192 Harold Bloom, **Presagios del milenio (La gnosis de los ángeles, el milenio y la resurrección)**
193 Pierre Bourdieu, **Razones prácticas (Sobre la teoría de la acción)**
194 Norbert Bilbeny, **La revolución en la ética (Hábitos y creencias en la sociedad digital)**
(XXV Premio Anagrama de Ensayo)
195 John Ralston Saul, **La civilización inconsciente**
196 Antonio Escohotado, **La cuestión del cáñamo (Una propuesta constructiva sobre hachís y marihuana)**
197 Pierre Bourdieu, **Sobre la televisión**
198 Jordi Balló y Xavier Pérez, **La semilla inmortal (Los argumentos universales en el cine)**
199 José Miguel G. Cortés, **Orden y caos (Un estudio cultural sobre lo monstruoso en el arte)**
200 José Antonio Marina, **El misterio de la voluntad perdida**
201 Adam Phillips, **Flirtear (Psicoanálisis, vida y literatura)**
202 Perry Anderson, **Campos de batalla**
203 Alain Finkielkraut, **La humanidad perdida (Ensayo sobre el siglo XX)**
204 Fritjof Capra, **La trama de la vida (Una nueva perspectiva de los sistemas vivos)**
205 Eric S. Grace, **La biotecnología al desnudo (Promesas y realidades)**
206 Xavier Rubert de Ventós, **Crítica de la modernidad**
207 Oscar Tusquets Blanca, **Todo es comparable**
208 J. Bottéro, M.-A. Ouaknin, J. Moingt, **La historia más bella de Dios (¿Quién es el Dios de la Biblia?)**
209 Jean Baudrillard, **El paroxista indiferente (Conversaciones con Philippe Petit)**
210 Margarita Rivière, **Crónicas virtuales (La muerte de la moda en la era de los mutantes)**
211 Josep M. Colomer, **La transición a la democracia: el modelo español**
212 Alejandro Gándara, **Las primeras palabras de la creación**
(XXVI Premio Anagrama de Ensayo)
213 Mercedes Odina y Gabriel Halevi, **El factor fama**
214 Daniel Cohn-Bendit y Olivier Duhamel, **Pequeño diccionario del euro**
215 Félix de Azúa, **Lecturas compulsivas (Una invitación)**
216 Anselm Jappe, **Guy Debord**
217 Adam Phillips, **Monogamia**
218 Oliver Sacks, **Con una sola pierna**
219 José Antonio Marina, **La selva del lenguaje**
220 Arundhati Roy, **El final de la imaginación**
221 Pierre Bourdieu, **Contrafuegos (Reflexiones para servir a la resistencia contra la invasión neoliberal)**
222 Pierre Bourdieu, **Meditaciones pascalianas**

223 Gilles Lipovetsky, **La tercera mujer**
224 Hans Magnus Enzensberger, **Zigzag**
225 Félix de Azúa, **Baudelaire y el artista de la vida moderna**
226 Xavier Rubert de Ventós, **De la identidad a la independencia: la nueva transición**
227 J.C. Carrière, J. Dalmau, U. Eco, S. Jay Gould, **El fin de los tiempos**
228 Antonio Tabucchi, **La gastritis de Platón**
229 Manuel Delgado, **El animal público** (XXVII Premio Anagrama de Ensayo)
230 Miguel Dalmau, **Los Goytisolo**
231 Román Gubern, **Proyector de luna (La generación del 27 y el cine)**
232 Oliver Sacks, **La isla de los ciegos al color**
233 David Deutsch, **La estructura de la realidad**
234 Josep Muñoz Redon, **Filosofía de la felicidad**
235 Xavier Rubert de Ventós, **El laberinto de la hispanidad**
236 A. Langaney, J. Clottes, J. Guilaine, D. Simonnet, **La historia más bella del hombre**
237 José Antonio Marina y Marisa López Penas, **Diccionario de los sentimientos**
238 Pierre Bourdieu, **La dominación masculina**
239 Richard Sennett, **La corrosión del carácter (Las consecuencias personales del trabajo en el nuevo capitalismo)**
240 Perry Anderson, **Los orígenes de la posmodernidad**
241 Enrique Gil Calvo, **Medias miradas (Un análisis cultural de la imagen femenina)**
242 Jean Baudrillard, **Pantalla total**
243 Diane Ackerman, **Una historia natural del amor**
244 José Antonio Marina, **Crónicas de la ultramodernidad**
245 Jordi Balló, **Imágenes del silencio (Los motivos visuales en el cine)**
246 Carlos Monsiváis, **Aires de familia (Cultura y sociedad en América Latina)** (XXVIII Premio Anagrama de Ensayo)
247 Albert Forment, **José Martínez: la epopeya de Ruedo ibérico**
248 Harold Bloom, **Cómo leer y por qué**
249 Carmen Martín Gaite, **La búsqueda de interlocutor**
250 Jean-Pierre Vernant, **El universo, los dioses, los hombres (El relato de los mitos griegos)**
251 Michel Houellebecq, **El mundo como supermercado**
252 Guy Debord, **In girum imus nocte et consumimur igni**
253 Oscar Tusquets Blanca, **Dios lo ve**
254 José Antonio Marina y María de la Válgoma, **La lucha por la dignidad (Teoría de la felicidad política)**
255 Xavier Rubert de Ventós, **Dios, entre otros inconvenientes**
256 Viviane Forrester, **Una extraña dictadura**
257 Claudio Magris, **Utopía y desencanto (Historias, esperanzas e ilusiones de la modernidad)**
258 Pascale Casanova, **La República mundial de las Letras**
259 Didier Eribon, **Reflexiones sobre la cuestión gay**

260 Alain Finkielkraut, **La ingratitud (Conversación sobre nuestro tiempo)**

261 Adam Phillips, **La bestia en la guardería (Sobre la curiosidad y otros apetitos)**

262 Nora Catelli, **Testimonios tangibles (Pasión y extinción de la lectura en la narrativa moderna)** (XXIX Premio Anagrama de Ensayo)

263 Helena Béjar, **El mal samaritano (El altruismo en tiempos del escepticismo)**

264 J.-M. Pelt, M. Mazoyer, T. Monod, J. Girardon, **La historia más bella de las plantas (Las raíces de nuestra vida)**

265 José Manuel Naredo, **Por una oposición que se oponga**

266 Guy Debord, **Consideraciones sobre el asesinato de Gérard Lebovici**

267 Ricardo Piglia, **Crítica y ficción**

268 Ian Buruma, **Anglomanía (Una fascinación europea)**

269 Christian Salmon, **Tumba de la ficción**

270 Juan Villoro, **Efectos personales**

271 Roger Bartra, **Cultura y melancolía (Las enfermedades del alma en la España del Siglo de Oro)**

272 Antonio Vilanova, **Nueva lectura de «La Regenta» de Clarín**

273 Pierre Bourdieu, **Contrafuegos 2 (Por un movimiento social europeo)**

274 José Antonio Marina, **Dictamen sobre Dios**

275 Harold Bloom, **Shakespeare (La invención de lo humano)**

276 Luciano Canfora, **Una profesión peligrosa (La vida cotidiana de los filósofos griegos)**

277 Jason Epstein, **La industria del libro (Pasado, presente y futuro de la edición)**

278 René Girard, **Veo a Satán caer como el relámpago**

279 Román Gubern, **Máscaras de la ficción**

280 Oliver Sacks, **El hombre que confundió a su mujer con un sombrero**

281 Jean Baudrillard, **Contraseñas**

282 Carmen Martín Gaite, **Pido la palabra**

283 Vicenç Navarro, **Bienestar insuficiente, democracia incompleta (Sobre lo que no se habla en nuestro país)** (XXX Premio Anagrama de Ensayo)

284 Pierre Bourdieu, **Lección sobre la lección**

285 P. Picq, J.-P. Digard, B. Cyrulnik, K.L. Matignon, **La historia más bella de los animales**

286 Harold Bloom, **El futuro de la imaginación**

287 Roberto Calasso, **La literatura y los dioses**

288 Tomás Abraham, **Situaciones postales**

289 Alessandro Baricco, **Next (Sobre la globalización y el mundo que viene)**

290 Frédéric Beigbeder, **Último inventario antes de liquidación**

291 Félix de Azúa, **Diccionario de las Artes**

292 Susan George y Martin Wolf, **La globalización liberal (A favor y en contra)**

293 José Antonio Marina, **El rompecabezas de la sexualidad**
294 Rafael Chirbes, **El novelista perplejo**
295 Pierre Bourdieu, **Las estructuras sociales de la economía**
296 Adam Phillips, **La caja de Houdini (Sobre el arte de la fuga)**
297 Martin Amis, **La guerra contra el cliché (Escritos sobre literatura)**
298 Oliver Sacks, **El tío Tungsteno (Recuerdos de un químico precoz)**
299 Oliver Sacks, **Veo una voz (Viaje al mundo de los sordos)**
300 Vicente Verdú, **El estilo del mundo (La vida en el capitalismo de ficción)**
301 Fritjof Capra, **Las conexiones ocultas (Implicaciones sociales, medioambientales, económicas y biológicas de una nueva visión del mundo)**
302 Josep Casals, **Afinidades vienesas (Sujeto, lenguaje, arte)** (XXXI Premio Anagrama de Ensayo)
303 Tomás G. Perdiguero, **La responsabilidad social de las empresas en un mundo global**